JN281963

人間探究の考古学者

藤森栄一を読む

諏訪考古学研究会［編］

藤森栄一を読む

はじめに

一九七三（昭和四十八）年に藤森栄一がこの世を去ってから、三十三年が経った。四半世紀をはるかに超えて、もう遠い昔のことといってよいだろう。

しかし、私たちにとっても、そしておそらく藤森栄一を知る多くの人びとにとっても、そんな時間の空白は感じられないのではないだろうか。なぜなら、いまも藤森栄一は私たちの傍らにいて、私たちと共に考古学を考え、人生を一緒に生きているからである。そのことは、『かもしかみち』『銅鐸』『石器と土器の話』『古道』といった藤森栄一の多くの名著が、いまも版を絶やすことなく、新装版として刊行されつづけ、新しい読者に新鮮な感動を与えていることからも証明される。

この藤森栄一の〝魅力〟のよってくる根元はいったい何なのだろうか。

それは藤森栄一の多彩な著作が、考古学を学ぶ私たちにとって欠かせない道標であったと共に、より広い多くの人びとに、ひたすらな人間の生き方と歴史のロマンに、限りなく感動を与える源泉であったからである。

本書は、この藤森栄一の〝魅力〟を、いま、多くの人びとに伝えようと、一九七八〜八六年に学生社より刊行された『藤森栄一全集』全十五巻の各巻末に掲載された「解説」を主に、亡くなる五カ月前に収録された「インタビュー」を加えて一冊にまとめたものである。

「インタビュー」（本書第I部「藤森栄一、最後のことば」）は、当時、名古屋市の私立立花高校の教師で、国語教育に熱心に取り組まれていた稲垣惣司氏が、国語教科書に収録された藤森栄一の「鐸を追う少年」の教材研究のため、同僚教師六名と共に、諏訪の藤森家（やまのや旅館）を訪れて行われたものである。そこには独特な語り口で、ドキリとするような内容の話をし、みんなを学問の世界と人間の歴史へと引き込んだ藤森栄一の姿がよくあらわれている。

「解説」（本書第Ⅱ部「藤森栄一を読む」）は、『かもしかみち』『古道』などの考古学エッセイ、初期の弥生の研究、縄文農耕を中心とした縄文の研究、古墳の研究、諏訪神社の研究、考古学史、信州と信州教育の叙述、小説など、幅広い藤森栄一の業績をそれぞれ正しく評価すると共に、あわせて藤森栄一の学問するこころと人間性そのものに深く切り込んだユニークな藤森栄一論である。

解説を執筆したのは、藤森栄一を敬愛して、若い年頃から考古学のみちにのめり込み、書斎で、フィールドで、生の声を聞きながら、考古学を考え、人としての生き方を想いつつ、それぞれに藤森栄一を心の中に焼きつけてきた研究者たちである。それぞれの想いが、ほかにはない特徴をもった一種の〝人物論〟となってあらわれている。解説者中ただ一人、野本三吉氏は考古学研究者ではなく、生前の藤森栄一と直接の面識はないが、『小説　宗門帳』を知ったことから藤森栄一に心酔し、まさにロマンと感動を与える藤森像を描き出している。

このように本書は、藤森栄一の人と学問を知るための書であり、その学問するこころをさらに継承したいという私たちの決意の表明でもある。ともすれば私たちのささやかな人生、その人間の歴史が軽視されている今日、一人でも多くの方々に読まれることを希っている。

髙見俊樹

目次

装幀　勝木雄二

I

藤森栄一、最後のことば

私の学問、そして考古学の世界

藤森栄一
インタビュー・稲垣惣司

銅鐸のなぞ

稲垣――おはつにお目にかかります。お忙しいところを誠に恐れ入ります。私たちは、名古屋市にあります立花高等学校の国語の教師でございます。筑摩書房の高校現代国語の教科書に、先生の「鐸《たく》を追う少年」（全集第十巻『銅鐸』所収）という文章が載っております。それを実際に教える場合の参考となるお話をおうかがいしたいと思いましてよろしくお願いいたします。

「鐸を追う少年」という作品ですけれども、あそこにあらわれている頃の先生と高校の生徒たちとは、年齢的に大変近い。さらに、私立学校という厳しい状況の中にいる生徒たちにはきわめて理解しやすい心情的な部分をもっていることなどから、私たちのところでは、二年生の現代国語で一貫して教材としてとりあげてきております。

そこで、今日は、教科書に書かれておりますところの、「銅鐸」の最初の部分につきまして、お書きになったことにまつわる、ご苦労話などをお聞きして、たくましい人生をたどって行かれた先輩の生命の迫力を、授業を通して生々しく生徒に伝えたい、そして、それによって生徒たちの認識のひ弱な部分をゆさぶっていく手がかりを得たいと考えておるわけです。

藤森――こりゃ大変なことになりそうですねえ。それにしても、私の方から、どういうお話をしたらお気に入るのかね。考古学の人だと話は簡単なんですけどね。大変ややこしい点もありますので、先生方の方から、疑問点とか、あるいは相違点とか、お聞きになりたいことを、ご遠慮なくお尋ねいただいて、それにご返事した方がよろしいかと思うんですがねえ。

稲垣――私たちの住んでいます愛知県というところは、先生のご本などでうかがいますと、あっちこっちから銅鐸が出たようなことが書かれています。私たちにしてみれば、実際にそこに住んでいる身でありながら、門外漢の悲しさで、まるっきり気づかずにいて、今さらながら「そんなことがあったのかなあ」って驚いているようなわけです。

藤森――ああ、その問題ね。銅鐸というのはどういうところにあるかということで、お答えしていいと思うんですがね。

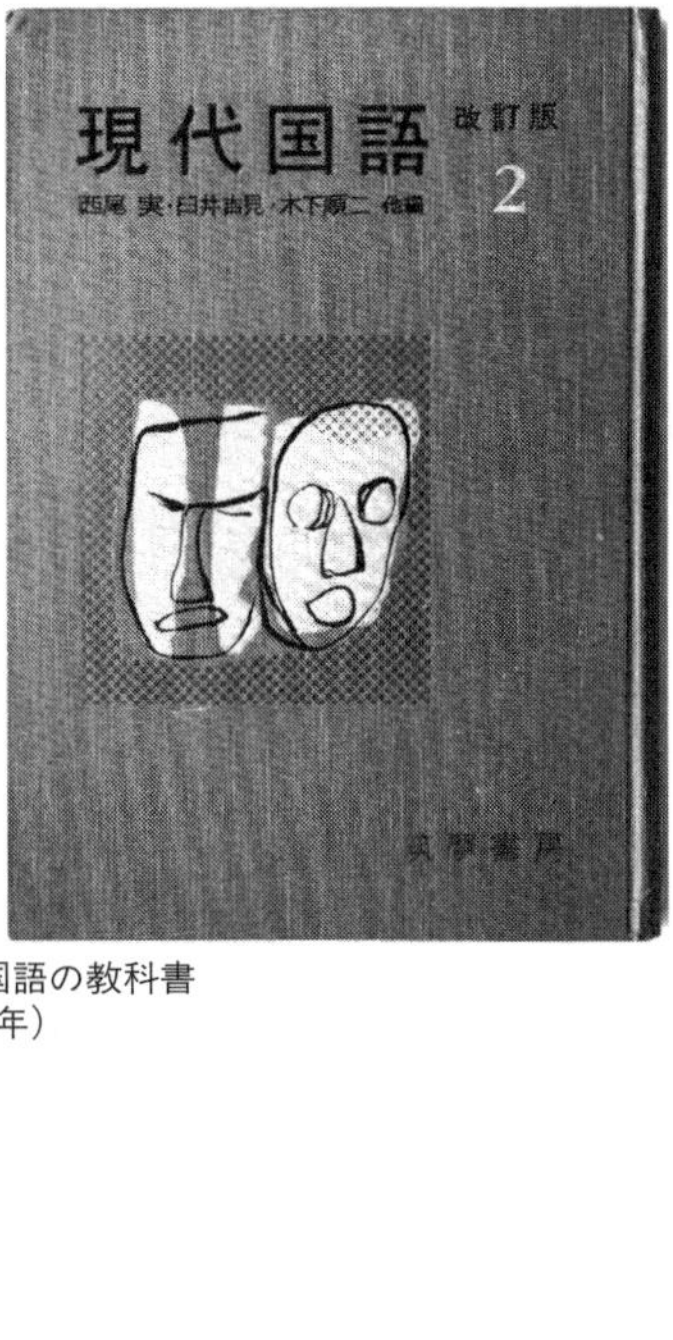

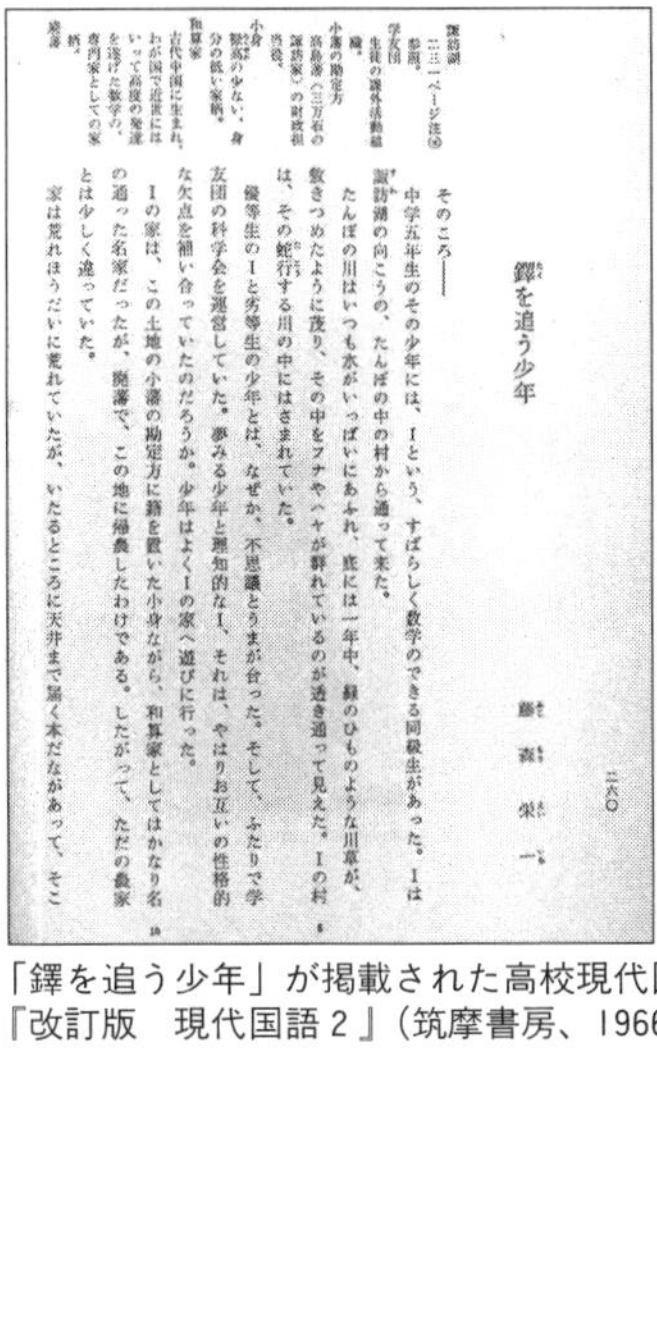
二六〇

鐸《たく》を追う少年

藤森栄一

そのころ――

中学五年生のその少年には、Iという、すばらしく数学のできる同級生があった。Iは諏訪湖の向こうの、たんぼの中の村から通って来た。

たんぼの川はいつも水がいっぱいにあふれ、底には一年中、緑のひものような川草が、敷きつめたように茂り、その中をフナやヘヤが群れているのが透き通って見えた。Iの村は、その蛇行する川の中にはさまれていた。

優等生のIと劣等生の少年とは、なぜか、不思議とうまが合った。そして、ふたりで学友団の科学会を運営していた。夢みる少年と理知的なI、それは、やはりお互いの性格的な欠点を補い合っていたのだろうか。少年はよくIの家へ遊びに行った。

Iの家は、この土地の小藩の勘定方に籍を置いた小身ながら、和算家としてはかなり名の通った名家だったが、没落で、この地に帰農したわけである。したがって、ただの農家とは少しく違っていた。

家は荒れほうだいに荒れていたが、いたるところに天井まで届く本だながあって、そこ

諏訪湖　二三一ページ注④参照。
学友団　生徒の課外活動組織。
小藩の勘定方　高島藩（三万石の諏訪家）の財政担当役。
小身　禄高の少ない、身分の低い家柄。
和算家　古代中国に生まれ、わが国で近世にはいって高度の発達を遂げた数学の、専門家としての家柄。
没落

「鐸を追う少年」が掲載された高校現代国語の教科書
『改訂版　現代国語 2 』（筑摩書房、1966年）

あのう、数からいうとですね、名古屋つまり尾張から静岡の浜松ぐらいまでが、一番多いんです。次に多いのが琵琶湖沿岸ですね。それから、まあ紀伊半島から淡路島へかけてね、紀淡《きたん》海峡っていいますが、あの両岸ね。それから古い形式のものでね、わりかし多いのは神戸から広島あたりまでです。ですから、どうも始まったのは、神戸、淡路、それに今でいう姫路ですね。それらを囲んで東瀬戸内っていいますが、どうも、あの付近で銅鐸は発生したもんじゃないかと思いますがね。もちろん、異説もあるんですよ。ありますけれども、あの辺で起こって、それから、第二期として大和が中心になります。だから、大和にも古いのが多いんですよね。そして、最後はね、琵琶湖の沿岸とね、紀淡海峡、それから浜名湖畔ですね。浜名湖周辺を中心として出るものを、私の方では三遠式《さんえん》というんです。三州と遠州という意味で三遠式というんですけどね。銅鐸は、こういうようなところで終わりになったと私は思うんですけどね。

そのごく末端が長野県くらいまで来ているわけですよね。というのは、長野県には、銅鐸の一番末端の形式である三遠式の、そのまたわかれである塩尻（柴宮出土）の銅鐸とかね、あるいは、それよりさらに新しい、孫の関係といってもいいような鉄鐸《てつたく》というのが、ここの諏訪神社や小野神社というところにあるんですよ。鉄鐸というのは、鉄で作った小さな鐸です。その見本がここに一つあります。こういうふうなものになっていったわけです。そら、そこに値段が書いてあるでしょ。骨董屋で買ったもんですからね。

稲垣——やはり、こちらでは、こういうものがよく出るんですか。

藤森——いやあ、こういうものは滅多に出たことはありませんけどもねえ。これの出自——出た場所は解らないんですよ。骨董屋ですから。そら、ここにちょっと、そのわけが書いてあるんですけどね。早稲田を出た子供、子供といっても、まあ青年ですがね、雑誌の編集をしているのがいましてね。銅鐸に大変興味を持っていて、家へ対談をやりに来たんですよね。ここ（地方）に変な雑誌がありましてね、『遊』って書いてユウと読むんですが、オブジェの雑誌です。これへね、対談を出したんですけれどね。ちょうどその子が、ここへ来る途中に、諏訪湖畔のみやげ店をひやかして歩いたんです。みやげ店の中に骨董屋さんがありましてね。そこに、こいつがぶらさがっているわけですよ。で、その編集者の子はね、お金がないもんですからね。私に渡すはずで持っていた、原稿料といいますか、印税っていいますかな、それで買っちゃったわけなんですよね。買っちゃったら、私への印税が払えないもんですからね、「先生、悪いけどこれで取ってくんねえよ」てわけなんですよ。値段は、ここに書いてある、七千五百円ですよね。でねえ、七千五百円って、原稿料として、高いか安いか知りませんが、「わしゃ金よりこの方がいい」といって、それをもらったんですよ。したら、あの早稲田の子も、これは非常に不思議なものだと思ったらしいんですね。後にいろいろと方々を調べましてね。それ、この『現代詩手帖』という雑誌、ちょうど折口信夫さん――釈迢空さんの特集号になっていますがね、これにその発見の契機を書いているんですよ。それによると、彼は私のところに置いていった鉄鐸が忘れられないんで、国立博物館へ行って、いろんな資料を調べたらしいんですよ。ところが、偶然ねえ、同じものが出た写真が見つかったんですよ。それは台湾のものと解ったわけですね。

田中君（早稲田の子をそういうんですが）が、仲々の詩人だもんですからね。「台湾のタイヤル族の使ったのが、どういう因縁か解りませんが、流れ流れて諏訪湖の岸まで来てね、諏訪神社で使った鉄鐸――ここに現物はありません。お宮さんの方にありますけれども。それと対話をした」というわけなんですよね。彼はもう文化史上の一つの不思議だって、大変な感激をしちゃいましてね。それで、詩なんかを作っているわけなんですがね。

そう、今何のためにこんな話をしたかというとね、

諏訪神社の鉄鐸
（天地約19cm、レプリカ、諏訪市博物館）

鉄鐸というものが、この土地に前からあるんですよ。そう、現物はこういうようなものなんです。これとまったく同じものなんですがね。ちょっと違う点は、閂《かんぬき》が頭に刺さっていましてね。その閂に、こう舌《ぜつ》がぶら下っているんです。そして、それが六つくらい一連になってつながっていましてね。

　これをですね、古い形でいいますとね、高鉾《たかほこ》といって、つまり竿の頭へ鉾をくっつけたもので、別名を鉾とか戈《か》とかいうんですが、その横へこれをくっつけて振るわけなんです。何のために振ったかというと、神様と人間との約束のために振っているわけなんです。誓約というんですがね。これを古いことばでうけひ（誓約）というんですがね。その誓約の鈴なんですよ。そこまでは解っているんですがね。

　その誓約というのは何かというとね。こちらの地方でいいますと、旧暦三月の初の酉《とり》の日、つまり、四月の下旬になりますが、田作りと言いましてね、田圃の耕作の仕切りをして、掘り返し、水を入れる時期がはじまるんですけどね。そういう時期にねえ、その、今いった鈴を神社の神使——神様の使いが持ちまして、馬に乗ってね、その神社の経済勢力圏内を歩くわけですよね。そして、湛《たたえ》の木という巨木の下で、この鈴を振るわけですよ。そうすると、空から郷民の神様が降りて来て、その大神の神使との間に一種の誓約が行われる。約束がね。ところが、その約束の中身が何であるか、何にも書いてないんですよ。祝詞《のりと》はありますけれども、全然見当がつかない。不思議なもんですよ。これを大御立座神事《おおみたてましのしんじ》というんです。

　そのほかに、小立座神事《こたてましのしんじ》ってのが、もう一ぺんあるんです。それはね、秋の十一月の二十日頃なんです。つまり稲を刈る時期なんですね。だから、田作りの時期に約束をして、秋の収穫の時に、また約束をするわけなんですよね。ところが、これもまた、何の約束なのかも解らないんです。類推できることはできます。つまり、神社の経費に対する租税ですわ。賦役《ふえき》っていいますけどね。労役と、それから借金の約束を春にしてですね、秋にはそれを支払うわけです。

　我々としましても、実際に一年中稼ぎましてね、みなさん方先生は、毎月五分ずつ引かれるわけですけれども、私なんかは年末になるとグイと持っていかれる。これも、やっぱり誓約ですよね。だから、簡単にまとめていいますと、古い祭政代ね、お祭りと政治とを一緒に司っていた政事《まつりごと》ですよね。これが、その政事の形体なんですね。

こちらに、御左口《みしゃぐち》さんという神さんがあるんですよ。私も御左口の神様を頭にのっけている一人なんですがね。これをいろいろと調べてみますとねえ、例の『銅鐸』という本にも書いてありますけれど、縄文時代から継続した神様らしいんですね。で、行って見ますとね、その御左口神の御神体は、大抵、石の棒なんですよ。頭の方がこんな格好になっていましてね。まあ、女性もおみえになる前でなんですけれども、男性そのもののような格好をしているわけです。

話は大変とびますけれども、古代の日本人は、性交渉によって人間が生まれるとは思っていないわけなんです。人間が生まれることだけでなく、万物あらゆるものが、生を享けるということは、天から精霊が降りましてね、その精霊が木を伝わって下りて来て女性の体の中に入る。で、性交渉というのは、その精霊を汚さないように押し込む手段なんです。だから、断じて性交渉を通して子供が生まれるんじゃなくて、それを確保するためにあるのが性交渉だと考えるんですね。その御左口の神様も、生命を生む神様なんですな。これは人間ばかりじゃないんです。動物でも植物でも、すべて食べるもの一切、あらゆる生が循環しているわけですがね。その生を保存する方法が、御左口神の神としての機能なんですね。

で、だんだん調べていくと、我々郷村の神、御左口神という神様は、どうも縄文以来の神様らしいんですよね。縄文とすれば、当然次に弥生を経由するわけです。縄文と弥生との間には文化の飛躍といいますか、間隙がないんで、ずうとつながって、縄文から弥生に移行していくわけです。それが、やがて古墳時代になり、いわゆる『記紀』の時代、『万葉』の時代になるわけですけれどね。そうしてみますと、結局、日本の大和朝廷確立以前に、たくさんの国があって、それらの国の実態を示すものが、御左口神の神だろうという結論に達するんですがね。

これには、一つ、その前提になる説明がいるわけですけれどね。御左口神という神様は、古い人名帳や明治の地名表で調べてみますと、あなたたちの愛知県だけでも、愛知県のような、地元に熱田神宮とか、あるいはお隣りの伊勢に大神宮とかがあるところでも、八百ぐらいあるんですよ。愛知県内では、今はもう亡びちゃってるんですけどね。なぜ亡びたかというと、明治時代に神体明徴といいましてね、『古事記』や『日本書紀』に出てくるような身柄のしっかりした神様を祭らなければ、国の保護がないよと、まあ「官幣社」ですなあ。官幣大社とか、中社とか小社とかあるでしょう。あるいは、郷社とか県社とか村社とかね、そういう格式をやらんぞよという太政官布告が出たんです。そこで、みんなは、名前のわけの解らないものや、淫祠な（いやらしいという意味ですがね、淫祠というのは）そういういやらしい神様を避けてね、『古事記』や『日本書紀』に出てくる神様にのりかえたわけなんです。

ところがね、やっぱりまごまごしていてのり遅れる奴もいたわけですなあ。まあ今でいえば、考古学やってる奴なんかは、その子孫だと思うけれど、そういうのは、依然として御左口神を祭っている。これを調べてみますとね、愛知県は、今いった八百ぐらいね。静岡県が大変多くて千以上ある。それから、神奈川県がやや少なくて六百ぐらい、山梨県へいって五百ぐらいですね。新潟県へ行って千ぐらいね。長野県には三千ぐらいあるんですよね。まあ、岐阜から尾張より以東ですね。そして、むこうは、群馬、栃木で終わりなんですがね。つまり、今いったように、中部日本がそっくり、御左口神の源泉だったんですよね。こういう既定の事実があるので証明できるわけですよ。

一方、『後漢書』という中国の史書がございますわね。この『後漢書』って本はあまり信用できない本なんですけれどもね。ともかく、その中にこういう記事があるんですよ。「孝霊の間、倭国大いに乱れ、百余国に分かれて日夜抗争す」っていうんですがね。まあデティールは多少違うかもしれませんけれども、いずれにしても、孝霊―後漢の孝帝、霊帝ですよね。時代は、大体二世紀の終わり三世紀にかかるわけですよ。二世紀から三世紀というと、ちょうど日本では弥生の最末期なんですね。その弥生の最末期に日本ではですね、史書でいう百というのはたくさんという意味で、実数じゃないんですけど、とにかく、国がたくさんあって、それも小さい国がいっぱいあって、日夜相抗争していたんだということが書いてあるんですね。

これから考えますすと、中部日本には、御左口神の祭祀共同体があったといえますね。おそらく、西日本にも九州にも四国にも、いろいろあったと思うんですよ。出雲神もあったでしょうし、あるいは今でいう天皇族の中心になるミヤ族もあったでしょうしね。また、後に潰れましたけど、蘇我の一族もあったでしょうし、そういう小さい国がいっぱいあったんです。統一以前の話ですけどね。そうするとねえ、日本統一というもののキー・ポイントを握っているのは、銅鐸、もう一つ進めていうと鉄鐸ということになるわけですね。そういうふうなことが、あの一冊の本の中心になっているわけなんですね。

だけど、こんな馬鹿馬鹿しいことを、並大抵の、普通の学者や市民なら考えないですよ。こんな馬鹿なことは、どうだってかまわないですからね。こうした結論に至る経過はいったいどういうことで、どういうふうにして導かれていったかというのが、『銅鐸』の全篇なんです。

まあ、理屈をつければそういうことになるんですがね。実感的にはもっと簡単なもんなんですけど、先生の今のご質問に、何ていいますか、お座敷張ったいい方をすればこんなことなんですよ。

「鐸を追う少年」の夢

稲垣——私どもが、実際に国語の授業で「鐸を追う少年」をやってみて困るというか、違和感を覚えますのは、あの中に、先生が初めて銅鐸の話を聞かれて、猛烈なショックを受けられたという部分、「日本には天皇がいっぱいいた。あちらにもこちらにもいた。……」というところですね。
生徒の反応は、そのようなことはとうの昔に聞いていた、なぜそれが大きなショックだったのかという、ここの説明にいつも苦労するんです。
藤森——それはやっぱり明治生まれの、明治から大正、昭和へかけて、少・青年期をすごした人間の心境というか、ことに、「支那事変」から「大東亜戦争」にもちこまれる世の中の自然な動きですよね。あれはごく自然なものなんですよ。

我々の知らない間に戦争になって、知らない間に引っぱり出されて、知らない間に本当に鉄砲ぶっぱなしたんですからねえ。何にも疑いを感じなかったですよ。ただつらくて嫌だとか、まあこんなことまでしなくちゃいかんのかという気はしましたけどね。そして、まあ何とかごまかして生きて帰りたいということは感じてましたよね。けれども、反発はあんまり感じませんでした。だから、その頃の考古学の出版物を見ますとね、現在、相当進歩的な学者でも「撃ちてしやまん」なんてこと書いていますよ。

その頃のことなんですがね。当時、京都大学に浜田耕作（青陵）という、今考えてみれば不世出な考古学者がいましてね。後に総長になった人ですが、この人が、ちょうどその頃、石の舞台といって、伝説によると蘇我馬子の墓だというやつですけれど、何とかその証明をしようてんで、浜田先生以下、京大をあげて掘ったんですよ。

その最中にね、あれは国道九（十五）号線だと思いますが、奈良盆地を横断する、今でいえばハイウェイができたんです。ところが、奈良盆地というのは、地盤が大変弱くて低いもんですから、埋土が欲しいわけです。そこで、沿線にある唐古池《からこいけ》という池の底をさらって、泥をもっていってその道路を埋めたわけですよね。で、その池の水を引かしたところが、ええ、何といいますか、そうヘドロ、池にヘドロがあるでしょう。そのヘドロに半ば埋まってるこんな大きな壺がゴロゴロしてるんですね。そして、また、これに気がつくのが割に遅かったんですよね。

今、京都で、高校の先生かなんかしてますが、星野君というのがいますが、その当時はちっちゃな子供でした。小学校五年生くらいのね。その子が、それを見つけましてね。どんどん池の中に入っていって、こんな大きなのを担いで来て、藪の中に隠しておくんですよ。やっぱり気がとがめるんでしょうねえ。今のように、文化財（保護法）なんとかなんてのは、ないんですけどね。ところが、折をみて、ぼつぼつ京都の家へ運んでいたわけですね。それを工事主任が見つけましてね、こりゃいかんてわけですよ。で、京大へ知らせが来たんですけどね。ちょうど、折悪しく、みんな、例の石の舞台へ行っててメンバーがいないんですよ、京都にね。

そこで、私なんですがね、私は京大生でも何でもない、京都でゴロゴロしていたんですが、どうもあいつ遊ばしといちゃもったいない。よし、あいつ使おうてわけでね、私と、今京都大学にいる小林行雄君とが引っぱり出されて、毎日、ここまである長靴をはいて、泥の中をクシャクシャやったんですよ。これが、日本の弥生遺跡の本当の意味での発見だったんです。登呂《とろ》は、それより七年か八年ばかり遅れるかな。まてよ、そんなには遅れないかな。ともかく、掘ってみましたところ、もう驚くべき、初期の農耕集落の跡なんですよね。

この唐古池は韓人池とも書くんですよ。だから朝鮮半島から来た韓人《からびと》がね、ここを埋めて用水池を造って灌漑の便を良くして、米をうんと増やしたっていうんですけどね。考えてみると、弥生の村の上に、ウワッと水を張っちゃったんですからね。これは、おかしなもんだと思いましてね、恐らく、弥生の村と大和朝廷との間に、何か政治的な断層がある。つまり、今でいえば、まあそんな例はありませんけれども、異国の人間の住んでいるのを追っぱらって、お前らは、もうどこへでもいっちまえてんで、その後を池にするとかダムにするとかということですが、当時としては、あり得ることだと思うんです。そういうケースなんですね。これはおかしいなと思いましてね、それ

小林行雄（右）と唐古池の
泥の中の遺跡を掘る

から、まあ、私は弥生の勉強をしたわけなんですけどね。

弥生をやっとりまして、まあいろいろあったんです。私の家は貧乏な商人ですからね、そんなに呑気なことは言ってられませんし、第一、中学を出たっきりですからね。多くの先生方のような名門出ならいざ知らず、とてもお話にならないんですよね。それに、唐古の発掘は無給なんですよ。おまんまは、毎日それこそビフテキを食わせるんだけど、お金は一銭もくれない。私は、いくらなんでもやり切れんですからねえ。そこで、唐古の発掘をやめて大阪で会社員になったんですよ。まあ、中学出だから月給五十円でしたがね。それから、家へ帰りましてね、あの『銅鐸』の最初の十ページぐらいから始まる部分、「ある少年の」なんていうか、「夢」だったか。何て書いてあったかなあ、あんまり記憶がないんですけど……、が、始まるわけです。

ですから、ここで銅鐸の話を聞いて驚く前までに、多少の私の心理上の経緯はあったんですよね。「銅鐸発掘の謎」(全集第十巻所収)というのは、後で書いたもんですけれど、そう「鐸を追う少年」だったですね。この部分が教科書に出てるわけなんですね。ここで、Iという少年の家に、私が出没するわけでしょ。これはね、あの文の上では、中学五年生というふうに書いてあるんですけれども、実際は、家へ帰って、少し遅れた、その月のことなんですよ。大体、中学校五年から女の子を追いまわすなんて、今は普通かもしれませんけど、昔はねえ、そりゃ懲罰もんですからねえ。もちろん、そんなのもないことはないですがね。で、まあそういうことが始まりましてね。

後は本でごらんの通りの有様で、結局駄目になるわけですけどね。しかし、まあ、私の生涯に大きなポイントを与えたわけですねえ。こんなときに、そのIの姪って娘がね、「ああ、いいわ、いいわ」ということにでもなれば、まあ今頃、どっかで、つまらない商売でもやってるんじゃないかと思うんですよねえ。いや、今でも同じようなもんですけれどもね。

稲垣――教科書の部分では、森本六爾先生に関するところが欠けているものですから、そこのところは

『銅鐸』から補って授業をやっているわけですが、生徒たちは逆に、森本先生の、あの非常に迫力のある生き方に相当の共感を持つんですねえ。

藤森――それはもう、全く、この本よりもみごとなんですがね。最近ね、それに関する本が出てるんですよ。

稲垣――ああこれですか。『森本六爾伝』(『二粒の籾』改題)。

藤森――ああ、そうそう。

稲垣――この本を生徒たちもずいぶん買いましてね。その他に松本清張さんの『風雪断碑』もあるわけですが、そして、それをみている生徒もいるんですが、授業で展開していく部分との間にくい違いがありまして、多少、生徒の中にチグハグしたものが残りますね。

藤森――ええ、まあ、あちらは小説ですのでね。

稲垣――まあ、この『森本六爾伝』が出ますまでは、『二粒の籾』が手に入り難かったもんですから、どうしても、興味がでてくると、『風雪断碑』へ行ってしまうんですね。そうすると、生徒の方から、何かちょっとおかしいなってことが出てまいりますね。こういう反応が出てくるというのは、実は、それに引かれるとか、興味や共感を持つからなんでしてね。喜ばしいことなんですがね。

その前に、一年生の時なんですが、教科書に田宮虎彦さんの「絵本」が載っていましてね。それをかなりの時間をかけて勉強するんです。話は、昭和八年頃の非常に悲惨な時期のことで、政治的に圧迫されていて、兄さんが捕虜になって銃殺になり、そのことによって迫害されて死んでいく青年とか、脊椎カリエスで一生起きられない子供の話だとかが出てきましてね、ぐっと歯をくいしばって耐えることを、いやというほど見せつけられるんです。

そういう時期に、片一方で、学閥とか、慣習とか、そんなものに抵抗しながら、自分自身をぐんぐん伸ばしていく一人の人間の生き方ってものを、生徒たちは、かなりの共感をもって受けとめるんですね。

藤森——私は、時々、高校の記念祭とかね、あるいは学友会とかいうところへ、お話をしに行くんですがね。そうすると生徒さんがね、例の闘争派がね、前で立ち上って、自由回復なんちゅってやってるんですよね。まあ、別に殴られる心配はないわけなんですが、やはり、多少の圧迫感を感じますよ。

そんなところで私のいうことは、「上の学校に行くな。大学なんてのは、あんなところは、金をとられて遊ぶだけで、価値のないところなんだ。また、学問というものは、高校で方法論だけ教われば、後は自分自身ですべきものなんだ。大学を出ても高校を出ても、そこで止めてしまったんじゃ、もう学問というものは存在しえない。学問のメソッドだけ教わってね、実質の学問は、その日から、卒業した日から始まるもんだ」というようなことをいうんですね。

まあ、このことは、つぼを得たというのか、私自身の身をもって感じていることでしてね。私は、大学ってところは全然知らないんですけどね。傍目八目《おかめはちもく》で、ちょいちょい出入するんですよ。いいかげんなことをやってんだねえ、先生なんてのは。みんな仲間ですからねえ。裏からみるとね、例えば、単位の論文でも卒論でもね。みんな学生から資料を提出させてね、まんべんなく集まるんですよ。学生、日本中から集まってんだから。それを倉庫に入れちゃってね、これはもう門外不出。だから、お前ら安心して故郷へ帰れってなことで追っ払ってね、後でそれらを引っぱり出して、みんな使うわけですよ。

だから、大学生は、まあ、とにかく高校にいるうちは、点をとれ、とれ、とれでね、点をとる技術をぎっしりと仕込まれる。彼らも、当然学問ってものはそういうもんだと思うんですよ。さて、大学へ入るでしょ、大学へ行ってみるとね、今度は、資料集めろ、資料集めろって毎日追っ払われるんですね。他の学科はよく知りませんですけどね、考古学ってのは、唯物的資料学ですから止むを得ないんですがね。それでいて、何のために資料を集めるんだか解んないんです。やたら集めてねえ、そのうち四年たっちゃって、何となく卒論を書いてね、それで押し出されちゃうでしょう。

昔、私どもは、十六、七ってますから、中学生、今の中学でいえば、三年生くらいの頃から、ものを書く習慣をつけたんです。自分の考えていることを、論文とか随想とかいう形で、どんどんいろんなところへ発表したんですよ。ところが、今の大学てのはねえ、学生にものを書かせないんですよ。また、書かせても、それは、全く未発表で終わっちゃうんですね。昔は全部それが活字になったわけですよ。ですからねえ、十八、九の頃にねえ、「藤森栄一」なんてのが活字になると、本当にうれしかったですねえ。一晩中、こう撫でたり触ったりしてねえ。眠れずにうれしがるんですよね。非常にかわいいんですよ。自分の名前もかわいいんですね。よく自分の名前が憎いなんて人がありますけどね、そんなもんじゃないですよ。名前ってものを、もっとねえ、うれしいものにしなきゃいかんと思うんですね。

さっきから言ってるふうにして、大学教育から押し出されたのがねえ、地方へまわっていって、考古学でいえば、文化財保護者になるわけですがね。そんなのが、一生懸命いろんなものを掘り出すでしょ、掘っても、文にできないんですよ。たとえ文にしたとしても、まあ絵だけをすうっと見て、あとは、ぽんとほかされるようなものしか書けない。ちっとも心に迫らないんですね。我々は、もう書きたくて、書きたくて、うれしくて、もう涙が出るほどうれしくて書いたんですからね、読んで下さっても面白いんですよ。

本を書く・読むということ

藤森——私はねえ、大体、非常に飽きっぽい人間ですからね。かなり面白い小説を読んでも、おしまいまで読んだ経験がない。みなさんがよくいわれる『戦争と平和』とか『カラマーゾフの兄弟』なんてのは、二ページくらいまではパッと読むんですけどね。ポルノぐらいなら最後まで読みますが、それ以外のものは、絶対に読めたことはない。だから、一生に一ぺんでいいから、最後まで読める本が書きたいというのが悲願でした。

私は、長いこと活字に携わっていましてね。売れなかったけれども、私の生まれた家、本屋なんですからね。まず本の小売店をやりましてね、それから「東京考古学会」っていう学会の雑誌の編集をやりましてね。中途で会社へ変わりました。大阪の日立造船という会社で「日本造船史」を書きました。それから出版社もやりましたしねえ、古本屋もやったし、本の墓場である紙屑屋もやったんですがね。そして、今は、こういう書き屋をやってるでしょう。だから、活字のことは、みんなやってきたんですよ。

で、最近は、ようやく面白い本のコツを覚えましてね、二、三読んでいただける本を書いたんですよ。そこで言えることは、話ってものは、一つの本に全部ピシャッと入れると具合が良いんですけど、やはり、感興のおもむく形というものは、そういうわけにはいかないものです。ですから、例えば『銅鐸』という本を読んでいただくためには、これ一つでは、どうしても間に合わないわけですね。その前提になる『かもしかみち』という少年期の苦闘の歴史があるんですがね。それから、あの森本さんという、私の人格に一番強烈な影響を与えた先生の記録とかね。あるいは、ここ一週間ばかり後、八月の半ば頃までには出ると思うんですけれども、三沢勝衛という地理の先生がいたんです。地理といっても、人文地理ですがね。この人が、私の中学校五年間教わった先生なんですが、この先生のいわゆる学問に対する人間の情熱ってものが、私にある程度乗り移ってるわけですなあ、こういう人のことを書いたものとかいう本を、総合的にみていかないと解んないんですねえ。

そこで、私は、これでは、あんまりみなさんにお気の毒だもんですからねえ、一冊の本にまとめようじゃないかってねえ、あの筑摩書房の、少年図書館って本につかまりましてね、『銅鐸』のような、『かもしかみち』のようなものを、みんなエキスにして、書いたんです。そしたら、そこにある、その賞状をもらいましてね、サンケイ児童文学賞というものなんですけど、その賞が普通の賞じゃない大賞なんですよ。大賞もらうのは一人だけなんですけれどもね、もう、児童文学の大家がずらっと並ぶ中で、私だけが大賞をもらうわけで、あの時は、本屋にね、よほど賞を返そうと思ったんですがね。何しろその副賞が五十万円だもんですからね、金だけもらって、賞は返すってわけにもいきませんから、まあもらっちゃったんですけどね。

その本は子供向きですけれど、ちょっと中学生には無理ですから、高校生向きなんですがね、『心の灯』って本なんです。それを読んでいただくと、『銅鐸』の前から後まで全部一緒に、ずっと編年的に出てますけどね、そこでは、大体兵隊に行くまでを書いたんです。その後は、兵隊に行きましてね、ボロクソになって帰って来ました。あれは、昭和二十一年の六月ですかなあ。それから後のことを講談社が出しましてね、それは、『考古学とともに』（全集第二巻所収）って本なんです。これが、また猛烈に売れませんでしてねぇ。今でも往生してるんですけどねぇ。

これだな、この本ですがね、『考古学とともに――涙と笑いの奮戦記』と、こうつけてあるんですがね、これは、私がつけたわけじゃないんですけどね、つまり、内容は笑いなんです。まあ、実際は涙のような、生涯というか半生なんですけどねえ。あのう、あれですわ、名古屋の中村遊廓へ餅を売りに行くんですよ、まあ、今は遊廓なんかご存知ないでしょうが。その遊廓の女が、みんなお腹をへらしているわけですよね、そこへお餅を売りに行くんですよ。そこで、そのお餅を買ってもらって帰るわけですがね、そりゃまあ、いろんなエピソードが、いっぱい入ってましてね、愉快なんですがね。この本が、ちっとも売れませんでしてね、自分じゃ一番自信のある本なんですよ。まあ、こういう時にでも宣伝しとかなきゃ。

この本の最初に出てくるんですけれどもねえ、その頃、平出《ひらいで》という遺跡がありましてね、長野県にね。当時は、日本最大の遺跡とか、世界三大遺跡なんていわれたもんですが、この遺跡の一部の最初の発掘を、私がやったんですがね、その時の話なんです。

七十五センチぐらいの地下に埋蔵されていた竪穴《たてあな》があるんですよ。掘りくぼめた赤土ドームになっていてね、それを掘り込んでいって床面を追っていきますとね、これくらいの土器が、ぽかっと伏さっているんです。その伏さっている土器をぽこっと開けたところが、中に草の種がいっぱいつまっているんですよ。これは、みなさんどなたがお考えになっても、当然、竪穴を作った人が入れたもんであり、他のだれかが入れたなんて考えられないですよ、人間がいくら暇だからっていっても、そんなことをするはずはない。なにしろ、七十五センチも下ですからね。

それで、とにかく、まあ、四千五百年前の草の実が芽を吹いたというわけですよ。大問題になった。これがねえ、あのヒユっていう草なんですよね、スベリヒユっていうのが正しいんで、種類でいえば、松葉牡丹の仲間なんです。原産が、南アメリカで帰化植物なんですね、トウモロコシなんかと一緒に入ってきているはずなんですよ。この事件、昭和二十三年のことなんですがね、東大の植物学教室でも「これは本当だ。まちがいない。ともかく、植物ってものは、四千五百年くらいは冬眠し得るんだ」というわけで、大事件になったんですよ。これが、この本の最初なんですよ。

その後、どうなったかと言いますとね、その時、私は、これは、縄文中期の遺跡で、掘れば必ず縄文時代の作物に当たるんじゃないか、必ず当たるはずだと思い、まあ、その時は稲を考えたんですがね、そして、その縄文農耕の証明のために今日まで、これを続けてきたわけなんですがね。その時も、だからと思ったんですが全部駄目なんですね。

つまり、その七十五センチの主は蟻なんですよ。蟻がね。オオクワアリって蟻が、こうずっと七十センチぐらい入るんですね、入ってくると赤土のドームにあたる。その赤土が、ピシャと叩いたり、焼いたりしてあって堅いんですね、そこで蟻は、ずうと横に伝わっていく。そうすると、ちょうどそこに人間が捨てておいた土器が伏さがってあった、今度は、それに伝わって中に入ったわけなんですね。要するに、種子や苗は去年のものなんですよ。

それ、今でも、昨日か一昨日の朝日新聞に、秋田県だったかな、タデ科の植物が芽を吹いたとあったし、二日前、いや一日前の中日新聞に、伊那でやっぱり発芽したとかいうのがあるが、これらはみんな去年の種子なんですなあ。

ですからねえ、私は、その自分のペテンに自分がひっかかって、縄文中期の研究を始めたんだなあ。どうもそれが、自分のペテンに自分がひっかかったのを、自分が証明することになるらしいという経過になっちゃうんですなあ。まあ、その辺の経過ですがね。先生方のお教えになる上で、多少でも参考になることを申し上げたいんだが、漫談ばかりで、いっこうにらちがあかない。

稲垣――いやいや、どういたしまして、いろいろ参考になります。文章で表現されていますところの、実際に先生がお過ごしになった世代と、私たちは大部世代的に違うものですから、「一体どうなっていたのかな」と思う箇所がいくつかあったわけですけれど、今、こうしてお聞きしていく中で、何か「ああ、そういうことだったのか」なんて理解できるところが、あれこれあったような気がするんです。

森本六爾氏と考古学界

稲垣――そこで、もう一つ問題になってきますのが、森本六爾先生のことなんですね。さっきもちょっとふれましたけれども、実際に「鐸を追う少年」を授業で扱っていく場合に、先生の研究されていくことと、その前に導きの糸みたいになっていく森本六爾先生の生涯があるんですが、森本先生の苦闘を、私たちはきちんとつかんで、生徒たちに豊かに伝えていく必要があるんですねえ。

教科書の場合は、「鐸を追う少年」として、一つの切りとられた、独立した作品になっているわけですけれども、そして銅鐸の研究についてそれなりにまとめられた形で出てはきますけれども、そこへ森本先生の生涯がうまく結びついていくんじゃないかと思います。現在は、教材の組み立て

若き日の森本六爾

の上では、かなり苦慮しながらやってるんですがねえ。

藤森――それはねえ、なんで、一体銅鐸のような変なものにとっついたかということと関係がありますよ。先生方の教え子が、今年も来年も、大勢巣立っていくわけですけどね。先生方の学校において高校教育を受けてる生徒は、目的は大学なんですよね。なんとかして大学へいって、学問においても、社会人としても、形態の上で完成したいと。これはねえ、一つのごくまとまった形でいくオーソドックスな生き方ですね。まあ、別のいい方をすれば、非常にアカデミックな方法論ですね。

ところが、私の先生、森本六爾って人は、中学出ましてね、それから国学院大学を受けたんですよ。そして、当然良い成績で入ったんです。ところが、彼は長男でねえ、兄弟が十人もいるわけですよ。普通の農家ですからね、その長男が学校なんかいってれば、到底農業はできません。後の連中は、どうやりようもないわけですから。それで、結局は、がんじがらめになって、国学院大学を断念させられるんですよ。

一方、彼の同級生や、同級生ではないまでも同じくらいの生徒が、大勢大学にいくわけですよ。そして、夏休みになると四角のとんがったような帽子をかぶって帰ってくるとね、もう自分だけ一つおいていかれたような劣等感を感じるんですね。私も感じましたものね、それは甚だしいものを感じましたね。例えば、私のように、学校が好きで行かれないのが特にひどいですね、あいつは、俺より少し悪かったんじゃないかとか、いや、俺も悪いけどもなお悪いとかね。適当なことを考えるわけですよ。

そこで、何とかねえ、自分は学校へ行かれないんだけど、まあ、たまには東京へ出て、学校へ行っている連中のところへたずねていきますとねえ、おい麻雀やりに行こうとか、やあ酒飲みに行こうとかいうんですよ。当時の、カレッジライフってのは、ひどい奴になると吉原から通学するなんちゅう奴がいたんですからねえ、実際問題として、とても想像もつかない大人の生活をしてるんです。「こんちきしょう」って気になって、じゃあ俺は自分で勉強、自学とこうなったんですなあ。

森本さんも、やっぱり同じようなことを考えたんだなあ。森本さんはねえ、はじめは、何とかして、アカデミックなもの、つまりことばを変えていえば、大学にくいつきたい。何とかして、自分を大学へ押し込みたいと思ったんです。あの頃ねえ、考古学と言えば、アマチュア上りが多いんですよ。

ということは、こういうことなんだな、ちょっと雑談めきますが、慶応大学の教授をやってる江坂輝弥君ってのがいますけどね。まあ、名前を言っちゃまずいけどねえ、これは、カラキシの勉強ぎらいでねえ、小学校から中学校に上れないんですよ。私が東京にいる頃ですが、毎日毎日、鼻汁を二本たらして、私の後についてくる。ところがねえ、また、これが覚えは無類に良いんですよ。

遺跡を掘ると、ご存知のように、土器のかけらがいっぱい出てくるんですけどね。これが、何ていいますか、各時代によって変化するんですね。まあ、土器ってものも、あの瀬戸物と同じで、消耗率の激しいんもんですから、壊れると捨てるでしょう。すると、新しく、また作りますね。新しく作られる時には、幾分ずつでも、前より変わった形を作るわけです。

そこが、まあ、目のつけどころですけれどもね。これが、時代を象徴する一つの、何ていいますかな、これは、あっそうメルクマール、変化の規準になり得るわけなんですよね。その土器の顔を覚えていきますとね、この遺跡は、ほぼ何時代から何時代までの遺跡であるとか、あるいは、何時代に栄えて、ポッとなくなった遺跡であるとかいうようなことが解るわけなんです。まあ、これが日本の考古学のオーソドックスな第一歩なんです。これができないと、実は理論的に何が解っても、早い話が、奈良時代と平安時代と相撲をとらせて、わいわいがやがやいってみたところで、何にもならないんですよ。やはり、奈良の文物において、並べて論議をし、あるいは、平安の文物で並べて論議しなきゃ議論になりませんよ、それができなくなるわけだ。ところが、その江坂少年はねえ、このくらいのまだ小さい時にね、これは何時代で、九州だとか、四国だとかね、あるいは貝塚の名前までピシャというんですよ。そういうような、特殊な勘があったのですかね。

これは、だれでもあるんですよ。私の孫がね、こんな大きな昆虫図鑑を買ってもらいましてね、小学校一年生に入る頃ですが、全部読むんですよ。ね、虫の名前なら何でも知ってるんですよ。ところが、実物をみると、全然解らない。そりゃそんな虫はいないですよ、日本には。ほら、よくあるテレビでね、小さな子供が出ましてね、万国旗を片っ端からあてるゲームがあるじゃない、あれですよ、ああいうふうな技能があったわけですね。

ところがねえ、みなさんならみなさんがですよ、良い成績で中学、高校を出てね、大学へ行かれるでしょう。大学へまず行ったと、これからが学問なりと、さて、「しからば、私は、まあまあ一番好いてる考古学でもやろかいなあ」というようなことになるでしょう。ところが、そんな時からやるのは、考古学のオーソドックスであるところの、土器の破片をみても、全然解んない、覚えられないですよ、もう暗記力がなくてね。いつでも、大学へ来なんだ小僧に小突きまわされるわけですよ。その江坂という少年はね、大学の教授を、小突いて、小突いて、小突きまわして、自然に上っちゃったんだなあ。本当にあれは、自然に上ったんですよ。不思議なもんだ、まあこんなことは、実証学にはよくあるんですなあ。

ところがねえ、オーソドックスな学問てのはねえ、そういうことは、まるで考えないんですよ。一応コースを終わって出してやるんだけれども、地方へ来て使えないんだなあ。地方にいた高校上りのような小僧に、小突きまわされてね、こき使われるようなケースになるわけですね。これは、良いとか悪いとかの問題じゃなくて、やはり今の教育の根本的な方式に何かまちがってるところがあるんじゃないか、とこう思うんですがねえ、こりゃ、私の言うべきことじゃないけれどもね。まあ、そういうふうな意味で、森本さんて方は、自分は大学へは行かなかったけれども、何とかしてアカデミーにくっつこうと苦労したんですよね、つまり、あのアカデミーを最も仰望した人なんですよ。資本主義の国ですからね。資格のない人は、「おい、お前できるねえ。一つ教授にしてやろう」なんてだれもいってくれないですよ。

最近でいうと、小学校三年しか出なかったけれど、日本の旧石器文化の発見者である相沢忠洋君をね、宇都宮大学で拾ったんですよ。あれはだれが拾ったか知らないが、私はファインプレイだと思って感心してんですがね。まあ、そういう一件がありましてねえ、今は良い場合もあるんですけれど、森本先生はとうとう拾われませんでしたねえ。

拾われないとなると、今度は自分の惚れてる女が悪女に見えてくるんだね。憎らしくて憎らしくてしようがない、だから、大学と名がつくと、もう馬にさわれば馬を斬り、人にさわれば人を斬るほど憎くなる。卒業生でござれ先生でござれ、ポンポンポンみんなやっつけちゃう。そういう学問をやった人が森本さん。その影響を受けて、私が、やっぱり、鉄鐸というような非常にオーソドックスなものから入っていって、銅鐸を攻めていったわけですね。それで、『銅鐸』という一冊の本は、古代史の人や植物学、古い民俗学の連中に、ばかに評判が良いんですよ、とっても支持してもらってる。ところが、考古学者からは、くそみそなんですよ。それは、まあ学説ですからね、賛成あり、不賛成ありでけっこうですけれどもね。

まあ、私は別にねえ、この『銅鐸』の尻尾の方でも書いているんですけどね。私は、自分の学問が世に残ろうなどというおこがましいことは考えていないんだ。ただ、私という人間がね、一生懸命に一つのことをやったんだということだけが残ればいいんだというふうなことを書いてるんですが、今でもそう思っているんですよ。そういうことが、まあ大体の骨子ですがね。他になんかありますか。

奈良への出奔と考古学研究

稲垣——「鐸を追う少年」の内容上のことですが、先生が奈良へ出奔されましてね。そこで、再び考古学への情熱をもやされるというところがありますね。これも一つの山場といいますか、クライマックスをなしているんですが、その辺のことを少しうかがえましたら。

藤森——これはねえ、まあ、大体私は若い頃大変遊ぶことが好きだったんですね。遊ぶなんて一口にいっちゃっても、どういうことか解りませんがねえ、まあ、昔は中学校を出て田舎にいますとね、すぐに青年会てのがあるんですね。そうして、その青年会を終えれば、すぐに消防組ってのに入るんですよ。火消しの組合ったらおかしいけれど、まあ組みたいなもんだね。それは、もちろん火事があれば、火を消すのが目的なんだけれども、なにかっていえば、芸者を買うことが仕事だった、仕事というより楽しみですな。だから、芸者を買ったり女と遊んだり酒を飲んだりすることが、一番大きな魅力であったわけでさ。まあ、要するに日本の近代資本主義の爛熟期に、どうにもならない青年たちを、その土地土地の資本の触手に残しとく方法だな、手段だな、あれは。だから、遊ぶことは好きなんですよ。

それで、奈良へ行くんですが、その時は、本にも書いてあるとおり、地方の爛熟しきった文化に飽きてね、こりゃ死ぬ方がいいということで、まあ、奈良へ仏像を見に行ったわけですよね。ところがねえ、あの仏像がね、これが誠につまらないもんなんだよ、見るとね。見れば見るほどつまらん、はじめはよかったんですがね。ところが、京阪神てのは、あげて、やはり遊び場ですからね、おもしろい人間の現象がいっぱいあるわけなんだ。そこで、ついね、そっちの方へひっぱられそうになるしね、おまけに、私が当時泊っていた骨董屋さんの別荘がね、ちょうど、いわゆる待合のようなところなんだな。今は料理店やってますけどね、そんなところにいましたからね。諸般の大人の現象を見るわけなんですね。

段々段々、ずるずる、ずるずると入りそうになるんです。まあ、奈良の仏像より奈良公園へ遊びに来る京阪神の女の子の方がきれいに決まってるんですよ、マネキンだって、そりゃ仏像よりきれいなんだからね。そこで、つい、その、足を踏み入れかかったんだな。そんな時にね、実は、今、京都大学の先生をしていますけど、小林行雄君てのがいましてね、そいつが、京都、いや神戸にいたんですよ。田宮虎彦の同級生でね、私の一つ下ですけれどもね、神戸一中を出て、それから神戸高工を出ましてね、竹中組って建築会社に就職したんですよ。就職すると同時に、今でいえば、レッドパージだなあ、昔でいえば、共産党にちょっとかぶれて追ん出されちゃったんですよ。それで、まあ鬱々としていた。

そこを訪ねたところがね。彼はもう真面目にやってるんだなあ、すごいんですよ。もう、その方法論のすごさなんてのは、みなさんに話しても解んないんですけど、今の大学でやっている最高の考古学技術よりまだ高いことをやってるんです、いや驚いちゃいましてね。まあ、ある意味では啓発されたわけですね、こりゃいけないと思い、奈良からも夜逃げしましてね、ここ（諏訪）も夜逃げしていったわけですけどね。

それから、東京へ行って森本さんの家へ転がり込むんですけど、森本さんも今いうとおり貧困ですからね、一人転がり込むってわけにはいかないんですね。で、私はね、あの時には下谷の黒門町ってところに、昔から知ってる旅館がありましてねえ、その旅館ではねえ、三食ついて、蒲団持ちで、月々十五円なんだ。とにかく、月十五円稼げば生きていかれるわけなんだなあ。それでねえ、十五円稼ぐのだが、今からみると馬鹿みたいな話ですけれども、ずいぶん苦労しましてねえ。風呂屋の三助とか、蕎麦《そば》屋の出前持ちとか、まあ、いろんなことをしたんですけれども、学問ばかりもできないんで、いろんなことをやりましたがね。

まあ、暇さえあれば、森本さんとこへ行ってたんですがね。そういうことから、だんだん森本さんの真摯な生き方を見ましてね、本当に、こう目がさめてくるわけです。こんなことをしていて自分は良いのかとね。まあ森本さんてのは、私より六つくらい上の人なんですよ、それで非常に啓発されましてね。うーん、それから私、一時、東京から帰ったんですがね。まあ、その頃のことは、いろんなものに書いてありますけどね。

その頃でしたなあ、東京に、杉原（荘介）君といってね、いまは明治大学の教授してるのがいましてねえ、これが、実は紙屋の社長さんなんです、和紙問屋のね。日本橋に大きな店がありましてね、そこの社長さんやってたお父さんてのが、早く亡くなっちゃったんですよ。彼の学校はね、都立三中ていうから、今の日比谷かな、両国かな、よく解らないが、とにかく有名校なんですよ。大変にできたんだが、大学へはいかなかったんですね、まあ、卒業すると同時に、社長ということになっちゃったんですよ。我々は、旦那、旦那って言ってましたけどねえ。これが、やはりプリンスで、どうしても商売人になりきれないんだなあ。なんとかして、考古学がやりたいってんでね、やがて、私と同門になりましてね。きゃつには、金があっても暇がなく、私には、暇があっても金がないでしょ。ちょうどうまい組合せになりましてね、それこそ、日本中を掘って歩きましたなあ。まあ、そんなことから、だんだん発展していったんですけどね。

それから、あの東京考古学会にいくわけなんです。それは、森本さん亡き後、坪井良平さんの下で小林君、杉原君、私というまあ、三頭政治のような形でいったんですがね。どうも雑談が多くていけませんなあ、肝心なことだけ聞いておいて下さい。

信州人伊藤富雄と母親の思い出

稲垣――「鐸を追う少年」に出てくる郷土史家のIの長兄ですが、本当のお名前は、たしか伊藤富雄さんとおっしゃるとうかがっているんですけれども、あの方の、その後の生き方も、大変興味深いものがありますね。いろいろ政治の方にもかかわり合いをもたれたりして。

何かそこに、長野県のといいますか、信州のといいますか、ともかく、そこに風土的なイメージを強く感じるんですが、特に、その個性的な面についておうかがいできたらと思うんですけれども。

藤森――その話ですか。四、五日前に、こんな本が出たんですがね、『縄文の八ヶ岳』というんです。そこに

東京考古学会の在東京メンバー
左から、杉原荘介、藤森栄一、丸茂武重、酒詰仲男、和島誠一（1938年）

はいろんなことが書いてありますけれども、いまのことにつきましては、「一信州人」という題で出ています。

要するに、一信州人になりきってね、信州人の一つの生き方として、非常にティピカルな生き方をした人ですね。子供を立派に育てて、七人もある自分の子供と、それに八人の自分の兄弟を、全部最高学府に入れたんですよ。これはねえ、今でも仲々できませんよ。みなさんでも、三人も四人も子供があってですよ、その全部を最高学府に入れるなんて、できないと思うんですよ。そして、襤褸《ぼろ》のように果てるなら、これは人間の普通の姿なんですけどね。彼は、しかもなお、どうしても自己を失わなくてね、郷土史家として成功し、かつ、県の副知事にもなり世を終えた人なんですよ。

これはね、信州人てのにある特殊な癖なんですよ。つまり、公民としても、社会人としても、家庭人としても、やるべきことはちゃんと立派にやるんだ、しかも、自分を失わない。自分の生まれてきた価値を、なんとか見出して、どこまでもそれを追い求めていくという一つの生き方ですね。こういうティピカルな人間がいるってことを書いたのが、「一信州人」ですよ。これは新聞に連載したものなんですけどね。

稲垣――そういえば、「朝日新聞」にもお書きになったことがありますね。

藤森――ええ、「朝日」にも書きました。これは「信濃毎日」の原稿ですがね。まあ、また機会があったら、それでごらんいただければ、大変よく解るんですがね。

稲垣――話は変わりますが、私たちの同僚に、先生の中学校の後輩がおりましてね。何でも彼の兄さんは、いま広島大学の学長をやっているようですが。その彼が、先日も、中学校の同窓会名薄を見ておりましてね、「ぼくが生まれた時に、藤森先生は中学校を卒業されている」なんて話しておりました。

彼は、先生のお宅のおやりになっていた本屋で、よく本の立ち読みをしたといっております。あんまり長く立ち読みをしていると、店番をしていた先生のお母さんからにらまれたり、怒られたりしたそうで。

藤森――いや、私は子供の頃にね、あんまり、母親の愛情ってものを知らないんですよ。なぜかってとね、親父は酒飲みに忙しくてね、酒飲みってよりも、町のつき合いや遊びに忙しくて、店番は全部おふくろがしてたんですよ。

ところが、田舎の本屋なんて、中学校の生徒くらいしかお得意さんはないわけなんですよね。だから、夕方になってそろそろ子供心に母親が恋しくなるとね、学生がやってきて、汽車が来るまで、二時間でも三時間でも、本を読んでいるんですよね。すると、おふくろも、その都度なんのかのおつき合いしてるわけなんですね。

もちろん、私はすっぽかされてね。で、もう憤慨しちゃいましてね。そこで、その本を読んでる中学生の後へ行ってね。こう鼻汁をこすりつけてやるんですよ。昔の子供ってのは鼻汁たらしてるのが常識でしたねえ、今はあまりありませんけどね。

松本清張氏と考古学

稲垣——先生のお話の中にも出てきますが、松本清張さんと考古学というのは、森本先生の場合以外にも、ずいぶんかかわり合いがあるようですけれど、そのあたり、すこしお話しねがえましたら。

藤森——ああ、あれはね、松本さんて人はね、私が九州にいたころに考古学を教えた〝教え子〟なんですよ。教え子ったって、年は二つ違うきりですがね、私の方が二つばかり上なんですけれども。

あの、例のなんてましたかな、そう『或る小倉日記伝』という芥川賞をとったのですね、私のこの家の二階で書いたんですよ。二階の一番むこうの端の部屋、こちらからいって左の端に「岩」てえのがありますがね。

稲垣——「岩の間」ですね。私達が泊っている隣の。

藤森——ええ、その部屋で書いたんです。それがですね、彼は、まあ胆汁質っていうんでしょうねえ。原稿を書いてる時に、こうしてね、非常に唸るんですよ。書きながら、「ウーン、ウーン」って、ちょうど相撲とりが稽古してる時のように唸るんだなあ。おまけに、汗をぼとぼと出してね。まるでガマですよ、ガマが思春期になると雄雌向かいあって、ワーワーとすごいですが、それといっしょですよ。つまり、全精力を注ぎ込むんですなあ。だからね、私は、よく長生きするもんだと思うんですけどね。人間、あれだけ書くことにうち込めばねえ、そりゃ消耗するですよ。

それから、もう一つ驚くべきことは調査です。大変な調査ですよ。私たちの考古学ってのも、実は〝唯物史観〟にのっとる歴史学ですから、証拠がなきゃ何にも言えないわけですよね。ですから、こういうふうに文献を大事にして持ってるわけですからね。この部屋にある分は一部分で、隣に書庫がありましてねえ、およそこの三倍くらいあるんですけどね。そんな私からみても、彼は本当によく調べる。彼の図書室ってものはね、まあ何ていったらいいんですかなあ、国立図書館以上とはいえませんが、ちょっとした地方の県立博物館ぐらいのものはあるんですよ。それからねえ、彼のところに電話をかけると奥さんが出てきてね、「いらっしゃいますか」っていうと、「ああ、うちの調べ屋ですか」って言うですよ。それほど一つの作品でも調べないと承知しないんですよ。ものすごい調べ方なんです。

彼がね、『昭和史発掘』て本書きましたね、六冊ぐらいになるやつでね。あそこには、現在、生きている人のことをみんな書いてあるんだよなあ。疑獄やったとか、人殺しをしたとか、それでいて、彼は訴えられもしなければ、怒られもしなかった。いかに真実であるかってことなんですよ、何にもいえないんです、だれも、なんにも。だから、今になって、君たちは知らないだろうが、例のレッドパージの後ね、国鉄と国労とが大喧嘩をして、下山という総裁が死んだ、あの事件だって、もう政府がなんとか自殺ということでごまかしちゃったんですね。彼は他殺だと書きつづけているわけだ。で、今度、他殺ってことが決まったんですがね、まあ表面に出してもさしつかえない時期がきたから。あれも、同様に、徹底的に調べたんですねえ。

例の『陸行水行』。あれだってねえ、少くともフィクションはあまりないだろうと思いますよ。あの元の

「魏志倭人伝」て物語は、オールフィクションだからねえ。本当に書いたってフィクションなんだ、あれは。だから、まあ、本当に〝唯物史観〟の上にたっている考古学者は、絶対に手をつけないんです。ただ、少し、山勘屋が、手をつけるといえば、手をつけるぐらいのもんでね。「魏志倭人伝」てのは、漢字で大体三千字くらいあるのかな、その漢文自体がまた怪しいんだよ。だから、これを基礎にして何を言おうと、みんな怪しいんだよ。

まあ、怪しくないものは、ただ一つ、考古学的な地面から——地面に残っている我々の祖先の足跡しかないんだ。それからやらなきゃいかんのにだねえ、「魏志倭人伝」という文献からやったり、特殊な頂上作戦であるところの鏡からやったり、古墳からやったりするから本当のものが出てこないんです。だから「魏志倭人伝」に奴国の人口は戸数五万戸と書いてあったら、やっぱり、まず五万戸ある村を捜すべきなんだよね。そういう基本的な仕事をしてないのが多いんだよねえ。

まあ、こういったような点があるから、「魏志倭人伝」から出ている『陸行水行』が良いか悪いかってのは、今いったように、だれにも、いえないことですけどね、まあ、大体において正確ですよ。だって、私の書いた、あの『森本六爾伝』て本でもね、私がどんなに調べても解らないことは、実は、清張の『断碑』って本からとってるんです、反対に。まあ中には嘘っぱちもありますがね。これはね、嘘っぱちにしなきゃつながらないところがある。これは、人間、プライバシーというか、秘密になってそのまま伏さってしまうことってたくさんあるわけですよ。むしろ、人生には、その方が多いくらいのもんだ。それを彼はつづけるのに、フィクションを使っているわけなんで、大筋は全部本当です。むしろ、その調査のいきわたり方なんてのは、大変なもんですよ、えらい精力だね、あれは。

だから、文学てのか、文壇の人々はねえ、みんな清張が憎らしいんだよ。とにかく、もう大ベストセラーばかりうちつづけてるんだからねえ。何とかして足を引っ張ってくれようと思うんだけれども、自分たちがみなでたらめ書いてるからねえ、足の引っぱりようがないんだ。大変なもんですよ。最近ね、彼も考古学の仕事をだいぶやってるもんですから、考古学に関係したものが、方々から出ますけれどもね、やはり、作家の域を出ていて、あれは考古学者だな。良いものを書いていますよ。

今でもねえ、清張はねえ、私のところへ取材の電話をよこすんだ、さすがに、出ちゃ来ないけどもね。電話の時、まず「藤森君、蒲団引いてくれ」っていうんですよ。だから、もう私も、そこんところのベッドへパッと蒲団を引きましてね、そん中へ入るんですよ。三時間だよ、東京からの電話がね。それでまあ、電話代が一万五千円くらいかかるらしいんだけど、一万五千円かかったたって、二万円かかったたって、電話代だけは全部経費で引けるんだよ、来ることを考えりゃ、ずいぶん安くあげてるんだなあ、あれ。まあ、年収十億円も稼いでいる人だから、一回、二万や三万の電話代どうってことはないから、蒲団を引いてくれって言うんだ。もちろん、向うも蒲団引いて寝てるらしいんだよ、面白いね。

いやあ、えらい男ですね、あれは、本当に苦労した男だがねえ。やはり、まあ、本人が生きているうちに言っちゃまずいんだけれどもね、最近の立志伝中のナンバーワンですねえ。あれだって、まあ、林芙美子さんと同じ中卒、いや彼の方は、中学も出ていないんですからね、小学校だけでね。

いまの教育を憂う

稲垣——実は、私ども、今回まいりましたのも、うちの方の中京テレビで、国鉄が提供してやっております例の「遠くへ行きたい」ですね。あれに、先生がお出になりましたのを見ましてね。それだったら、私たちも、一ぺん行ってみようじゃないかってね、来ましたけれども。これからも毎年、夏にはひとつこの旅館でご厄介になって、お互いに勉強し合ったり、先生のお話を、その都度おうかがいしたりして、もっと突っ込んだ研究でもするかなんて言い合っているんですがね。

藤森——いやあ、まあ今回は良いですがね。二回目になると、なんだ、そんなに種は薄いのかなんてことになりますよ。まあ、一ぺん本に書いたお話ならいくらでもありますけどもねえ、やはり初《うぶ》な話ってことになると、種がそうはありませんからねえ。

ことに私は、二十……三十九年だなあ、あれは。三十九年にこの『銅鐸』を出しましてね。今年でちょうど九年ですね。そこで三十何冊本を書いています。そうしますと、九年だから、四・九＝三十六。ちょうど一年に四冊ずつですよね。これはちょっと濫作の気味があるんです。

従って、種もそろそろ枯渇に近くなってきてね。頭の方も、空っぽになってますんでね。もうお話することは、あまりありませんけれどもね、まあ、この本のこういう部分はどうだってことになると、いくらでもお話ができます。

稲垣——ごく最近、お出しになったもので、何かお聞かせ願えれば。

藤森——そうねえ。九月に発売予定の『信州教育の墓標』って本があるんですがね。

信州教育ってものは、ご存知の通り、日本の教育の仰望の的だったわけですからね。しかし、それは戦前の話なんですね。戦後は、実は、もう一番ビリッコぐらいまで落っこっちゃったと、私は思うんですがね。だから、今あるのは、その信州教育の墓標だけだっていう本なんですがね。

そこには、三沢勝衛とかね、渡辺敏とか、ごらんになっても、二、三ぐっとくるすばらしい教育者がでてきて、いや、その、とても面白い本なんですがね、絶対におしまいまで飽かせないで読ませる本なんですから、まあ、一つ学校ででもお買いになって下さい。

稲垣——朝日新聞の「教育者は」にちらっと出てくる方ですね。

藤森——ええ、あの人物をのばしましてね。一代記にしたんですよ。それが出てくる契機になった、いろんな教育者があるわけですよね。保科五無斎《ごむさい》ってのがいますけど、理化学者でね、これが大変に痛快な人物でして、ついに、学校をやめちゃって社会教育にうち込んだんですがね、こういうふうな人物を系列化して書いてあるんですよ。そうしたことを通して、戦後、信州教育が、どんなに、我々の方の方言でいうと、へボく（駄目に）なったかということを書いたわけですがね。

私の方にね、みなさんにも、ちょっとさわるかもしれませんけれども、今、面白い話があるんですよ。この上に、学校があるんです、中学校ですけどね。そこでねえ、郡の先生方の大会があるんです。すると、一郡の先生が全部集まって来るんですよね、昔は、駅まで汽車で出て、こう歩いておいでになったんですが、今はみんなマイカーですよ、それも、ほとんどが一人ずつね。だもんだから、大会がありました日には、体操場というか、運動場というか、そのグランドが全部クルマでいっぱいになってね、子供たちが、体操ができないなんて話があるんですよ。

先生の生活ってものは、近頃良くなってるんです、非常によくなってるんですね。昔に比べると良くなっているんですけれどもねえ、昔の先生は、何ていうかな、小市民生活っていうか、まあ、あえていえば、マイホームってものを全く捨てちまったわけだな、そりゃ奥さんは一生懸命で家庭をかついでいるんだけれども、先生の方は、家庭というものに全然関係なくて、教育専門に入っちゃったんですね。だから、確かによい教育ができたんですよ。

しかもねえ、ここで、みなさんの俸給について、云々するのは失礼かもしれませんけれども、実は、今書きました三沢勝衛って先生がね、旧制中学ですから、今の高校ですよね、大体、社会科じゃない、地理科の主任クラス、教頭にはいかなかったから教頭の次くらいの席でね、月給が三百五十円だったんですよ。その当時、米が一俵十円なんです。今は一万円なんですけどね。そうしますとねえ、今の俸給で、次席ぐらいの先生は三十五万円ぐらい月給取らなければ、バランスがとれないんですよ。ところが、それ、みなさんはねえ、三十五万円なんて先生はいらっしゃらないでしょう、と、思うんですがね。この辺に何かずれがあるんだなあ。

俸給が安いことは事実なんだけれども、先生はねえ、これは、やっぱり、日教組や高教組のみなさんが言うみたいに、労働者じゃないと思うんだ、絶対にエリートでなきゃいかん。それで、言うなれば、賃金獲得を叫ぶのは、教育行政の教育委員会なりね、あるいは父兄なり社会なりが言うべきであって、先生自身は、知らん顔をして、こう、まあ高楊枝をしていなきゃいかんと思うんだなあ、この辺に、何かずれがある。

　昔はねえ、私の家内の親父が、ここの校長ですけれどもねえ、所得税が町長の次なんです。昔でいう高額所得者てのかな、ともかく貴族院議員選挙権有権者なんだな、校長先生はね。どこへ行っても、一が村長、二が校長と決まってるんですよ。しかも、その先生てのは、エリートだったんだな、そのエリートだった時代はねえ、確かにすごい教育ができたわけですよ、もう思い切った教育がね。

　ところが、今の先生はねえ、学校では生徒の進学で責められ、PTAなんていううるさ方のお相手をして、それに、学校管理という、うるさいだけで何にもならない、枠みたいなものがついて廻ってさね、それで、家へ帰って、またいじめられるでしょう。まあ、本当に先生方は苛められてるんだよ。あれではねえ、本当の教育はできないわ。

　そういうことを書いたのが、『信州教育の墓標』ですからねえ、まあ、一つしゃくにさわるなあと思った方は、ごらんになっていただきたい。いや、今の教育を考えると、本当、しゃくにさわる存在なんですよ。まあ、これらはここらの先生の話ですがね、ここらの先生は暇がないですよ。やっぱり、お互いの心の中に、何か悩みがあるんですが、その悩みを解決するだけの暇がないわけなんです。で、もう業腹でどうにもならん。そこで解決の方法はといえば、十分か二十分の暇しかないわけだし、お小遣いにしても、百円か二百円ぐらいしか

インタビューの行われた諏訪の藤森家（やまのや旅館）

ないんですね。そうするとねえ、手っとり早く、パチンコが一番良いですよ。これをやって、しばし、忘却の境地にひたってから、家へお帰りになり、まあ、かあちゃんにサービスをするっていう。これは何か間違ってる、ここらでね、日本の教育をやりかえないと、もう日本は亡びますよ、本当に。

稲垣——本当に、ご親切にご指導ねがいまして、ありがとうございました。恐らく、ここしばらくといいますか。この教科書のありますかぎり、ほぼ半永久的に、二年生の現代国語の最初のところでは、先生のお作を使わせていただくことになるだろうと思いますので、今後とも、ぜひ、いろんな点でご教示をお願いしたいと思います。本当に、今日は、ごむりなところをおしかけまして、申しわけありませんでした。

藤森——今日は、ちょっとねえ、昼間、炎天にさらされましてね、消耗してるわけなんですよ。だから、いつもより元気がありませんけどね。いつもだと、まあ、みなさんを大変喜ばして眠くしないですむんですけどもねえ、今日は、大分眠くさしちゃったらしいけども。ハ、ハ、ハ、ハ。こちらへ、中央道が来てるもんだからねえ。忙しくって。

＊このインタビューは一九七三年七月二十一日、稲垣惣司氏が同僚教師六名と共に、諏訪の藤森家（やまのや旅館）を訪れて行われたものである。なお、インタビューからの原稿作成に際しては、故澄田正一氏（名古屋大学名誉教授）の助言を得、同僚の村田啓一氏がテープ起こしを担当したとのことである。

II　藤森栄一を読む

1 人間、藤森栄一とその考古学の原点

戸沢充則

人の心に夢を与える珠玉のエッセイ

藤森栄一先生は、生涯を通じて、実にたくさんの、創造性豊かな考古学の論文や、珠玉のように美しいエッセイを書きました。

その数は、先生が死の直前の一九七三（昭和四十八）年十二月、あたかもその死を予感するかのように、何年ぶりかで知人や友人に送ろうとして用意されたものだという年賀状に、「私もどうやら大悟の境、孫が七人、著書三十二冊、論文その他の発表数が六七二となり、歩いてきた道のりのながさを感じます」と書いておられます。

このたび、その全作品が集められて、全十五巻という、大きな『藤森栄一全集』が発行されることになりました。考古学という、まことに手間ひまのかかる学問の道にたずさわりながら、七〇〇篇に達する論文・作品を書きのこしたというのは稀有のことであり、それがそのまま全集として出版されるということも異例なことであります。

それにはそれ相応の理由がなければなりません。その理由とは何か、ひとことでいうと、先生の作品はおどろくほど多くの人に読まれ、ただ読まれるだけでなく、読んだ人の心の奥底に、消すことのできない灯をともす、不可思議な力を秘めているからだと思います。

藤森先生の作品と、それを読んだ人々との出会い、結びつきを知るエピソードは、数限りないといってよいほどであります。人生に絶望して死の淵に足をかけかけた人が、先生の作品の強い感動によって立ち直った話、病床に先生の著書を並べ、「藤森さんの新しい本はまだ出ないか」と待ちつづけて、生を全うした老人の話、「考古学者藤森栄一の本はみんな読んでいる」と、そのことを最大の誇りとして生きているという、ある場末の焼り屋のおかみの話などは、先生のところに寄せられたその人々からの多くの手紙で知るほんの一例にすぎません。

教科書や参考書以外は、本を読む暇も与えられない受験生が、毎年激しい競争を突破して、私たちの大学にも三十名ほど、考古学専攻生として入学してきます。私は教室でのゼミの時間の第一日目に、「私の読んだ一冊の本」という題のレポートを課すことにしています。もちろん主に考古学や歴史に関係する本についてですが、雑多な本の名があがります。その中でいつも固定して三〜四名の学生が、『かもしかみち』『旧石器の狩人』『銅鐸』『心の灯』など、藤森先生の著書をとりあげて、感想を書いています。みんな表現は素朴ですが、それなりに率直に、自ら専攻しようときめた考古学への夢とあこがれを述べ、灰色の受験勉強の中でみつけた、小さいながら強い感動をそれぞれに語っています。

学問に夢をもつということ、それがどんなに大切なことであるかは、一〇〇年にわたる日本考古学の歩みと、いま私たちが直面している日本考古学の現状を見渡せば、だれの眼にも明らかなことです。藤森先生の著書に触れて、考古学に夢をもった学生は、きっとこれからの日本の考古学を、先生の言葉を借りていうならば、「資料の学問より人間の学問へ、古代日本人の生活とともに、われわれの限りなき魂の延長の探究へ……」(「掘るだけなら掘らんでいい話」『考古学・考古学者』所収)と向かわせるにちがいありません。そして「私たちの国土、私たちの民族の将来を見通すことのできる学問の創造のためにる礎《いしずえ》として、誤りのない日本原始・古代史の真実を守る礎として、考古学の真の目的を、自らの手でしっかりとつかむことができると信ずるのです。

燃焼する命が生み出す文章

こうして藤森先生の作品は、考古学という専門分野をはるかにこえて、思いもかけぬいろいろな立場、いろいろな境遇、若い人からも、また年とった人々にも、愛され、読まれています。その魅力の理由は何か。扱った題材が考古学であり、また考古学者という、一般の人々の日常の生活からはやや遠い、特殊ともいえる世界のものが大部分であるという特異性もたしかにありましょう。また、ある時は澄んだ抒情の世界を、ある時は煮えたぎる情熱と哀歓にあふれた情感を、心にくいまでに表現しつくす、詩のような文章の美しさは、なんといっても抜群です。そしてなによりも、考古学者らしい鋭い眼で観察した、それがたとえ悲哀や冷酷な事実をとりあげた作品でも、先生の文章にはいつも温かさと愛情が感ぜられるのです。それらのことが人々をひきつける理由でしょう。

しかし、だからといって、だれでもが、文の芸を磨き、フィクションの世界で、藤森先生の作品を再現しようとしても、それは決してできることではないのです。藤森先生の作品が、実に多くの人々に読まれる理由は、すなわち、その魅力の理由を生み出している根源は、藤森先生の全生涯と全作品が、つねに一体の関係にあるからだと思うのです。

そのことをもっと説明するならば、先生は一人の考古学者、いや一個の人間として、たいへん波乱に富んだ生涯を送りました。その一生の一齣《こま》一齣の時々に、ときにはお人好しすぎるといわれるほど先生は一生懸命に生きて、あらん限りの情熱をかたむけて、そしてその中で、青白く光るような感性を研ぎすませて、一つ一つの文章を書き重ねていったのです。だから、先生のそれぞれの作品には、先生の生命《いのち》のひとかけらが、そこにこめられているといわなければならないのです。

死期の迫った病床での晩年、「おれからものを書くことを取りあげたら、それは死ねということだ」といって、看病のみち子夫人や青木正博医博を困らせたという話は、よく知られたことです。事実、先生は自分の書く字が、もうおそらくなにも見えなくなる死の直前まで、原稿を書きつづけていました。未完の絶筆になったその一つは、「久遠の行人」と題した木喰五行《もくじきごぎょう》の物語でした。それはきっと「木喰論」「木喰研究」といった類の論文ではなく、かの永遠の微笑仏と称せられる素朴な木彫仏を、なんともなく、全国に数百体も彫り残して逝った木喰五行の生涯に、先生自身の生涯と、死と、死後の世界を見出して、それを書き終えられねば……という、まさに先生の最後の生命の一片だったにちがいないと思うのです。

このようなことからもわかるように、藤森先生は生涯、客観者としてものを書くことができない人だったような気がします。考古学者である藤森先生にとって、考古学も、その研究の対象であるべき石器時代人も古代人も、また彼等の死んだ形骸にしかすぎない石器や土器も、あらゆるすべてのものが、単なる学問的研究の対象としてではなく、それぞれに先生の魂をゆさぶる媒体でなければならなかったのではないでしょうか。事実、先生はその通りにとらえたのです。

　そのことは、先生の生涯に知りあった多くの考古学者、そしてより多くの学者以外の人々との出会いを、先生がどんなに大事にされてきたかを知ることによっても理解できると思います。それらの人々は、限りなく人間を愛するという先生の心で濾過され、あの特有の温かく美しい文章の中の主人公となって、「藤森栄一の世界」ともいうべき数多い作品に、多彩な光芒を与えているのです。

　そのようなすべてのこと、とりわけ先生の一つ一つの作品が、先生自身の生きてきた、その生命のあかしであるという点が、魅力を生み出す最大の根源だと、私は確信します。

全集版『かもしかみち』の構成

　今度、『藤森栄一全集』の第一巻として編集された『かもしかみち』は、敗戦直後の一九四六年、葦牙《あしかび》書房から初刊本を出し、一九六七年に増補を加えて、学生社から再刊された同名の著書と、同じ年、やはり学生社から新たに出版された『かもしかみち以後』を一冊にまとめて、改めていわば全集版の『かもしかみち』として出版することにしたものです。

　初刊本の、すなわちもとの形のままの『かもしかみち』は、藤森先生自身が再刊本のあとがきに「この本は私の原型だった」と書かれているように、先生の学問観、全生涯、そしてその中から生まれた全作品の、まさに根幹を示すものでした。今度、全集版を編集するに当たって、はじめは、それをもとのまま生かすべきだと考えました。しかし『かもしかみち以後』を含めて、全作品の

『かもしかみち』初版本（葦牙書房、1946年）

内容を改めて読んでみると、両著をそのまま並べたのでは、なんとなく、一つの作品と他の作品との間で、流れが止ってしまうような違和感を覚えるのです。そこで思い切って、両著を合わせて作品の配列をすこし動かし、関連する内容のものをいくつかまとめて、全体を五つの章に構成することにしたのです。といっても原型であるべき『かもしかみち』の構成とほど遠いものになったわけではなく、むしろ初刊本の構成の中に、『かもしかみち以後』の各作品が加わって、内容を豊富にした形におさまったのではないかと考えています。

初刊本の『かもしかみち』は、ほとんど戦前に書かれたもの、いうなれば藤森先生の文字通り青春時代の同時代史です。しかし戦後書き下ろされた回想記ともいうべき『かもしかみち以後』が、青春の作品ではないとはいえないと思うのです。なぜなら、先生は死途につかれるその時まで、いやことによったら肉体の生理が止った今も、生涯かわらなかった若々しい精神をもって、青春を楽しんでいるにちがいないからです。そして墓場の蔭から「全集版のかもしかみちこそ、私の原型だった」と、きっと喜んで言ってくれるものと信じます。なお既刊本の『かもしかみち』『かもしかみち以後』から「日本原始陸耕の諸問題」と「その頃の教師」は、本全集ではそれぞれ第九巻と第六巻に移しました。

「かもしかみちを行く」旅情とロマン

ところで、『かもしかみち』にもりこまれた個々の作品の解説などは、どだい不必要な試みでありましょう。だいいち、本巻にもまとめて収載した既刊本のための**序文・あとがき**の中で、藤森先生ご自身が見事に要点をつかんだ解説を加えておられます。とくに初刊本『かもしかみち』の巻末に書かれた**病牀読校**は、先生の青春の回想も交えて、それぞれの作品が書かれた背景やねらい、作者である先生の気持ちなどを、実によく描写した記述で、この種の解説としてはお手本のようなものです。それでも私なりの『かもしかみち』の感じ方を、少し書きたいと思います。

巻頭を飾る**古道雑聚**と**山と先住民とその子たち**、藤森先生の原型となり、先生の表徴ともなった最初の著書『かもしかみち』の題名が、その作品の中の一句からえらばれたことからもわかるように、この書の導入部を構成するのにまことにふさわしい、とても示唆に富んだ内容の美しいエッセイです。なに気なく深山の奥に残されている一筋のけものみちを発見して、そこに歴史を感じ、人間を想い、自分の生きていくみちを考えるという感性は、おそらくエッセイという表現形態の神髄を決める要素の一つであろうと考えます。

しかしそれをよくなしうる才能というものは、そうざらにあるものではありません。高原の山道でふと眼に止めた一片の土器に、それを背負って放浪した縄文人の姿を追憶するという豊かな発想の中から、「人間の考古学」「人くさい考古学」といわれる、その後の藤森先生の学問観をはっきり読みとれる点もみのがすことができません。

「九州廻記」の章としてまとめられた**九州廻記・山口をおもう・遠賀川《おんががわ》日記・信州尖石《とがりいし》行**は、戦前藤森先生が、在野の考古学会といわれた東京考古学会の一員として、その研究活動に参加していた時の紀行文です。とくに読む人の心をとろけさせるような、感傷の言葉に多く彩られた「九州廻記」は、『かもしかみち』の中の名篇といわれたものです。

私もその一人ですが、戦後間もなく、『かもしかみち』の初刊本が出た頃、中学生・高校生として多感な青春を迎えていた戦後第一期の考古ボーイ達は、弥生式土器を求めて九州を一人歩く藤森先生の影に自分を托し、明日もわからない敗戦直後の混乱した世相の中で、夢とロマンの世界として、考古学の可能性を一心に信じようとしたものでした。私などは、壱岐勝本の地で先生が突然うたいあげた「去京一千五百里……」というあの多賀城の碑文に、はじめて詩の心のようなものを強烈に知って、大学に入学するとすぐ、多賀城の碑を訪ねて旅したほどです。

その「九州廻記」や「遠賀川日記」を書いてから約三十年後、**のちの九州廻記**が執筆されました。普通の人なら、もう年よりの一人よがりの想い出話に終わりそうなその回想記が、またなんと新鮮であることかと驚かされます。

人間愛に満ちた人との出会い

「あの頃の考古学」として七つの作品をまとめました。生涯を通じて先生がいちばん敬愛していた二人の考古学者として、森本六爾氏と小林行雄氏の二人がいました。この二人の学究を中心として進められた弥生時代文化研究の凄烈《せいれつ》ともいうべき情熱を、そしてまたその過程で若い生命を病のために失う森本氏の苦悩を余すところなく描写した**弥生式土器聚成図録の生立ち**は、後の「遠賀川日記」などとともに、過去一〇〇年の日本考古学史の中で、最も生彩あふれた活動の記念碑をのこした東京考古学会の、生きた学史の一齣といってもよいものです。

神田さんと森本先生・ある考古少年の灯・考古学者の戦死・箱清水遺跡と忘れられた人・小沢半堂《はんどう》のこと・遙かなるオリンピアードと続く諸作品は、人の一生にとって、人との出会いがどんな大切なものかを、人一倍知っていた藤森先生ならではの作品群です。そこに登場する人々に対する、先生のこまやかな心づかい、思いやり、とくに小沢半堂や箱清水の石川税氏等々、華やかな学問の舞台へあがることもなく、いつしか忘れ去られていった人々への愛情は、先生の作品に他にも多いこの種の人物評伝を、単なる評伝に終わらせない、大きな人間愛の結晶としてみのらせる原因であったといってもさしつかえありません。

また個人的な回想になりますが「ある考古少年の灯」は、一九四八（昭和二十三）年、当時私も所属していた諏訪清陵《せいりょう》高校地歴部という、クラブの雑誌に投稿していただいたものです。私の二年上の新村良雄さんが部長で、絵ごころもあり、織田作之助か誰かに心酔していた新村さんは、また、私たちの仲間では筆頭の藤森ファンでもありました。その彼が学校の先輩として「おめえたち、栄一さ（とその頃こんな愛称で先生のことを呼んだ）の『かもしかみち』も見ねえで、考古学だなんだといったってだめだぞ」などと下級生の私たちに発破をかけては、みんなを遺跡にひっぱりまわしていました。

「かもしかみちを踏みわけて、考古学の可能性を探ろう」というのが私たちの合言葉だったように覚えています。その栄一さが、『かもしかみち』の続篇を書きたいといっているということをどこからか聞きつけて、「それじゃ部報を出して、それに連載してもらえ」と高校生らしい単純な考えで、しかし本当に『清陵地歴部報』が当時としてはシャレた装で発行され、藤森先生の「若かった頃の考古学――伏見博英君の想い出（『ある考古少年の灯』の原題）」がその第一頁を飾ったのです。

高校生たちは『かもしかみち』の世界が、自分たちの世界になったのだというよろこびに酔いました。そして伏見博英氏に注いだ先生の温かい愛情が、自分たちに対する先生の気持ちであるとも、直截に結びつけて解釈したのでしょうか。それからは、葦牙書房という先生の古書店も、先生の家も、この自分勝手な考古ボーイがひねもす占領することになり、やがて諏訪考古学研究所と称して、〝ひとつぱし〟の発掘や研究をはじめる本拠となってしまったのです。

藤森先生はズボンの尻ポケットから、無雑作にしわのよった札をとり出し、研究に必要な文具や紙やその他のものを買ってくれました。「命の薬」と称するほど好きだったコーヒーも、自分でいれてご馳走してくれました。しかしいま考えてみると、その頃、先生は生涯で最も苦しい時代を生きていたはずです（「春愁の暦」等参照）。

南方の戦線から命からがら復員して、すぐ学界の一線への復帰を試みましたが、戦争で病んだ身体と、複雑な学界の仕組みは、その先生の希望を挫折させたのです。学問を捨てようと、絶望の淵に立ったことも、再三のことだったと、いくつかの回想録で書いています。そんな時、私たちが気がつかなかったのか、先生が耐えに耐えて苦悩を表情に出さなかったのか、考古ボーイ達はほんとにいい気なものでした。先生は自分の苦しみをこらえて、若い力が伸びていくのを、心から喜んで見守っていてくれたのです。文章の中だけではない、藤森先生の人間にそそぐ大きな温かい愛情を、いまも自分の心が痛むほどに、私は感ずるのです。

真実の歴史を求めて

脚のない古代史と**南薩摩の神々**の二篇は、学問も、思想も、生活も、日本人からすべての自由がうばわれていた、あの敗戦前の暗黒の時代に、よく活字になって発表されたものだと、藤森先生自身が後に回想しているほど、当時の皇国史観にもとづく古代史研究に対し、実に率直に、勇気をもって批判を加えたエッセイです。

敗戦後三十年余、日本人の心の中でひととき高揚した民主主義への絶対的な願いは風化し、紀元節の復活や教科書の改悪などという反動的逆行に、危機を覚えないわけにはいかない現在の風潮の中で、真実の古代史を、歴史を知ることこそ、民族の歴史と幸せを将来に向けて発展させる基礎であるとする藤森先生の四十年前の叫びは、いまそのまま私達の叫びでもなければいけないのだともいます。

貝塚のない湖の回想・日本農耕文化の伝統は、ある考古学的事象について、つねにそれをより広く大きい包括的観点でとらえようとする、先生の学風の一端がうかがえます。**読書雑感抄**にみられる書評の面白さも、そうした先生の学風がなせる、ユニークさをもっています。

病と苦悩をのり切った生命力

「春愁の暦」にまとめられた五つの作品は、いずれも一九六七（昭和四十二）年頃執筆された回想録です。**忍従**

の家系は先生の少年時代を中心に、その心を育てた家と父母のことが書かれています。**寧楽《なら》の糸車**と**南海の忘れ貝**は先生が志を立てて故郷をとびだし、苦しかったけれど青春のいちばん充実した時を関西で過ごした頃の回想で、前者では新婚のみち子夫人と過ごした古都奈良の一日の印象が美しく、後者では先生を中心に、当時の考古学者たちとの交友の様子が、読者をもほのぼのとしたなつかしさにつつみこむようです。**東京里がえりの記**は活躍の舞台を東京に移して、学ぶために、また食うために苦闘した敗戦前の様子。そして**ポール・アンドウェル**は生死をわけた南方の戦場にかり出され、そこでもまだ、藤森先生らしく生き、かつ感じている姿を、なまなましく伝えてくれます。

大阪の新居の前で、妹をはさんで藤森夫妻

春愁の暦、先にも書いたように、敗戦直後のおそらく藤森先生にとって、最も苦悩に満ちた、人生の岐路に立たされたといえる時のことを回想した作品です。読んでいてもどかしくなるような、先生の深い愁いがにじんでいます。以前『かもしかみち以後』が出版された時、小林行雄氏がある新聞にその書評を書かれました。この「春愁の暦」だけに照準を当てた評言ではないと私は思うのですが、「生活のきびしさのほかに、さらに学者としての苦悩があったことを、もっと突っこんで書けば、さらに深味のある人生の記録になったのではないかと思いますが、どうでしょう」と言葉を送っています。

藤森先生はそれに何かを答えたのかどうか私は知りません。ただ、その二年後、先生は講談社から『考古学とともに』という本を出版されました（全集第二巻所収）。戦後の先生と先生をとりまく人々の考古学の活動記録を内容としたものです。その筆致は、副題に「涙と笑いの奮戦記」とつけられていることからも察せられるように、先生としてはめずらしく、できるだけ感情を殺して、淡々と、リズミカルに、またある時はユーモラスに書き綴っています。

先生にとって「一番遅い春を待つ気持ち」だった、あの「春愁の暦」の前後のことを、「涙と笑いの奮戦記」の中の一章として書きとばした先生の心情に、一人の考古学者としての最大の悩みがこめられているにちがいないと、私はいまは思うのです。そして藤森先生も書き残さなかったそれがなんであったかを知ることが、戦前から戦後に生まれかわったと、一般にはいわれるいまの日本考古学の、真の質を知る鍵があるようにも考えられるのです。

それはともかく、「春愁の暦」をめくり切ることで、藤森先生の一つの時代が終わりました。「少年時代から一筋道を歩んだということは、好きな道であったというだけで、特別の価値はない。しかしカムバックできたということ、これは私にとっては最大の仕事だったと、本当に思います」という言葉は、先生自身が語った、その転機についての意義でした。事実、その後しばらくの時期を経て、『かもしかみち』を原型とする藤森考古学の成果が、信濃の地を基盤に、怒濤のように堰を切って流れ出すのです。

＊

まとまりのない感想を解説に名を借りて書いてきました。最後に『かもしかみち以後』のはしがきに書かれた次の先生の言葉を、もう一度思い出してみたいと思います。

――いいんだよ。ゆっくり休んでいこう。どんな廻り道だって、人生に無駄だったなんてことは一つもないんだ。一度ともした灯を消しさえしなければね。

私はいままでもそうであったように、藤森栄一先生のその温かさに甘えて、これからも、辛いこと、悲しいこと、にっちもさっちもいかぬ行きづまりにはまりこんだような時、また、心の底から喜び、身体いっぱい幸せを感じたいような時には、いつでも藤森先生の『かもしかみち』をとり出して、その世界にわれを忘れて没入したいと願っているのです。

2 久遠に輝く心の灯

神村　透

藤森先生との出会い

はじめにおことわりしておきたい。オレは四十歳の半ばも越した年齢になって、まだ田舎者まる出しの人間である。いや、ますます田舎者だと自覚して生きている。これはひがみでもなんでもない。藤森先生に教えられたオレ自身の生き方だと信じて、そういうのである。

たしか大学に入って間もなくの頃だと思う。田舎出の若者が多かれ少なかれ味わうように、オレも標準語と称する「東京方言」には、いく度か苦い思いをした。それでも柄に似合わず、「オレ」を「ボク」にいい直そうと努力したこともある。そんなある時、帰省の途中上諏訪に降りて（これにはいまはなつかしい思い出となった、複雑な事情もある）、藤森先生の家にころがりこんだ。

久しぶりの対面のせいもあってか、人一倍都会的感覚をもった先生の前で、オレは「ボク」を連発し、そして同時に「オレ」も多発して、しどろもどろでちぐはぐな会話をしていた。すると先生が「オラァなあ、クマさん（藤森家姉妹がオレに献じた愛称）よ。形だけつくろって、本物の中味のねえやつはだめな人間だと思うな。都会の奴等にはそれが多いよなあ」と、他の話題にかこつけて、ひときわ大きな声でいった。

その時からオレには「ボク」というよそよそしい言葉が出なくなった。そして前からそうであったような、屈たくない楽しい話を藤森先生とたくさんやり、思わず数日を先生の家にすごして、やがて家に帰ったことがあった。

そこには理屈では説明できないような、藤森先生の人の心をつかむ感覚の鋭さと、人間的な大きさがあるのだと、いまでもつくづく感心する。だから、藤森先生を思い出し、先生のことを語る時の自分は、どうしても「オレ」でなければいけないのである。

前書きがながくなってしまったが、オレが考古学を知ったのは、旧制中学一年の一九四六(昭和二十一)年であった。それは藤森先生の自伝的作品『心の灯』や『考古学とともに』に書かれている「混乱期」に当たり、先生が南方の戦線から命からがら復員して来た年に当たる。その年に飯田中学に入学し、大沢和夫先生に日本史を教わった。またクラブ活動として、どうしたわけか郷土班に入り、そこでも大沢先生の指導を受けて、土器や石器というものを知った。だが特別に深い興味があったわけではない。

中学二年の夏、登呂《とろ》遺跡の発掘記事が毎日のように新聞にのり、それを一生懸命に切り抜いた。戦後の考古ブーイならみんな同じような体験をもっているだろう。冬になった頃、あしかび書房刊行の大場磐雄著『日本古代農村の復原』という新聞広告をみつけて、早速注文した。その時は、あしかび書房が藤森先生の経営する出版社だとは全く知らなかった。この本を読んで、オレははじめて考古学に積極的な興味を感じ、家のすぐ裏山のようなところにある北原遺跡に土器を拾いに行った。

その時は、思いもかけずたくさんの表面採集ができたこと、その弥生式土器片の中に裏表に文様のあるものがあって珍しく思い、これは新発見ではないかと胸をときめかした。すぐに大場先生へ手紙を出して意見をきくと、折りかえし先生から親切なたよりをいただいて驚喜したことを、今でも昨日のことのように思い出す。

中学三年の夏、大場先生をたよって登呂遺跡の発掘現場に押しかけ、あの歴史的な大発掘を体験することができた。その時、大場先生から「諏訪には藤森栄一先生と宮坂英弌《ふさかず》先生という考古学者がいるから、訪ねて行って教えてもらいなさい」といわれた。

その年の秋の日曜日、郷土班の仲間と尖石の宮坂先生を訪問した。先生の家の中に所狭しと並んでいる、ものすごい縄文中期の土器群に圧倒された。そして先生自ら先頭に立って尖石や与助尾根遺跡の案内に立たれ、雄大な遺跡と、そこをとりまく景観にのまれてしまった。

夕方、上諏訪に途中下車し、駅に近い博信堂の一隅にあった古書店あしかび書房に立ち寄った。はじめて見た藤森先生はベレー帽をかぶり、店の奥に座っていたのですぐわかった。尖石で味わった感動とはちがった、なにか不思議な胸の高まりを覚えて、じっと店の中に立ちすくんでいたが、その時はついに、何となく都会人的な先生の雰囲気に気おくれして、ひとことも声をかけずに、夜遅い列車で家にたどりついた。オレが十五歳の時のことである。

そして冬になって、はじめて自分たちの手で、温田遺跡を発掘し、竪穴住居跡を発見した。大場・宮坂・藤森三先生にそのことを知らせると、三先生とも相前後してわざわざオレの家まででかけて下さり、学問的な指導をお受けした。その時のオレの感激は言葉に表わしようもないが、それよりもオレが考古学をやることに頭から反対であった父親が、はじめて考古学を認めてくれるようになった。

当時、あしかび書房の店主だった藤森先生は、時々、飯田市へ古本の仕入れにきておられた。温田遺跡の時もちょうどその帰りに立ち寄られたのであるが、それがきっかけとなって、オレの諏訪通いがはじまった。それは

地元の中学生・高校生が発掘する殿村遺跡で。後列左から４人目、ベレー帽を被るのが藤森栄一

月に二、三回、時には毎週のこともあった。リュックサックいっぱい採集した遺物をかつぎ、土曜日の午後に出かけ、日曜日の夜に家に帰った。その間、崖にへばりつくようにあって、藤森先生が「春愁の暦」(全集第一巻所収)を送ったあの家に泊めてもらい、書斎にある本や報告書をむさぼるように読んだ。

店をしまって夕方帰ってきた先生は、いまになってみるとこんなものをと思われるような土器や石器の一つ一つについて、わかりやすく、しかも学問的にいろいろと教えてくれた。しかしオレにとっては、そういう勉強の上のことよりも、藤森先生の家にいるということの方が、なによりも心の安らぎとなっていた。何もいわないでオレを家庭にうけ入れてくれる奥さんや三人の可愛いい娘たち、そこに先生が加わってかもし出す温かい家庭の雰囲気は、旧い家庭であるオレの家では味わえないものだった。

一方、オレと同じように藤森先生のところに集まってくる考古ボーイの仲間たちとも、すぐに知り合い、親しくなっていった。戸沢充則、松沢亜生君等で、とくに戸沢君とは気があい、すごくひかれるものがあった。オレが彼の家に泊り、彼もオレの家によく来て、いっしょに北原や立野遺跡などを掘って廻った。戸沢君とは大学四年間、そしていまでもいっしょの仕事をつづけている間柄である。

ともあれ当時のオレは、ただ先生の心の温かさ、大きさに甘えていたのみであった。長いこと先生といっしょにいても、むずかしい学問上の質問や議論をぶっつけるということもしなかった。でもオレにはそれでよかったのである。先生の顔をみて、先生の家の雰囲気にひたっていれば、それだけで次のファイトが湧いた。たったひとことの先生の言葉で、すばらしい勉強の糸口がつかめることも少なくなかった。北原遺跡の石器について、それが伊那谷の段丘上に栄えた弥生時代陸耕の大きな証拠だとする研究などは、藤森先生の着想を発展させたもので、高校時代からその後にやったオレの研究の最たるものだと、先生に感謝するとともに自負もしている。

心をとらえるユニークな自叙伝

こうしてオレは藤森先生のとりこになった。だが、同じ高校生でありながら、また、藤森先生とのつき合いはオレとあまりちがわないのに、戸沢君はどうもひと味ちがうことがだんだん気になりはじめた。彼はオレの家に泊ると、教師である父が集めた西田幾多郎や和辻哲郎の本に手を出す。そのうちにその謎がだんだんわかってきた。彼はオレと同様に藤森先生のとりこになったわけだが、とことん先生を知ろうと思って、先生の書かれた文章を熱心に読んでいた。

『かもしかみち』などは暗記するほどに読んでいたにちがいない。『石器と土器の話』が出ると、彼は高校のクラブの雑誌や『諏訪考古学』にすぐ書評を書いた。そして、藤森先生が一番多く論文を書いた東京考古学会の『考古学』という雑誌を、当時、初巻から全部読んだという話も、後から聞いた。

戸沢君は、藤森先生の書いたものを通して考古学でも、文学でもなんでも、どんどんと自分の見る世界をひろげているようであった。

こうした刺激も加わって、オレもやがて藤森先生の文章に接し、そしていままで以上に先生にひきつけられていくようになった。先生の文にこめられた温かい、美しい心にひかれ、いく度もいく度も真似てみたが、いずれも足もとにも及ばない雑文ばかりである。しかしいままでもあきらめていない。少しでも先生に近づこうと思って、この年になっても書きつづけている……。

本棚に数々の藤森先生の著書を並べ、折にふれてそれらを読む度に、さまざまな生活の苦しみ、生命へのたたかい、悲しみや喜びの中で、いつも考古学を捨てないで、考古学への情熱の灯をともしつづけ、生き抜いてきた先生の生きざまに強く感動し、いつも新鮮なその感動を、オレ自身の生きる力にうつしかえている。すなわち先生の文章は、オレにとってはまさに心の灯そのものである。

この巻にまとめた『心の灯』と『考古学とともに』は、もちろんオレだけではなく、多くの人々、とくに若い人々に大きな共感をよぶ藤森先生の生涯を、自叙伝風に書きおろした著書として、先生を知るのに最も重要な作品といえる。

『心の灯』は一九七一（昭和四十六）年二月に筑摩書房から、『考古学とともに』はその前年の十二月に講談社から、あいついで出版された。それぞれのまえがきやあとがきに、先生自身が書かれているように、自叙伝としての執筆は、はじめ『心の灯』によって構想されたものである。そしてそれは『かもしかみち』『かもしかみち以後』『銅鐸』『旧石器の狩人』などを原型として、少年少女向きに書きおろしているので、事実の内容としては右にあげた著書と重複する部分もある。『考古学とともに』も、早く一九六七（昭和四十二）年に『中部日本新聞』に連載したものを骨子としてまとめられたものであった。

このように執筆の動機・経過にちがいはあるし、とうぜん、文章や表現にも、両著の間にはかなりのちがいがある。しかしいま二つの作品を並べてみると、それは一つの実に見事な流れとなって、藤森先生の自叙伝を形づくっている。

若い人にじっくりと語りかけるような『心の灯』は、戦前の、すなわち先生の少年時代から青春にかけての、回想を中心とした自叙伝として、洗練された叙述となっているし、『考古学とともに』のテンポの早い叙述は、それなりに、激しく動いた藤森先生の後半生を活写しているように思える。

もともと一冊の自叙伝になることを意識してそのように文章をかえたわけではないと思うが、それがいま一本になってみて、先生の生きた時代と生きざまを、おのおのが自然に特色を出していきいきと描いているということは、藤森先生のなみなみならぬ天性の所産だというほかはない。その意味では、非常にユニークな自叙伝を形成しているといえる。

藤森先生の自叙伝ともいうべき『心の灯』と『考古学とともに』を読む人には、たとえそれぞれに生きる手段や、心のよりどころがちがっていても、一人の人間が、一度ともした心の灯を守って、ひたむきに生きつづけた姿に、きっと大きな人生の心の糧を与えられるにちがいないと、オレは固く信ずるのである。

なお、『心の灯』は、出版された年の五月五日、第十八回サンケイ児童出版文化賞の「大賞」が授与された。その選考経過の報告の中で「自伝的発掘物語『心の灯』は、考古学を愛しつづける少年の成長が感動的にえがかれ、人との出会いなど、人生を理解させるためにも、すぐれた本と推奨され、大賞に決まった」と評されている。

信州人・諏訪人・こえた気質

藤森先生の生い立ちや人柄、人生観や学問観を知るためには、先生の書かれたこの二つの自叙伝をじっくり読むに越したことはない。だから、ここでその解説をするなどということではなく、先生の叙述の順序にしたがいながら、特徴のあるいくつかの側面をとらえて、オレなりの「藤森栄一像」を語ってみたいと考える。

先生は長野県諏訪湖畔の城下町で、古くからあったしにせから分家し、両親が新開地で必死に築きつつあった商家の、期待される長男として生まれた。それこそ、生粋の信州人、諏訪人である。

人はだれでも、生まれ育った土地の自然と風土、それと結びついた生活や人間社会のしがらみの中で、よかれあしかれさまざまなものを身につけている。それがその人の人間性の素地となり、その土地に育った人々の共通する気質となる。

信州は日本の屋根といわれる高い山脈が、南北にいく筋も走り、その山あいを流れる河川が盆地や谷を発達させ、それがある程度独自性をもった生活の舞台となっている。人々はその中でそれぞれがもつ美しい自然に接し、美しい心、共通の親近感に支えられた温かい心を養い、また一方、きびしい自然に対峙して、強くたくましい心と、自己防衛的なかたくなな心情を育てる。

信州人の特徴としてよくいわれる理論好き、理屈っぽさは、長い冬をこたつにあたって、野沢菜漬をつまみながらお茶を飲んで談論がつきないという生活習慣から生まれた。さらに狭い土地での生活の貧しさは、せめて知的な豊かさをという願望につながり、読書好き、教育熱心という気質を生んだともいわれている。全国的にみても、各地の長野県人会のまとまりと活動の活発さは抜群とされているが、それも信州人たることを誇りとする右のような気質からだと思う。

だからといって、信州人といっても、また育った土地の美しい自然と風土といっても、高い山々に分断されたそれぞれの地域に育った人々の間には、あの山、この河、そこの木、ここの家というように、直接接して感ずる対象はそれぞれにちがっている。それがまた微妙に地域的な気質となって特色を生み出すのである。たとえば南信地方といわれる地域は、同じ天竜川の水系に属するが、諏訪と伊那（上伊那）と飯田（下伊那）では、かなりちがった地域人気質を見出すのである。「飯田の人は薪を一山いくらと聞き、伊那の人は一束いくらと聞き、諏訪の人は一本いくらと聞く」というたとえ話がそれを示している。

伊那人と諏訪人の気質の差を調べた祖父江孝男によると（『県民性』中公新書）、諏訪人の気質は、気性が荒い、こすい、はすっこい、ぬけめがない、ザックバラン、形式にこだわらない、内部結束力・組織力があり、勤勉であるという。そして伊那人は人間がまるく、のんびりし、まじめでおとなしく、礼儀正しく、きちょうめんだとされる。この伊那人よりひとまわり人の好いのが飯田人である。

飯田人であるオレは、オレにないものを求め、それにひかれて諏訪に通った。同世代である戸沢君には、生の諏訪人気質を強く感じた。もちろん藤森先生の中にも、生粋の諏訪人として鋭さや進取性、熱情性をいたいほどに感じて、それが先生の魅力の根源になっていたのだが、それ以上に、温かく、やさしい、洗練された、また知的なほんとうの意味の都会人的な雰囲気があって、オレはそれにひかれた。

こうした先生独特の気質は、先生が歩んできた青春時代までの生き方に、大きな原因があると思う。商家の長男として家業をつぐか、それとも考古学への情熱に身を捧げるかという、青春の苦悩と葛藤、やがて故郷を捨てて関西や東京で学問と生活苦の世界を彷徨し、最後は南方の戦場で生死をかけた一時期をすごすなど、いつもぎりぎりのところで考古学の灯をかかげて生き抜いてきた、藤森先生の生活体験が作り出した、それこそ先生独自のこえた気質だというべきものである。

親の心・子の心

藤森先生が生まれた頃、先生のご両親は分家独立したばかりの小さな店を、なんとか一人前の商店に育てようと、食うや食わずの努力をつづけている時であった。とくに父親の益雄さんは父祖からひきついだ学問の血が流れていて、自分の中にある学問へのあこがれを必死におさえていたという。

そんな時に生まれた長男への親の期待はなんだったろうか。明治に生きた親として「長男は家をついで、家業にはげんでくれる」と願うのは当然だった。親たちは職業に関する知識の必要を認め、その教育には力をおしまない。しかし家業に関係なく、親に納得できない学問に対してはただ拒否反応あるのみである。歴史が浅く、趣味の学問とみられがちだった当時の考古学においては、なおさらであったと思う。

ましてこの父親は身近に、考古学にとりつかれてみじめな生涯をとじた小沢半堂への、ひとかたならぬいたわりの心を寄せていたという体験があっただけに、考古学への拒否反応はことさら強かった。幼い頃の藤森先生をひざにだいて「学問はいけねえよ。商人の学問はいけねえよ。半堂のようになるから」と、自分の胸にいい聞かせるように、先生にいつも聞かせていた。

ところが先生が小学校の高学年になって、もの心つきはじめた頃、好奇心に富んだどの子供でもそうであるように、先生も、家の歴史が大事にしまわれている〝博物館〟である土蔵探検の魅力にとりつかれていった。そんなある日、半堂が集めて、父親がその一部をしまいこんであった曽根遺跡の石鏃《せきぞく》と、運命的な出合いをするのである。「天窓が開くと、陽の光がサーッといっせいに流

藤森栄一を神秘の世界に誘いこんだ曽根遺跡の石鏃（右側）と土器片（左側）

れ込んできた。光はそれまで暗やみの中にあったものを、一度に美しくてらしだした。

黒や透明の黒曜石、黄、乳白色のオパール、赤い赤硅岩、青や緑のチャート（珪石《けいせき》）、……複雑に打ちくだかれたそれらの宝石は、光のなかでキラキラと反射しあって、石の奥に秘められた神秘な世界をおしげもなく私の目の前にあらわしていた」（『心の灯』）。藤森先生と考古学の強烈な出合いの一瞬である。

しかしこれを知った父親の驚きは、常軌を逸したほどの激怒となった。おいおいと自分も泣きながら、先生にお灸をすえたという。そして商人として進むべき道を、少年に向かってくどくどといい聞かせたのである。この時の父親の心はどんなふうだったろうか。やがて中学に進んだ先生は、父親がいくらいさめても、考古学の道をぐんぐん歩みはじめた。『校友会誌』に先生の処女論文が発表され、新聞が〝天才考古学少年あらわれる〟と紹介した。その時父親は、自分の部屋にとじこもって、書を何枚も何枚も書きあげたという。そして一人立ちしていく我が子の歩む道を、そっと見守っている親になっていった。その時の父親の切ない、また反面、うれしさも加わった複雑な心境を思うと、オレの少年時代の想い出もそれに重なって、ジーンと胸にくるものがある。

こうして、幼い頃の藤森先生の心の中に焼きつけられた、父親益雄さんの強い印象は、藤森考古学が人間考古学であるという特色を形づくる一つの要素ともなったし、また先生が考古学を心の灯と称して、生涯その灯を決して絶やすことなく生き抜くための、なによりも強いきずなになったと思われるのである。

めぐまれた師友

いままでに出たこの全集の解説の中でも、すでに何回か触れられているように、藤森先生ほど人とのふれ合いを大切にし、心にぐっとくる人をとことんまで愛する人はいなかった。そしてまた先生はその生涯を通じて、実に素晴らしい人々との出会いがあり、ほんとうにうらやましい。

《心に響く教師》 先生の小学生時代は大正の後半、中学校は昭和のはじめである。大正デモクラシーといわれ、自由と理想主義の雰囲気がただよっていた時代である。当時の信州教育界でも、白樺教育と西田哲学が強く志向され、教師たちはその信念で教育を実践していた。感受性の強い児童期に、現今のような画一的で知識一辺倒の教育では考えられないような、心に響く教育がおこなわれ、その教育を受けた児童のその後の人間形成に大きな影響を与えている。

藤森先生もその頃の児童の一人である。小学生の時、白樺教育に心酔していた井出良太郎先生に教わった。それは、自分の頭で考え、自分の手さぐりで努力し、いろいろな発見に驚いたり、ほんとうの美の世界を求めるという、感動の世界を知るという教育であった。

中学に入ってからは、三沢勝衛先生の影響が強かった。学問というのは知識を覚えることではなく、自分の目でみつめ、自分で考えていくことだということを、三沢先生の実践教育を通じて、徹底的にたたきこまれた。

藤森先生はこの二人の先生から、自分自身の手できりひらく世界の素晴らしさを体得し、それを生涯の心の灯と決意した考古学に生かした。自分で考え、自分でやって得た、自分自身の考古学だという自負をもって、ただひとすじに、自分の道を追い求め、展開してきたのである。それが信州の地にふさわしい「藤森考古学」として、たまらない魅力を発揮している。

《考古学の師と学友》 いまは全国の各大学に考古学の講座ができ、各地域に多くの研究者がいるが、藤森先生が考古学を本格的に勉強しはじめた昭和の初年には、考古学なんてものは学問とも認められないような、世間のごく一部の人々が知っているにすぎなかった。しかしそんな時だからこそ、考古学をする人同士の思いやりや交流も強かったのだろうか。考古学少年だった先生にも激励や温かい手がさしのべられた。

同じ上諏訪の町に住む両角守一《もろずみしゅいち》氏は、当時もう、中央の学界にもその名を知られていた地域の研究者であったが、時々、藤森先生の集めた資料を見にくるようになった。そして形のよい石器だけを集めて、整理に仕末のわるい土器を採集してないと、「土器はどうした？　時代区分のきめ手になるんだよ」と叱りつけて帰ってしまうこともあった。要するに単なる物好きの採集家になってしまうことを、藤森先生にそのように教えたのである。先生は学問にきびしさをもち、深い学識をもつ両角氏にすっかり魅せられ、最初の考古学の師としてつきまとうようになる。

両角氏は自分から手をのべるでもなく、教えてくれるのでもなく、黙々と一人で調査をし、論文や報告書をせっせとまとめていく。しかしそんな両角氏の研究にとりくむ姿をじっと見て、藤森先生は考古学の知識や研究の方法などを、確実に体得していったのだ。この時に両角氏から学んだものが、その後の先生の考古学の基礎としてずっと生きている。オレも藤森先生から同じようにして、あの頃実にいろいろなことを、しらずしらずのうちに吸収したものと、いまつくづく思いおこす。

中学を卒業して、上の学校へ進むことを断念した藤森先生は、家業を手伝いながら遺跡を歩き、独学で勉強を続け、必死になって論文や小さな報告書をまとめていた。中学卒業の年の一九二九（昭和四）年から翌年の三〇年だけでも、その頃出ていた『信濃考古学会誌』を中心として、二十編近い小論文・報告書の類を発表している。なかには中央の『史前学雑誌』に掲載されたものもあった。

そうした論文や報告を見た各地の研究者仲間が、次第に情報や意見交換のたよりを寄せ、藤森先生の交友はぐんと拡がってきた。その中で東京の杉原荘介氏（当時は藤森先生と同じ考古学青年）には強くひかれるものがあったらしい。ひまをみつけては上京して語らい、杉原氏のもっているものを吸収した。とくにその積極的な行動力をうらやましく思い、氏の行動をみて先生も奮起し、なにくそ負けるものかと燃える。こうして悩む青春の心の動揺にゆすられながらも、杉原氏とは多感な青春をともにした。そしてその後生涯の親友となっていくのであった。

藤森先生の生涯と考古学にとって、なんといっても決定的な影響を与えたのは、森本六爾氏との出会いであった。森本氏については、藤森先生が『二粒の籾』（全集第五巻所収）に、きわめてすぐれた伝記を書き残しているここでは詳しい紹介をする必要はない。森本氏が主宰する東京考古学会の『考古学』への論文投稿の手紙や電報のやりとりを通じて、藤森先生は最大の恩師となった森本氏と接近するわけだが、それは一九三〇（昭和五）年、先生が二十歳の年であり、森本氏もまた二十七歳という若さであった。

この若い師弟は、森本氏が三十二歳という若さで世を去るまでの数年間、信濃と東京・鎌倉・京都と遠くはなれては、それこそ恋こがれるように思いを馳せ、たまに逢う機会には抱き合うようにして、死期の近づいた森本氏の生命をいつくしみ合った。その当時の手記は「弥生式土器聚成図録の生立ち――あの頃の考古学」（全集第一巻所収）などに、藤森先生がなまなましく書きのこしている。

こうして森本氏や、その頃森本氏の片腕のようになって東京考古学会を支え、藤森先生も兄のように慕っていた小林行雄氏などから、先生が得たものはなんであったろうか。一つには、官学の権威に対抗して一歩もひけをとらなかった、いわゆるアマチュアの精神と自信であり、さらに、弥生時代農耕社会の解明を通じて、森本氏らが実践しつつあった、人間の生活と文化の構造を前面に出した研究の方法であった。考古学に対するその二つの観方は、藤森先生が死ぬまで守り通した学問の精神であった。

すばらしい伴侶・集う若い仲間たち

《みち子夫人》　オレが藤森先生の家に出入りしはじめた頃は、先生は人生の最大の転機、いや危機に立ち向かっていた（全集第二巻『考古学とともに』）。考古学研究よりも書店の経営や一家の生活の維持、そして病気とのたたかいに多くの時間を費やしていた。

そんな時でも、ふらりと家にあがりこんで泊っていくオレにも、何もいわずにやさしくしてくれたのは、みち子夫人や三人の娘さんたちだった。先生も話し好きで人をひきつける話術にたけていたが、みち子夫人もいろいろと豊富な話題をもって、先生を訪れる人々といっしょになって話をされるのがとても楽しそうだった。それはみち子夫人が藤森先生を愛し、よく理解し、先生とともにすべての苦楽を味わって生きてこられたからであろう。『信濃諏訪地方古墳の地域的研究』（全集第十一巻所収）

のための調査に、先生の助手としてはじめて知り合った結婚前の二人のほほえましい交際、一家をはじめてかまえた大阪での生活とその破綻、寧楽の糸車にたくしたこまやかな愛情、そして東京での悲喜劇とりまぜた激しい生活の様子などは『心の灯』の中の「学問への道すじ」や「東京里がえり」の章にも、詳しく書かれているが、「藤森考古学」の基礎が着々と固められていく過程で、みち子夫人の存在はいつもおおらかで大きく、先生を支え、温かくつつんでいる。

戦後、藤森先生が最大の苦境にたたれた時も、それ以後も、そしていま先生の亡き後も、みち子夫人は先生とともに生きたそのことを、最大の喜びと感じて、毎日毎日を生きておられるようにお見うけする。先生の死後ももう五年以上も過ぎているのに、いまでも藤森先生を求めて、みち子夫人を訪ねる人は後を絶たない。

藤森先生がともした心の灯を守って、永遠に一体となった夫婦。オレはほんとうに素晴らしく思い、先生をうらやましく思う。そこまで愛し抜いたみち子夫人の愛情は、諏訪人気質の血が流れていなければできなかったことかもしれない。ただ尊敬するだけである。

《諏訪考古学研究所》 戦後、書きかえられた日本歴史の中で、考古学は基礎学問として時流にのった。しかし戦争で病んだ身体をかかえ、中央の学界からは遠い諏訪に引っ込み、しかも戦後の混乱の中で再び生活とたたかわなければならなかった藤森先生は、自ら考古学の第一線で活躍する余裕もチャンスもめぐまれなかった。

最近、この『藤森栄一全集』の推せん文を「旅と藤森栄一」と題して書かれた小林行雄氏が、その最後の一節に「彼を行かせたくなかった旅が一つある。一兵卒として南京の一年をすごした後、彼は南方戦線に送り出されてしまったのである。彼に生涯の病疾をあたえたこの長旅の話を、藤森はあまりしたがらなかった」と記している。これは京都大学名誉教授にまでなった小林氏の、青春時代の旧友である藤森先生に対する温かいいたわりの言葉であると解するが、戦争は、あの森本六爾氏の死の枕頭で、涙を流して手を握りあった若者たちの運命をさまざまに変えたのだ。

藤森先生は戦後の苦境の中で、新しく萌え出してきた若い芽に、森本氏の、そして先生自身の考古学の灯をうけつがせようと考えていた。古書店あしかび書房には「諏訪考古学研究所」の看板がかかげられた。駅に近いこともあって、登下校の高、中学生たちが狭い店いっぱいに立ち寄り、やがて先生の自宅にも彼等は入り込むようになった。新村良雄、河西清光、青木茂人、金松直也、

藤森夫妻。諏訪考古学研究所遺物陳列室にて

手塚昌孝、戸沢充則、宮坂光昭、松沢亜生さんなどが主なメンバーで、オレも時々顔を出す一人だった。その頃、戸沢君を中心に『諏訪考古学』というガリ版雑誌が発行された。その道具や用紙代、はては彼等の調査費まで、先生がズボンの尻ポケットから文字通りポケット・マネーを支出した。

『考古学とともに』の前半の章がこの時期の記録である。いく度もいうように、藤森先生にとっては生涯の最大の苦境の時期だった。しかし先生は後に、その頃のことを「彼等をひきつれて、いくつかの遺跡を発掘してまわった、楽しい日日をいまだに夢におもう」とある本の中で回想されている。そのメンバーの多くは、間もなく大学に進学し、諏訪考古学研究所でつかんだ夢をいだいて巣立っていった。

藤森先生が一回目の高血圧の発作で倒れたのは、一九五三（昭和二十八年）年のことである。みち子夫人等の涙ぐましいほどの看病で、半身不随になった身体が少しずつ恢復した。それと同時に、消えそうになった先生の心の灯、考古学への新たな情熱が不死鳥のように燃えあがった。中村竜雄・宮坂光昭・武藤雄六・桐原健さん等の新しいメンバーが諏訪考古学研究所に集まるようになる。すでに一人前の生活を身につけている彼等は、藤森先生にとってはそれまでとはちがって、自分の仲間の一人として話し合い、議論をし合える人々だった。みんなは先生から多くのものを学びとり、また、カムバックした先生の仕事をよく助けた。

縄文農耕論の展開を中心にすえた井戸尻遺跡群の発掘と、数々の報告・論文の発表は主に武藤さんと、フネ古墳をはじめ諏訪湖周辺のいくつかの重要な古墳の発掘は主に宮坂さんと、霧ヶ峰や和田峠の先土器時代遺跡の研究は中村さんと組んでというように、一九六〇年代に入ってからの、五十歳を迎えた以後の藤森先生の活躍は目をみはるものがある。とくに一九六四（昭和三十九）年に毎日出版文化賞の栄に輝いた『銅鐸』の出版以来、先生の著作活動はまさに堰を切った奔流のような勢いであった。それに加えて、遺跡や自然の保護運動、テレビや講演会を通じての普及活動等々と、先生の五十代、六十代は、心の灯が先生の中で一番強く明るく燃えた時期だった。

こうしてみると、藤森先生は幸せな人だった。よき師、よき友、よき伴侶、そして先生を慕い集う多くの若者たちに恵まれて、多彩な生涯を全うした。しかしその恵まれた先生の人間関係も、ほんとうをいえば、こえた気質にうらうちされた、先生の人柄が生み出したもので、手をこまねいて待っているだけでは、けっしてそうはならなかったと思う。オレが先生にひきつけられたように、先生にはだれからも愛されるような、心の温かさがそなわっていたのである。

心の灯を久遠に

幼い頃、藤森先生が心にともした一つの小さな灯は、先生の感動に満ちた生涯を通して燃え続け、輝く、大きな灯となり、いまオレたちの心の灯となってひきつがれている。

明るく輝いた藤森先生の心の灯に照らされて、多くの死んだ遺跡や土器や石器が、生き生きとした人間の歴史の中によみがえった。

そして先生の心の灯に導かれて、多くの地域の研究者が成長し、先生の後を追う若い世代の研究者たちが、いまもぞくぞくと生まれ、育っている。

藤森先生がともした心の灯は、けっして消えることのない灯として、いつまでも、久遠にうけつがれていくものと固く信じる。

いうまでもなく、オレもまたその一人であることを、藤森栄一先生の霊に誓うのである。

3 「道」を求めて歩んだ藤森栄一の生涯

桐原　健

藤森先生とその生きた道

藤森栄一先生の考古学は人間考古学です。「土器の背後に人間を見よ」とは先生の師であった森本六爾さんの言葉ですが、それはそのまま先生の研究姿勢でした。人間を描くのにその媒体の一つとして用いられたのが考古学だとすら思われる節も見られます。後年、次第に文献の世界に興味をもたれ、のぞくだけでは満足せず、中世・近世・近代にまでのめり込んでいったことや、小説の幾つかを書きたいという願いをもち、実際に書きあげてしまったことなど、人間を描きたい、それもナマな人間をという願望のあらわれでありましょう。

私はかつて諏訪考古学研究所の紹介をしたことがありました。「月例会には土地の値段、稲の出来不出来、家庭のいざこざ経過報告、慰安旅行コースの下相談などの人臭い話が混じってこれがちっともおかしくない。時には遺跡探訪会も行なうが、採集袋の中には土器片や黒曜石のフレークに混じって、きのこや名もない木の実、草の実、時には地蜂の巣など掘り取ってくることもある」と。先生はこんな雰囲気を愛し、そのなかでこの人臭さが縄文や弥生の世界から引き出せないものかと探っておられました。

人間の追求――これは考古学の要諦であり、さらに、いえば人文科学系列総ての学問が目ざす主題でありますから、ことさらに先生の学問で強調するのはおかしな事とお思いになるかもしれません。だが、先生がかかる考古学に進み始めた昭和十年代は、極言になりますけれども人間不在の編年学が日本の学界を席捲しておりました。「元来考古学は三度の飛躍をした。一度は骨董趣味の対象として、一度はもっぱら科学の影響を主潮とする地質、地理、ないし古生物学的な方法によって行われた精細な発掘と分析の時期、今度はさらにそれが綜合されて人間としての生活の歴史に編集されようという機運である。いまやこの段階で戦っている」(「脚のない古代史」全集第一巻『かもしかみち』所収)といっています。

この時とは、一九三七(昭和十二)年ということになりますが、実は、まだ、第三の段階で戦うところまでには至っていないのです。すなわちこの年には山内清男《やまのうちすがお》さんが縄文土器の編年大系を発表されております。編年研究そのものには、究極においてたとえば土器の諸器形の組成問題に及び、人間の生活そのものに迫りうるという、いま考えれば幻想に似た一応の研究の目標があったとはいえ、実態は時間と空間を計る物差の目盛りを刻む作業――土器型式の設定・細分――が考古学の主目的になってしまった時、日本の考古学から人間は消えたとみなければなりません。土器の型式変遷をあたかも化学変化を起こしては変貌していく物質と同一視した時、その背後にいるはずの人間は見えなくなってしまったのです。

そういう時代の中にあって、先生はそれをのりこえた段階の考古学に生きようとしておりました。私達、未熟な者に対して熱っぽく語ります。

「資料を蓄積して、地道に編年の目盛りを正確に、細かにつけていく。これは大事なことだ。だが、一方にあって、その時点の編年にのっかって古代人間の生活を描くこと、これまた大切だ。これは考古学という車の両輪だ」「編年の作業は地味だ。大向うを唸らせることなどない。けれども、その仕事は永久に使われる。一方、古代人間の復元図作成は時として世人の喝采を博することもある。だが、一度、新資料が出た時、その青写真は破かれる。また、やぶいて、新らしく描き直さなければならない。どちらの方向に進むかはその人のムキ、フムキだ。だが、両方が考古学には必要なんだよ」と。

先生は遺跡・遺物に立脚しての古代人を描きたかった。遺跡・遺物――それは彼等の足跡です。足跡を辿ることで、そのうえに生きていた人間を表現したかったのです。

こうした学問観のなかで、特に取りあげてきた主題の一つに、古道があげられます。道――人の往来するところ、多勢の人達の足跡が、生存活動を示す足跡が重なり合ってできていくのが道ですから、これを辿ることは、とりも直さず先史の時代からの常民の歴史を尋ねることとなりましょう。文化、それは風のようなものではありません。必ず、足跡を残す人間がいての結果で、これを失念してしまった時、足のない幽霊の文化史ができあり、古代人は飛行機で旅行してきたのか、と悪口をいわれます。人が歩いて道を作り、さらにその道を歩き続けることで文化は流動し歴史は育ってきたのです。道をテーマにとったことは、先生の学問観からして当然のことといえましょう。

道についての、最初のレポートは一九四一（昭和十六）年の「古道雑聚」（全集第一巻『かもしかみち』所収）です。「かもしかみち」「土器を搬ぶ人」「トラバース」「平野への道」の四章が書かれましたが、戦争がこれを中断してしまいます。翌年応召、戦野でも書き続けましたが、戦闘・終戦・抑留生活で焼却されました。題名は、「洲を歩く人々」「塩水から淡水へ」「開墾の斧」「手繰られた糸」「氏族放浪」「大津宮南の大道」「牧を追うて」「国分寺街道」「四角な街路」「屯田兵」「一枚の和銅開弥」「山を拓く錫杖」「鎌倉へ鎌倉へ」「信玄の棒道」「塩の道」「鯉の道」そして、「久遠の旅行者」であったことが、『かもしかみち』のあとがきに書かれています。『古道』は、先生の青春の日から抱えていた主題であったことがこれからもよくわかります。

そして実際に執筆されたのはおそらく、一九六四（昭和三十九）年の暮からであったでしょう。というのは、執筆の場面は誰も見ておりません。『銅鐸』と『旧石器の狩人』の時は、書斎に入るや熱気があって、今どこを書いておられるか、大ていわかったものです。『古道』については校正もさせていただけませんでしたから、上梓されるまで、全然知りませんでした。本をいただいた時、楽し気にニヤニヤしておられた先生を思い出します。この頃、先生の体調はベターで、一夏を通しての発掘にかかわられたり、長い旅行もされました。しかし『古道』は、体力があったから書かれただけとは思えません。筆が進んで、気が付いたら一冊の本ができていたというところでしょう。その理由を

『銅鐸』そして『旧石器の狩人』と二冊の著書を最近おくり出した私に、旧著『かもしかみち』の復刊を求める声はますます強くなってきた。

そうだ、むしろ私は、今一度、勇気をふるいおこして、

かつての願い、『古道』を追いつめてみるときがきたのだ。とにかく、自分のもっている全力をふりしぼって追求してみよう……。

その努力の結果が本書である」

と『古道』の序文に書きのこしておられます。

生きた人間を描くユニークな歴史叙述

この『古道』は、旧石器時代の野尻湖ナウマン象から始まって、近代の女工哀史までを考古学者が見つめた、きわめてユニークな一つの文化史です。といってもはじめから体系だった文化史をまとめるつもりの著作ではありませんから、扱っている時代・地域にも偏りや、ばらつきが当然あります。にもかかわらず、章を「旧石器の古道」「縄文の古道」……と辿ってくると、それぞれの時代に、それぞれに生きてきた人びとの姿が忽然と、草深い山道や湖沼・河川の水辺の浜にとび出してくるような、そんな生々とした人間の歴史を語りかけてくれるのです。

そして最後は、読む人が自分が生きていくべき道を、それとなく教えられているのです。『古道』もそして本書の後半をなす『峠と路』も、そんな「人間史観」に彩られた、藤森先生の独特な歴史叙述だということができます。

灰の中のオアシス　野尻湖のナウマン象調査に、『旧石器の狩人』取材旅行がかぶさっています。一九六三(昭和三十八)年から始まり、現在に及んでいる野尻湖の発掘は、学問の魅力を大衆に及ぼした点で一つの意味をもつ調査ですが、見学に行かれた三回目は、まだいまのような盛大な大衆参加の段階にまでは至っておらず、出土遺物も軟らかな化石骨が主で、この時に頁岩《けつがん》製の剝片が得られたばかり。ようやく、象と人間のかかわり合いに目が向けられようとした時でした。こんな時「ナウマン象の、いろいろな部分の骨はあるが、不思議とキバはない」との観察ができようとは。つねに人間を主題とする思考が鋭い感性に相乗した結果だと思います。

黒曜石槍の狩人　オブシディアン・ポイントとふり仮名があります。ちょっとペダンティックな、東京考古学会からのなつかしい匂いがいたします。戸沢充則さんの矢出川発掘は一九六三年の十一月、土層をまるで羊羹を薄く切るように削っての細石刃の層位確認の調査を、先生は霜柱の立つなかで見ています。このあたりは、旧石器時代からの景観をとどめている野辺山高原で、しかも荒涼とした冬への季節のなかで先生は、何に思いをはせ

猪の道（ウジ）、林から林へ一直線に走る（1932年蓼科にて、藤森栄一撮影）

ていたのでしょうか。

シカやイノシシの生態についてですが、旅館「やまのや」には考古学以外の、いろいろな分野の研究者が泊っていかれました。夕食後には書斎兼溜り場に入りこんでこられて、おかげさまで、私共もいろいろなお話が聴けました。千葉徳爾さんもそのお一人で、そういえば『狩猟伝承研究』の大部な書籍はすでに書架にありました。オオカミは新田次郎さんが早くから作品に使われていて、これには先生も興味をもっておられましたが、なによりも、山の動物の生態については先生ご自身もすぐれた観察者で、あの『かもしかみち』がそれを証明しています。

リング・ワンダリング 前半は『かもしかみち』冒頭の一章と同じ内容のものです。後半のイノシシを轢いた機関車の話は、国鉄上諏訪機関区の機関士で、諏訪考古学研究所のメンバーである宮坂光昭さんから仕入れました。「轢いた場所・列車の名前・機関士の名前、時刻を正確に」、「なんて細《こま》けえことまで聴くんだや、適当でいいでねえかや」、「こういうところが実名であるかないかで迫力が違ってくるんだ」、先生と宮坂さんとの楽しい会話でした。

蓼科《たてしな》・城の平は尖石の宮坂英弌さん、虎次さんの発掘。一九六五（昭和四十）年十月のことで、土壙の真中に柱穴ほどのピットがある遺構がみつかりました。直良《なおら》信夫さんの『狩猟』の精緻な挿図を皆んなして思い浮かべながら、おとしあなだと考えました。

草原の放浪者　江藤千万樹さんの伊豆半島旅行は、まるで宝石箱からとり出すような、ちょっとあらたまっての話でした。私達の世代にとって江藤さんは学史の中に生きる青年考古学者です。東京考古学会誌一〇巻、薄クリーム色の地に赤で縁取りをして、宋朝体の『考古学』という題字。その八号が「伊豆伊東町上の坊石器時代遺跡調査報告」と「北伊豆作場遺跡」、この旅行の第三と第四報です。縄文早期から前期にかけて十三類に分類された土器片の冒頭八枚のプレートと、上の坊遺跡報告の結びの一節、考古学の西も東もわからなかった高校時代の私達考古ボーイにも何かしら強い印象を与えた報文です。

人喰い沼　先生が、尖底土器を可搬性の容器だといい出したのはいつ頃なのでしょうか。森本さんの臨終の床に「土器の尻」とだけ題した原稿紙があり「土器における可搬性と定着性。その問題をすすめるように、それは……文化の放浪性と定着性との問題に意味づけられる」、と森本さんは先生に言い残されました。この頃からのこれはテーマだったのでしょう。

雑木林への道・林と村　縄文中期農耕論の提唱は戦後間もない頃。その結晶が中央公論美術出版の『井戸尻』で、一九六五（昭和四十）年の七月に出ました。縄文中期の諸問題につきましては『縄文農耕』の解説（全集第九巻所収）に譲ります。この頃、先生と一緒にいろいろな本を読みました。三角《みすみ》寛氏の『山窩《さんか》の社会』、市川健夫氏の『平家の谷』もその一冊です。

それから水野正好さんとの出会い、坪井清足さんの「縄文文化論」中にある与助尾根の家々を結ぶ道の話、これが、先生の口から改めて話されたことで、私には目から鱗がおちる思いでした。

「これは素晴らしい。水野てなあ、関西三奇人の一人だ、ちゅうぞ。徹頭徹尾喋りまくる男だそうだ。関西の人間が遺跡を見ないでこれだけのレポートを書く。お前らしっかりしろ」。信州での水野集落論評価の第一番は先生です。道、住居炉縁石の抜きとり、毀された土偶の話、それらはみな先生の縄文農耕に組みこまれていきます。

ヒスイと黒曜石の道　黒曜石の採掘址を中村竜雄さんと和田峠で掘ったのは一九六一（昭和三十六）年で、この報告は『古代学』の一一—一にのりました。本当に日本最古の鉱山で、それについての一番に早い調査レポートです。

姫川のヒスイ追求は一九二九（昭和四）年の北安曇・舟山遺跡調査時よりの夢だったと思います。それが末娘さんを伴っての一九六三（昭和三十八）年の旅行で実現されました。その後しばらくの間、水につかった白い漂石を書斎に見ました。電燈にかざすと中に青い火が灯《とも》るのです。

塩水から淡水へ　長い縄文時代が終わって、弥生文化の到来です。それを示す北九州遠賀川立屋敷遺跡の調査については、報告書ももちろんですが、何よりも「遠賀川日記」（『かもしかみち』所収）です。発掘の責任者でもあった杉原荘介さんは藤森先生の死後の一九七五（昭和五十）年に、「『遠賀川日記』に寄す」と題して、「藤森栄一君とは、ともども多くの遺跡の発掘に参加したが、その中でも昭和十五年に行なわれた遠賀川畔の立屋敷遺跡の発掘はもっとも印象的であった。そして、その印象は現在でも鮮明に生きている。それは、藤森君によって残された『遠賀川日記』のためなのである。この調査は東京考古学会の主催した発掘であったので、その調査終了後、同君により、リポートとして会誌『考古学』に掲載されたものであった。うかつにも、わたくしはかれに、この様な文才があるとは知らなかった。夏日のもと、若い考古学者の一群が、一低地遺跡の発掘に奮闘する。その躍動と哀歓が見事に描きだされている」と書いておられます。

私にも、この事についての思い出があります。一九六五（昭和四十）年、別府での日本考古学協会大会に先立って九州旅行をしようという事で私は藤森先生に同行しました。十月二十四日の夕刻、汽車は遠賀川の鉄橋を渡りました。「あれからだなあ。自由な身でここを渡ったのは、今日が最初だよ」。窓外を追うように、先生がしんみりといいました。その後、先生はその感慨を「のちの九州廻記」（『かもしかみち以後』全集第一巻所収）にまとめられました。

石の斧と木の鍬　弥生時代の石器は先生の二十歳代の研究主題で、『考古学』七―七の「信濃の弥生式土器と弥生式石器」や、八―八の「千曲川下流長峯・高丘の弥生式石器」などの論文を通して、私も千曲川流域の沖積地における生業と、磨かれた石斧（木工具）から、すでに失われた木製農具を見る術を教わりました。一方、戦後の二十年代、今度は『諏訪考古学』の六で、南信濃伊那谷の打製石器の農耕具が提示されたのです。

信濃の弥生後期土器は千曲川流域と天竜川流域とで全く顔が違っておりますが、その相違は、石器の差異を知ることで、大変に根深いことがわかるのです。簡単な図式にしてしまっては先生の意図を損なうかもしれませんが、沖積地には木製農耕具、固い段丘の土を耕すには石製農耕具で、この観察が次期の古墳文化にも、またさかのぼって縄文中期農耕論にも作用していくのではないでしょうか。「稲霊を籠める壺——無頸壺形土器の消長」は私が学会から黙殺されたレポートの一つですが、先生だけからはおほめの言葉をいただき、救われた感をもちました。

手繰られた糸　ムラとムラの統合過程を示すものとしての戦いの痕跡——どうも戦争なる人間活動にタッチするのに考古学には躊躇の念が強すぎるようです。もっとも限界外だといわれればそれっきりですけれども。でも、豊富な武器としての石器、城塞としての高地性遺跡など、感性がなければ見ても見えないものなのでしょうか。小野忠熈さんの提唱には真先に賛同されましたし、小林行雄・佐原真さんの『紫雲出《しうで》』報告は大変に喜こばれました。

また、これは登呂遺跡調査時の所見でしょうか。「大きい平野には大きい据えられた壺」という森本さんの系譜につながる思惟として、壺から倉へ、そして穀倉を管理する者から所有する者へ。考古学者が設けた一つの見事な定理です。

氏族放浪　戦前の『信濃』に発表された「脚のない古代史」(全集第一巻所収)は過去の郷土史家への警鐘でした。時に二十六歳。あの発言の裏には考古学者の目をもっていつの日か真実の古代史を扱ってみようとする意欲がうかがわれます。戦後、諏訪へ帰られ、当然に諏訪の古代史にかかわるわけですが、ここでは諏訪神社を避けて通ることはできません。そこで、諏訪神奉斎氏族の考古学的考察——幽霊の古代史を人間の歴史にとり戻すための足跡確認で、一九六一(昭和三十六)年前後の一連のレポート——が発表され、その中の鉄鐸から『銅鐸』が導き出されます。

この頃、私は多分に否定的で、文句をいっては叱られたものでした。「上代史において諏訪神社を引けば、県内に何が残る。以前は諏訪神社なんて、と否定的だったが、今はこれなくして考えられない」、「実在性の乏しい英雄を総合した神の足跡を追うこと自体ナンセンスに近いかもしれない」先生は続けます。「しかし、その無意味のうちにも、たしかに人間の道はあったのだ」と。

牧を追って・さまよえる異国人　信濃の後期古墳文化は馬の文化だといってても決してオーバーな表現にはなりません。最近も森浩一さんが来られて、「馬具出土の古墳数が一五〇基だとはまさに日本一だ」と驚かれました。

時代は降りますが『延喜式』左右馬寮の項にある信濃の御牧は十六で、これも日本最多。あれやこれやで、信濃の後期古墳は最近とみに見直されてきています。その先鞭をつけられたのが先生で、大きな石室、形象埴輪、数多い鏡鑑、環頭太刀、輝ける服飾品に古墳立地・遺跡立地からの検討を加えつつ氏族の性格、ひいては氏族移動の経路を髣髴とさせています。

八ヶ岳山麓を歩きつづけた藤森栄一

渡来氏族について、北信濃には積石塚古墳が数多く、これに古牧をからめる三位一体的な考察が早くからなされています。信濃の渡来氏族は騎馬と関係の深い高句麗系、水田地帯から離れた扇状地上の古墳群に先生も大陸牧人の最後の姿を見られました。

峠の神　藤森先生にとって峠となりますと、何といっても雨境《あまざかい》峠です。蓼科山を間近に仰ぐこの峠で、昼餉のあと馬方がメンパ一ぱいに滑石製の模造品を拾ったという、あの「山と先住民とその子たち」（全集第一巻『かもしかみち』所収）に記された話はたまらない魅力にあふれたものでした。

その憧れの峠をあらためて調査したのは一九六六（昭和四十一）年のこと。私も同道したその調査行では、すぐ近くの蓼科牧場の施設に泊って、諏訪側から佐久へ抜け、また戻りして、時を気にせぬ数日を過しました。「この峠のここで、浅間とはお別れだね」。毛野の民が、兵士が、信濃に入ってからも佐久平のうちは浅間は眺める角度は違っても見えるのです。それが、この峠を過ぎればもう見えない。次の諏訪と伊那との境の有賀峠が蓼科山の見える限界、佐久・諏訪の民の心のより処が、ここで消えます。

そして最後の、神の御坂で、信濃の、東国の山々とは完全にお別れになるのでした。ここから先は産土神の護りのきかない、荒ぶる神の跳梁する他国、彼等がここで神祀りをせざるを得なかった心情が惻々として迫ってくるのでした。

一枚の和銅開珎　多賀城の、あの道標のような碑を鎮守府兵士の望郷の歌として受けとめ、遠く壱岐からの便りに託して送られたのは一九三六（昭和十一）年の夏（「九州廻記」全集第一巻『かもしかみち』所収）。出土した一枚の和銅開珎に泪した東京城の発掘報告――北満風土雑記の読書評は一九三八（昭和十三）年。先生が多感な青春の日の思い出です。

西への防人と同じく、大きな権力の力で東北へ送られた兵士たち、そして泥沼の戦い。この百年戦争は単なる記録の上だけの理解に終わらせるには、あまりにも深刻なものがありました。「一回の戦いでね、これだけの戦死者が出ている。敗け戦でね。死体は収容していないんだ。彼等の刀や甲冑、相手にとっては戦利品なんだが、これらはどこまで流れて行ったんだろう」。藤森先生のこう話される言葉が、今も心に残ります。下級将校が帯びていた蕨手刀《わらびてとう》は諏訪と雨境峠を越えた佐久から割合に多く出ています。雨境峠からも大きな石の下から出た由でした。

山を拓く錫杖　高山への道の多くが信仰によったものであることは、いまさら申すまでもないことですが、信仰にはまた、生ぐさい人間がからまっておりました。

先生は、若い時はアルプスの縦走もされておりますが、人のからまぬただの高山には、あまり興味は示されなかったような気がします。まず高山に営まれた経塚――那智や朝熊の報告書や日光男体山の発掘につよい関心を示されたり、宮坂光昭さんをかり立てて守屋山に登らせたり、私の戸隠調査を興味深く聴かれたり。延命行者と善心坊はちょいちょい書斎の話題となりましたが、その頃の私は考古学の話ではないと聴き流してしまったことが残念です。

鎌倉へ鎌倉へ　金井典美さんの旧御射山調査は一九六三（昭和三十八）年の春、先生は顧問格でした。あっちのトレンチ、こっちのトレンチを渡り歩いて「赤いヤッケが見えたから、娘さんのグループだと思ったんだがね。それが、むくつけき男共なんだ」。そんな事で、途中から雪不知の遺跡を見つけて行ってしまわれたこともありました。

調査の結果、鎌倉桟敷や信州侍の桟敷の段は人工的で、そこから穂屋の跡や沢山の土器《かわらけ》を見つけました。諏訪神社の考古学的考察が一段落したところで、この頃から、中世諏訪大祝《おおほうり》氏が、勉強の対象になっていきます。

久遠の旅行者　飛騨ブリの話、佐久鯉の道、そして飛騨の女工が辿った野麦峠まで、先生の道はついに近代までまいりました。

「どの、なんという道が、どこをどのように通過していたかということより、本当は、そこをどんな人生が流れて行ったかということの方が大切なようである。私のこの古道巡礼も、古道の研究のために、何一つプラスしたものはないかもしれない。しかし、人間という久遠の旅行者の、永遠にはてしない夢がそこに埋れていて、みんなまた、それをつないで流れて行く一人だということは、たしかのようである」

この先生の短い結びの言葉以上にすぐれた、『古道』についての意味づけは、だれにも書けないとしみじみ考えるのです。

峠の向うにまだ続く道

『峠と路』は先生が亡くなられる三カ月前の一九七三(昭和四十八)年の九月に発刊されました。先生の記録によりますと前年の七二年中に稿了されておられたようですが、病は先生の体力をほとんど奪っていたとみられます。その年の十一月に、私が発掘を担当していた辰野町の樋口五反田遺跡へお見えになった時など、あと二〇〜三〇メートルで目的の方形周溝墓だというのに、どうしても駄目で、そのまま見ずにお帰りになりました。それだけに、執筆に講演に、今までの考えをまとめ、それを書き残されることに努められ、本当に、一分、一秒が先生にとっては大切な時間だったのだと、いまにしてつくづく思います。

そしてまとめられました本が『かもしかみち』・『古道』に続く道のシリーズともいうべき『峠と路』でした。くり返しになりますが、「道」こそ先生の生涯を貫く、最大の主題であったことがわかります。

ところで、これを先生は十五話で編まれましたが、全集では「信濃の犬の物語」を第四巻へ、「あすなろ」を第六巻に移しました。「あすなろ」については「路を流れいく失意の人、わたしは、そういう生に、きびしい同情を覚える」とあとがきにありますが、主人公、山村正夫は決して失意の人ではなく、それに同情を覚える先生御自身も決して失意の人でない。「考古学を選んだことに悔はない。悔ありとすれば、それは充分に歩みきらなかったことにある。再び生をうけることあれば、迷わずに考古学の道を歩む」。これが口ぐせの先生でした。

逃鼠の道　これは道の上を流れて行った人生を描いたもの。しかし、悲しい人生はどうも先生には似つかわしくない。信濃追分の宿の分かされに立つ先生を想像するなど、淋しいことです。「ああは書いてはみたが——俺はそうはいかんよ」といっていただきたいもの。それとも「俺も仲麻呂だったら、やはり、あんな結末を辿るんかなあ」といわれるのでしょうか。

塩尻峠　諏訪の人にとってあまりにも身近な峠だけに、いまは車で越すだけの峠になってしまいました。しかし、養老五年から天平三年までの僅か十年間ですが、諏訪の国と信濃の国との境をなす峠として、古代の諏訪を考える歴史的な峠でもあったのです。たしか、庄之畑遺跡の調査の折、ここからの俯瞰写真を撮ろうというのでみんなで登り、分水嶺の立看板から旧道のガレ場をのぞみました。盆地から吹きあげる風に、先生は歴史の匂いを一心にかいでいるようでした。

塩尻峠の一戦。一通の古文書の存在で小笠原が武田に敗れ、千余人の戦死者を出した戦いが、今日にまで伝えられました。たまたま地下に埋もれ、それがたまたまに発掘された考古遺物と、この一葉の古文書とは、何と相似た存在でしょう。考えてみれば、共に人間の歴史探究で、区別のつけようはずはないわけで、先生はスムーズに入っていかれるのです。

おりおりの雨　杉原先生のこと。赤岳の頂上で『純粋理性批判』をとり出して天を指したという話はよくお聴きし、ついには一九六八（昭和四十三）年に信州でひらいた日本考古学協会大会の巡検バスの中でもやられ、御本人が苦笑してしまって「藤森君、もういいよ」。青春を語る先生の最も得意な話の一つでした。

金峰山の青年の日のロマン、バドバビ峠での事、雨境峠はすでに触れました。中村竜雄さんの車で、何回となくこの峠を往復、道ばたの小さな墓に碑文をさぐっています。その間に国道の拡幅工事は与惣塚《よそうづか》を動かし、賽の河原の石塚をつき崩していきました。

御牧と八重原　一九六九（昭和四十四）年、長野県考古学会は初めて、開発のための発掘調査を担当しました。信越線の複線化工事に先立つ調査で、団長は藤森先生です。調査費は潤沢でしたが、自分の研究テーマとは関係はなく、しかも調査範囲は限られています。一人だけならばまだよい、多勢の若い学会員をまきこんで……先生の精神的負担は大きなものでした。「できるかぎり……研究テーマを見出して、この発掘を自分のものにしろよ。遠慮なく資料を使ってくれていいんだよ」。開発と保護のはざ間で、先生は一生懸命に学問を若い人々に説きました。

発掘は、線路の傍ら一〇メートル以内。せいぜい住居址の一、二軒か中世土壙墓がかかるだけ。最も面積のとれた三分南では、数十本の手畝と暗渠の数条が固く乾いた表土を剝いだ結果の総てでした。調査の行われた小《ちいさ》県《がた》郡東部町には、北国街道の元海野《うんの》宿、滋野には雷電為右衛門の碑、中世は、ここは滋野一族の根拠地、古代このあたりは牧場地帯で、千曲川を挟んでの対岸、御牧原は、望月《もちづき》の牧の置かれたところ。先生は、これらに私共が注意をもつよう懸命でした。東信は石造物の豊富なところ。わざわざ種子集まで購入してくださいました。

信州の帰化人　帰化人という言葉は英訳も仏訳も、また中国語訳にも出来ない由。その日本語を使う日本人も「始めから大陸人類で、大陸のそれぞれの時期の帰化人」という先生の指摘には興を覚えます。

古墳後期の信濃の文化が馬の文化で、渡来氏族がかかわっている文化であったことは**甲斐の黒駒と望月の牧**でも詳しく述べられています。いったい、いままでに、古代生産のなかでは特筆項目になるはずの牧馬について、ちゃんとした考古学的考察を述べられた人があったでしょうか。広い面積を必要とする牧場、多勢の牧子、その馬の管理者、そして馬の移動、これらが文献面からだけの研究にまかされてよいはずはありません。しかも、このくらい考古学と文献とが相互連携できるところもないでしょう。決定権をもつ考古学と指名権をもつ文献の結合、先生の特にも願ったところです。

三遠式銅鐸と天竜川　これは『銅鐸』から、六年たってのレポートです。塩尻市柴宮の突帯文銅鐸が運ばれた道を尋ねて、遠州の佐鳴《さなる》湖を何回おとずれたことでしょうか。銅鐸の誕生地は見出せなかったけれども、この探訪の次第、先生のねらいは、いまでも的確だと考えています。

それにつけても、大阪府茨木市東奈良の完形銅鐸鋳型の発見、あれが一年早かったら先生は這ってでもそれを見に行ったにちがいありません。亡くなられる前に先生にお聴かせしたかったニュースです。

将軍塚と信濃国造・須波神の国と古東山道　古墳文化研究を通じての信濃の古代史です。延喜の官道以前の古東山道を復元することで、畿内の文化が、政治権力がどのように及んできたか。それに対して在地の勢力はどのような対応の姿勢を見せたか。随所に先生の新知見がひらめきます。

あれから、諏訪ではフネ古墳に続く西山で方形周溝墓の検出、松本では、東日本最古の古墳とされる前方後方墳の弘法山古墳が調査され、そしていま、さきたまの稲荷山古墳出土の鉄剣からは、金象嵌一一五字の銘文が発見されました。今こそ、先生のいう古い青写真を破り、新しい復元図を描くべき勇気をもつ時でしょう。それが先生の学問を継承する者のつとめだとも思います。

木曽殿乗越　先生自ら「考古学者の歴史散歩」と述べており、それだけに従来の固い考察にとらわれない、自由な、のびのびした発想が展開しています。殊に義仲の経済的基盤である佐久の平に関心をよせているところなど、何回も申しますように、足のある人間を描いてきた人ならではです。「平安末の武将とはいえ、経済生活を営む人間である。膂力《りょりょく》だけが武器ではない。たくさんの兵馬を養うに足り、食糧、そして武器、そういう栄養源を養う地力が必要である。だいたい日本の歴史物語は、そういう基礎を欠いた切り合い咄だけが多すぎた」

野麦峠　山本茂実さんは『ああ、野麦峠』で、暮れの峠はまるでヒバリが渡って行くようだったと工女の移動を述べています。この表現に先生は、感動され、それをたしかめるために、病んだ身体を峠にはこびました。あの現代の工女の姿に防人《さきもり》が、鎮守府兵士が、遠く、旧石器の時代から縄文・弥生・古墳時代、生きぬくために必

霧ヶ峰高原旧御射山遺跡の保存運動に集った考古学研究者たち
左から、中村龍雄、神村透、金井典美、武藤雄六、桐原健、藤森栄一、宮坂光昭（1968年）

死に道を辿った人々の姿すべてが投影しているのです。兄のショイコにくくられ、飛騨をみて死にたいといった政井みねに、明治十七年大門峠を越えることなく音無川で溺死した亀井ゑい、武田勝頼、木曽義仲、藤原仲麻呂がダブってまいります。さまざまな生きるための歴史が、峠と路を通りすぎたのです。

神の御坂の危機・走る道と歩く道　旧御射山遺跡や八島遺跡などは、どうにかしてビーナス・ラインによる破壊から護ることができましたが、一九七〇（昭和四十五）年頃から自然保護・文化財保護への本格的なたたかいとなりました。中央高速道関連の調査の開始されたのが一九七〇年、ビーナス・ラインは和田峠を越えて扉峠への延長計画が進められていました。先生は病床から講演に立ち、現地の視察や官庁折衝など、先頭に立って運動にとりくみました。

ビーナス・ラインも高速道も現代の道ですが、人間にとってそれが本当に必要とする道なのかどうか、古代から人の歩んだ道を追ってこられて先生には、ほんとうの道とは何かがよく見えていたのにちがいありません。

人間を愛し、人それぞれに生きた人生をいつくしみ、歴史と共に人の歩いた道の追究に生涯をかけた先生。これが人間実在の藤森栄一先生の学問の根底だったのです。

4 うたいつづけた信濃

服部久美

自然も歴史も人間のいのちも

藤森栄一全集の編集のお手伝いを始めて、もう五年目を迎えます。一つ一つの作品について、校了までには、数えてみると、実に最低六回は読んでいることに気付きました。先生の文章のクセや描写の細部まで、私のどこかに沈澱してしまいました。また、生前、文章のつくり方、句読点のうち方など、身近にあって、すべて先生から教えていただきました。

今度、そうした内なる藤森栄一を、私自身の中で消化し、客観的にみつめなければならなくなって、少々とまどいがあるのは、実は余りにのめり込んでしまっていることに気付いたからかもしれません。というのも、一年中ほとんど、先生のどれかの作品にとりくんでいる最中での藤森栄一論です。外側からみつめるという一線が引けません。それにもまして、私に創造的な文才に欠けているのを見ぬいておられた先生が、一行毎に何か言われそうで、筆が進みません。でも、私にとって先生は、考古学の師であるより人生の師です。きっと、辛抱強く読んで下さるという確信があります。

思えば、卒論にとりくんでいる頃の、今も残る先生からの多くの書簡は、激励と叱咤のくり返しでした。出来の悪い子をもった親の心境だったのでしょう。原稿用紙を前に、溜息をつく姿をみたら、何とおっしゃるでしょうか。

先生は、事ある毎に、よく私を「男だったらなあ」と言われました。その先を聞くことはなく終わってしまいましたが、先生らしい思いやりがこめられてもいるようでした。学問的には何ひとつ受け継ぐことなく現在に至ってしまいましたが、この一文で、女性の眼を通した藤森栄一像が描けたらと思っています。これまでの解説者に比べ、先生との出会いも遅く、年齢的にも若いのですが、私なりに凝縮された先生の映像を改めて掘り起こしたいと思います。

『蓼科の土笛』、『遙かなる信濃』、『信濃の美篶《みすず》』は、信濃三部作とも言われるように、先生の庭でもあった信濃に多くの題材を求めた作品からなっています。ただ、当初から、三部作というイメージで編まれていた訳ではないため、内容的に重複するものや、異質なものが多くみられます。全集では、こうした点を考慮して、内容をよく検討した後、大きく組み直してみました。そして、学問的な内容のもの、随筆的なものを、それぞれ当該巻へ移動しました。また、八巻から「一信州人」と「神津家伝」を、三巻から「信濃の犬の物語」を当巻へ移動してあります。その他、既に発表されたものと同じ内容をもつものについては省いてあります。

内容的には、蓼科を詩った「蓼科の土笛」、湖がもつ歴史と自然を探る「山の湖の冬」、いきづく人間を求め続ける「袴腰のむらさき」、そして、信濃への郷愁をこめた様々な文章を集めて「遙かなる信濃」に構成し直してみました。これらはいずれも、先生が愛した信濃がテーマです。しかも、数多くの先生の著作の中でも、時に学問を離れ、情感あふれる文章で綴られたロマンで満ちています。それは、先生のいう〝知的好奇心〟の世界でもあります。

自然を詩う先生の文章は、いつも人間のにおいがします。決して、ながされるような情感や憂愁に沈溺《ママ》することはないように思います。それは、多くの場合、自然に配される人間の詩になるからではないでしょうか。この不思議な世界は、「わたしは、これからも、こうした文をたくさん書きつづけていきたい。自然も歴史も人間のいのちも、混然と融合した新しい分野が拓けるかどうかは別としても」という一文に秘められているようです。それだけに、解説などとても及ばない内容なのです。したがって、ただ、各テーマにそって、私なりの「蓼科の土笛」が描写できればと思っています。

慈しむ蓼科

蓼科を一度でも訪れたことがあるなら、また、柔らかくすべてを静かに包み込む蓼科の峠に憩ったことがあるなら、誰もあの〝蓼科の土笛〟を聞くことができるでしょう。私にも幼い頃から、何の感慨もなく、ただ歩きまわった蓼科があります。熊笹が風にざわめく麦草峠も、マツムシ草が咲き乱れる車山も、先生の詩う蓼科のすべてが、現在の喧噪とはほど遠い時代でした。今や、モータリゼーションの波が、静けさを奪いながら高燥へと這い上ってきました。そして、主役であるべき自然が、いつのまにかその座を脇へ追いやられた結果、緑の後退、植生の混乱といった、様々な環境破壊をもたらしました。繁栄の過程で生じた数多くの公害を体験してなお、人々に潤いを与えるはずの自然環境にも、同じ誤ちを繰り返していく人間の愚かさを、痛ましくさえ思います。

後年、病の身を挺して、自然保護運動にとりくんでいかれた先生の心中は、おそらく、自分の庭を守るといった近視眼的な利害をこえて、自然と歴史と人間の係わりを大切にしたいという願いでいっぱいではなかったでしょうか。「古い遙かなる信濃の、残すべき良きものを守り、こわされるものを書きとめるのに懸命になっても、なお間に合わない」という先生の焦りが悲しく聞こえてきます。

また、蓼科というと、一つの懐しい思い出があります。どういうことからか、私の卒論の冒頭に曽根遺跡の遠景写真をということになり、盛夏もやや過ぎた一日、立石展望台下へでかけました。折からセキショウモが繁茂して、曽根遺跡の輪郭をみごとに浮き出たせていました。先生の文でよく引用される曽根遺跡の写真は、この時のものです。丈の高い雑草が繁る足場の悪い斜面を、格好なアングルを求めて何度も移動しました。その頃の先生は、病などまるで知らない躍たる時期だったと思います。少なくとも、私自身、病気の先生を知りませんでした。

撮影後、旧道を歩いていくと、遙か下方、角間沢を登ってくるバスが木の間越しに見えました。急いだのですが間に合いそうにありません。運よく通りかかった車をヒッチハイク、すんでのところで間に合い、バスに乗ることができました。この一日、強清水から七島、八島を経て和田まで、あの張りのある大きな声で、私の知らなかった蓼科の一ページを読んで下さいました。その声は帰途のバスの中でも響きわたり、荻倉という村の説明は大変興味深かったものの、乙女心に、周囲ばかり気になって仕方なかったことを思い出します。

そして、また、この高原の一日が、いまでも忘れることができない程印象深いのは、カメラに関して教わったことです。高原の柔らかな曲線をバックに、ニッコウキスゲの咲き乱れる風景を撮るべくカメラを構えるものの、ハイカーが遠くを横切る為、シャッターが押せません。その時、どんな美しい景色にも人を配することが、画を引き立たせることになると言われました。――そうかなあ――と言われるままシャッターを押しましたが、できた写真を見て、あっと思いました。もちろん、それ以後、私の風景写真には、意識的に人を排することがなくなりました。いまもって誰彼となく、その時の先生からのアドバイスを受け売りしています。乙女チックなスナップから卒業した日です。

また、その折、先生は、灼けつく高原の太陽と闘い終えたという感のある、悄然と立ち尽すシシウドを好んで撮っておられました。何んでこんなうす汚い枯れ花が……と、いまもシシウドを見る度、写真を撮りまくる先生の後姿が浮びます。この後、高原の花を一つ一つ説明されながら、旧御射山への道を辿りました。そして、その一角にある休憩所に入った時、そこの主人と知り合いとかで何かお話をされていました。飲物の代金を押しつ

諏訪湖底の曽根遺跡

けるようにして出てこられ、途々、なかなか許可がとれない旧御射山地区に休憩所を建てるにあたって、いくばくかの御尽力をなさったこと、それで、たかがジュースくらいという気にはなれないことなどを話されたことが印象に残ります。

ここでも、先生の御射山物語のページが繰られていきました。私たちには、ただの歴史的遺跡として無機的にしかとらえられないのに、先生の知的好奇心というフィルターを通すと、それが豊かなロマンに満ちた、またある時は、策謀渦巻く人間臭いドラマに脚色されてしまいます。その時代に引きずり込まれてしまう不思議な魅力があるのです。

私は、いまも、旧御射山というと、歴史的な旧蹟というばかりでなく、下社大祝諏訪大夫金刺盛澄と上田貢という名が浮ぶのです。

諏訪湖と曽根遺跡

〝山の湖の冬〟、何と味わいのある響きをもった言葉でしょう。何故夏でないかといえば、夏は湖のもつ今日的な課題を、白日のもと露にするだけだからです。アオコの発生、異臭など、生活の便利さと引き換えに、湖水の汚濁という付《つけ》を人々にもたらしたのです。湖の死活問題にまで追いつめてしまった現状の重大さに、人々は真剣にとり組みだしたようです。現代の機械力をもってすれば、正に死なんとしているこの浅い湖を埋めることなど容易だといいます。敢えてそうした方向を選択しないのは、湖が人に潤いと安らぎを与えるからではないでしょうか。

古よりの人々の生きざまをみつめ、満々と水をたたえる諏訪湖には、太古の昔、天竜の遊水池であった面影はもはやみられません。諏訪湖が未だ古態を留める時代、しかも、その洪水で街が水浸しのさ中、先生は誕生されています。先生にとって、正に諏訪湖は産湯でもあったといえます。こうした運命的ともいえる湖との係わりは、先生の生涯を通じて脈々と続いていきます。

先生が十六歳の時に書かれた処女論文「有史以前に於ける土錘の分布と諏訪湖」にはじまって、「湖の大きかった時と小さかった時」に至るまで、一つのテーマを永々と執拗に追い続けます。まさしく〝灯は細く、長く〟という先生の信念が、悠久な湖の歴史と歩を共にしていきます。先生のこうした研究は、時に実証の学問である考古学と相容れない部分も多く、特殊研究として土俵をはずされるジレンマもありながら、若い頃ともした灯を消すことはありませんでした。

また、諏訪湖といえば湖底の曽根遺跡を舞台に、実に様々な人々が登場し、そして消えていきました。この物語は、『旧石器の狩人』（全集第五巻所収）を初めとして、随所で繰り返し語られています。後年、先生は学界への復帰の足がかりとしての記念すべき論文に、この曽根をとり上げる因縁ももち合わせています。そして、やがて小説『湖底』（全集第十三巻所収）へと昇華させていきます。

以上が、先生と諏訪湖との、考古学を媒介としての係わりです。そしてもうひとつ、「諏訪湖博物誌」、「諏訪湖の水」は湖自身の履歴書です。先生は、病の回復期、リハビリのため、カメラを下げて各地を歩きまわり、四季の移り変わりの妙に没入していったといいます。そんな冬の一日、先生は、研ぎすまされたような感性と、顕微鏡のような眼で、この湖の生態を観察し続けます。夏の湖は、あの開放的な太陽をいっぱいに迎え入れて陽気です。でも、いま、凍つく刃のような大気の下、変容していく湖水のショーは、孤独で、観客もなく、静寂です。この唯一人の観客は、この観戦を、ただの興味に終わらせることなく、魅力あふれる文章に留めていきます。

病に倒れてからの先生にとって、この厳しい山の湖の冬は、ただ、じっと過ぎるのを待つだけの、何もできない季節になってしまいました。でも、ひたすら、あの洞穴のような書斎に籠るだけの日々になっても、ふと垣間みたわずかなできごとをも、できる限り調べ上げ、生きた歴史に組み立て直し、滅び去っていくあらゆるものへのいとおしみに代えるのです。

信州人物語

〝紫〟のもつイメージはいつも神秘的です。「袴腰のむらさき」を初めて読んだとき、そんな気持ちが、なお一層強められました。

この作品は、最初『アルプ』に掲載されました。地味ななかにも、どことなくあかぬけた、体裁が素適な雑誌で、よく読んでいました。レイアウトがまた繊細で、同じ文章も印象が変わってしまうのです。

心に残る一文でした。和紙に滲み出た紫が、さらに鮮やかに印画紙に焼き付けられるような、そんな読後感でした。たった一つの腊葉集《おしばしゅう》から、雨宮ちえ子を佳人に仕立て上げる筆の運びは一瀉千里、誠に創造力豊かな先生の世界に引きずり込まれていきます。腊葉集を、ただの腊葉集に終わらせることのない先生のこうした追跡のエネルギーは、一体どこから生まれるのでしょうか。

同じように、一つの錫杖《しゃくじょう》から、いくつもの開山にまつわる物語が展開していきます。

私も登山が好きでよく登りました。そのうちでも、ただ一度だけ、登山道が台風による倒木で覆われたルートに迷い込み、危うく遭難しかけた経験があります。昼なお鬱蒼と暗い針葉樹林帯の中、倒木は幾重にも重なり、木から木へ伝う登行は、想像を絶する苦しいものでした。この貴重な体験から、権三郎の開山に至る苦闘を、活字以上の現実感でとらえることができるのです。整備された登山道を事もなく行き来する現代の人達には、思いも及ばない、信仰に裏打ちされた執念がそこにはこめられているのです。

また、ある時、槍ヶ岳の頂で、偶然にもブロッケン現象をみることができました。言葉では知っていたものの、実際に遭遇した驚きは、怖れとも言える一種異様なものでした。まして、かつてそれを初めてみた人が、畏怖の念をいだいたということは、十分理解できます。

これらの山の物語は、先生が若い頃山歩きで体験された、様々な不思議をとりこんで展開していきます。また、権三郎にしろ善心坊にしろ、いずれも、厳しい修験者である前に人間であるという、先生の人間観が伝わってきます。

このほか、先生は、地域に根ざした、様々な分野の信州人を描写しています。冴えた眼でとらえたこうした人間ドキュメントは、『信州教育の墓標』（全集第六巻所収）におおよそ集約されています。故人は言うに及ばず、時として、現在活躍中の悉くの人々が語られます。

「一信州人」でとりあげた伊藤富雄は、アマチュアとして、専門家を卓越した知識をもちながら、他面政治家としての道を歩む強烈な個性の持ち主です。先生は若い頃、彼から学問的にも深い啓示を受けたと述懐しています。長い遍歴の果てに、やがて学問の世界へ還っていく生き方そのものが、どこか藤森先生と重なっていきます。

また、少年藤森栄一が考古学を志していく過程で、直接、間接に大きな影響を与えたといわれる神津猛の、やさしさの奥に秘められた人間としての深い憂いが、島崎藤村との親交に語られます。私は、先生には珍しく、余白のある文章だと感じられるのですが。

先生が語る〝人〟は、むろん信州人というばかりでなく、信州という風土に根ざした生きざまをみせます。単なる伝記とは違った、独得の人間観が形作られていく所以です。ただひたすら生きていく人間に対する深い慈みが、その源を流れていきます。「この世に生きて、喜びも哀しみも、空しくなった人の生き方全てをみつめていきたい」と願った先生の筆は未完で終わりました。生きておられたら、一体どのくらいの人を書き続けたことでしょうか。

土地が育むもの

〝信州〟というと、先生もおっしゃるように、たしかに、一種独得の響きをもって、人の心に郷愁をわき立たせるようです。私も、両親とも信州出身、係累も大半が信州ということが、時に羨望の的ともなります。

先生との出会いも、当然のことながら、諏訪をぬきにしてはありえませんでした。戸沢先生の紹介状をもって、初めて先生にお会いし、父の話がでた途端、「直衛さの娘かあー」という大きな声。堅苦しい雰囲気はすぐにとんでしまいました。父とは諏訪中学で二年上、私の知らない教師であった祖父についても、本を扱っておられた関係でよく覚えておられました。私の祖母も、先生のお母様と、縦の糸も横の糸も、いずれもどこかで繋がれておりました。

人は誰でも、生まれ育った土地という地縁を、一生背負っていくのでしょうか。冬の酷寒期だけでもと転地を勧める周囲に、先生はいつも否定的でした。「考古学というのはなあ、小説書きのようにペンと原稿用紙だけで何処へでも行けねえでなあ」とは、半ば真実ではありながら、因縁のごとく引き寄せられる、信州人の血が言わせた言葉ではなかったでしょうか。諏訪に生まれ育った先生にとって、このしがらみこそ〝信州〟に他ならなかったのです。ふるさとをもたない都会人にとって、そうした〝しがらみ〟を理解することは難しいかもしれません。それほど、今日、郷土という言葉さえ風化しつつあるのです。

先生は、若い頃の彷徨の時期を過ぎて、後半、ピタリと照準を合わせたごとく、信州に帰ってきます。そして、自然も歴史も人間のうごめきも、悉くをこの信州に題材を求めていきます。しかしながら、人としての生きざま・うごめきを求めすぎた故に、もしかしたら、学としての考古学と競合することが多かったのではないかと思うことがあります。

また、自然の中に息づく人の営みを追い続ける先生は、「生坂山地」にみるごとく、幼い頃ふと抱いた疑問を醸成させていきます。私達なら、「何んであんな不便な所に住むんだろう」と思うだけで通り過ぎてしまう景色も、先生は、ただそれだけで終わらせることはありません。

愛用のカメラ、ドイツ製のライカを構える藤森栄一

遠く祖先から、営々と築きあげてきたその土地の歴史を必ず掘り起こして、風土のもつ理由づけを行うのです。結論には至らないまでも、着実にデータを積み重ねていくプロセスは、三沢地理学に連なるものともいえましょう。

こうした見知らぬ土地に対する先生の好奇心は、一緒に旅する私達にも、いつのまにか伝わってきます。そのため、先生と訪れた土地の印象は、ことのほかつよく残ります。初めての土地には、地形図を片手に携えてという先生にとって、この信州は、もはやすべてを知り尽した自分の庭とも言えましょう。

長野県の地図を拡げてみると、行ったことがないのに、前から知っていたような、そんな懐しみを覚える土地の名が、たくさん目にとびこんできます。先生の文章を何度も読んでいるうち、すっかり馴じみになってしまったようです。いつか、それを一つ一つ訪れて、先生の足跡を重ねていきたいと思っています。そして、「行って・見て・感じて・書いて」という先生の言葉の意味が、本当に分かるような旅を求めたいとも思っています。でも、旅というものが、人間関係からの疎外や、仕事からの解放といった、パッシブな意味しかもたない人々にとって、それは感傷以外の何ものでもないでしょう。先生は本来オプチミストではと思うのはこんな時です。

このように、先生が愛した遙かなる信濃が、その一枚看板である自然を失うとき、この『蓼科の土笛』は、信濃の挽歌となるでしょう。

先生は、「考古学にいきづまると、きっと山の文を書いた」といいます。でも、後半、その危うくなってきた一枚看板を嘆く内容のものが多くなってきます。そんな危機的状況は過ぎて、また少しずつ、自然を取り戻そうとする人々の努力が稔りつつあるようです。遡れば、「山と先住民とその子たち」（全集第一巻『かもしかみち』所収）が、先生のめざした、自然と歴史と人間のいのちの融合の原点です。「はじめて文を書く愉悦と苦しさを知った」という意味でも、先生の著作活動の出発点ともなったのです。その延長線上に、この『蓼科の土笛』があるといってもよいでしょう。

先生の遺産

私と先生との出会いは、考古学をぬきにしては無論ありえませんでした。しかし、それ以上に、信州を地盤にできるという恵まれた条件によって、先生と、さらに、その周囲の多くの人々との結びつきをつくっていきました。そこで私が得たものは表わしようもなく大きく、考古学そのものを学ぶことより、人間藤森栄一から様々な滋養を吸収したようにも思います。全集をつくりながら、いまさらながらその人間的な大きさに驚くとともに、先生を育んだ信州をあらためて客観しています。

また、生涯をかけてとりくまれた考古学、それは学として地域研究ともいえましょう。しかし、論理より直感、実証より感性をという藤森考古学は、それとはどこかちがった世界をつくりあげているように思えるのです。その淵源は、自然と歴史と人間の融合をめざした、先生の理想にあるといえましょう。

遺跡や遺物を対象に文を書くのならともかく、先生のように、知性のあそびともいえる、多彩な内容をもった文章を数多くのこした考古学者を他に知りません。その対象は、考古学という枠を大きくこえて、あらゆる分野に及ぶのです。この考古学者としては稀有な生き方から生まれてきた美学は、『蓼科の土笛』のみならず、先生の全著作を通じて一貫してながれていきます。それは、また「考古学という冷厳の科学が、つまりは一篇の美しい叙情詩にすぎないことを、ぼくはつくづくと知らされた」（『かもしかみち』）という、若き藤森栄一の新たなる旅の出発から、亡くなるまで離せなかった、未完の筆あとにまでたどることができるのです。

5

考古学への情熱に生きた人間の記録

林　茂樹

真迫の人間追求と生きた考古学史

藤森栄一先生の作品の中には、考古学にとりつかれ、遺跡や遺物と人生の哀歓を共にした人々を描いたものが非常に多い。それも著名な学者だけではなく、名もないアマチュアで一生を終わった人々に、とくに深い愛情と強い関心を抱いていた。そのことは、全集第一巻『かもしかみち』の解説の中で「それらの人々は、限りなく人間を愛するという先生の心で濾過され、あの特有の温かく美しい文章の中の主人公となって、〝藤森栄一の世界〟ともいうべき数多い作品に、多彩な光芒を与えている」といわれているように、藤森先生が最も得意とする、独特なジャンルを形成しているといえる。

第五巻でとりあげた『旧石器の狩人』（学生社）と『二粒の籾』（初刊河出書房）は、第六巻に収録される『信州教育の墓標――三沢勝衛の教育と生涯』（学生社）とともに、生涯をかけて一つの夢を追いつづけた学究たちの人間像を描いた、先生の代表的な著作である。

毎日出版文化賞を受賞した『銅鐸』（学生社）を、一九六四（昭和三十）年に出版した藤森先生は、翌年、大冊『井戸尻』（中央公論美術出版）などをまとめあげ、生涯の中で最も表現意欲の高まった時期を迎えた。『旧石器の狩人』はその一九六五（昭和四十）年に、また『二粒の籾』はひきつづいて執筆され、一九六七（昭和四十二）年に出版されている。

前著は「明治以来、いく人かの人々が、胸をふくらませて、そのはかない可能性を追っていた」日本の旧石器文化の存在をめぐって、夢と勇気をもって石器や遺跡にとり組み、ひたむきに生きたさまざまの研究者達の群像を、鮮やかに、しかも興味深く描き出している。それは生活の貧困、困難な環境、複雑な人間関係等々をのりこえて、まさしく旧石器という獲物にとりついて離れぬ執念をもって苦闘する、狩人の姿そのものである。

後著は、在野にあって、病苦と窮乏に耐えながら、昭和の初年代に、弥生文化は農耕社会であるという実証的研究を、学界に先がけて実践し、日本考古学史に不朽の名を残して、三十二歳の若さで夭折した考古学者森本六爾氏と、ミツギ夫人の、情熱と波乱に満ちた生涯を、みごとに復原した力作である。

両作品に登場する主人公たちの、それぞれの生きざまや人間像は、藤森先生の卓抜した筆力を通して、読む人に大きな感動を与えずにはおかないが、それとは別に、この二つの作品がそれぞれに、日本における旧石器時代研究、および弥生時代研究に関する、きわめてすぐれた学史、研究史としての側面を併せもっていることに注目しなければならない。従来、日本の考古学界には、すぐれた学史の叙述は非常に少ない。表面的な学説の系譜や、事実の羅列的な記述はあっても、学問の精神や背景をえぐり出したような、真に学史といえる学史は一、二を数えるにすぎなかった。藤森先生はそのことをつねに嘆き、そして考古学者の人間像を追いながら、ユニークな考古学史を綴るという構想を口ぐせのように語っていた。『旧石器の狩人』『二粒の籾』は、まさにそうした藤森先生の問題意識の中から創出された、土の香りと血の通った、生きた学問の歴史として展開しているのである。

狩人の群像と旧石器の追跡

日本列島にも旧石器文化の存在することが初めて確認されたのは、一九四九（昭和二十四）年の群馬県岩宿遺跡の発掘によってであった。それは文字通り、日本歴史を書き換える大発見であったといえる。

『旧石器の狩人』はこの岩宿の発見をはさんで、明治時代以来、日本最古の人類文化探求の夢を追いつづけた人々の姿と、岩宿以後、怒濤のように旧石器を追う狩人たちの、すさまじいばかりの執念を描いた著作である。

その中にあって、著者である藤森先生は、生れ育った土地にある諏訪湖底曽根遺跡の研究を通じ、厳然たる自然や歴史の真実と、人間の情熱や執念の激しさを、冷静に客観して比較し、そのからみ合いを作品全体の主軸として、物語を展開していく。

本文は大きく分けて、四つの部分から構成されている。原著にはなかったが、本全集では、それぞれに表題をつけて四つの章にまとめることにした。

狩人たちの夢　ここでは三つの節にわたって、曽根遺跡の発見からその調査状況や性格についての学術的論争が描き出されている。事の発端は一九〇六（明治三十九）年、信濃教育会諏訪部会の先生たちが『諏訪湖の研究』を志してその学問的解明を決意し、時の新進湖沼学者田中阿歌麿博士にこれを委嘱した。田中博士は十数年の歳月を費やして諏訪湖の実相に迫ろうとした。諏訪の青年教師橋本福松（後の古今書院社長）は博士の助手として諏訪湖の地質学的現地調査にたずさわっている時、全く予想もしなかった湖底遺跡を発見する。やがて考古学の権威東京帝国大学坪井正五郎博士が湖底遺跡の究明にのり出す。この時舟をあやつって調査を助けた地元の人両角新治、増沢寅之助、小沢半堂、橋本福松は湖底から上ってくる美しい石鏃の奇異な美しさに魅せられてしまう。

曽根遺跡の調査をまとめた坪井博士は「杭上住居説」を主張した。これに対して地質学的な立場から、神保小虎博士は「土地陥没説」を説えた。橋本福松は同じ地質学的立場から「断層地変説」を主張した。小学校長から一転して筆の行商を営みながら、信州の地質学研究に専念していた日本的奇人五無斎保科百助は、単独で曽根を調査し「島地辷り説」を説えるなど、曽根をめぐる論争は新聞紙上を毎日賑わすほどであった。時、明治も末年の頃であった。

この頃、曽根調査に関係した地元のアマチュアが続々登場してくる。半堂小沢孝太郎は曽根調査に執念のあまり商売に失敗し、自分の調査報告書の自作出版を続け、その途次遂に窮死してしまう。増沢寅之助は曽根の遺物にとりつかれ、遂に骨董に耽溺する。豪商雨宮九平も同じように石器に魅せられ標本屋におちぶれてしまう。橋本福松は上京して後、一転して出版人として成功するが、曽根遺跡は全く捨て去ってしまう。

その中でただ一人、銀行家両角新治の夢は、息子の守一にひきつがれる。その後彼は、当時アマチュア考古学者として最高と評価されるような、数多くの業績を学界に残すことになるが、その両角守一のアマチュアの系譜の中から、著者である藤森栄一先生が生まれてくるのであった。

まぼろしの旧石器　この第二の章では、曽根遺跡が日本的な舞台に登場しながらも、学界の情勢から次第に影を失っていく一方、明治初年から論及されていた旧石器の研究はひそかに進行し、明石原人の発見に至る過程が述べられる。

世は大正の時代となり『諏訪湖の研究』は遂に刊行された。余勢を駆った諏訪の教師たちは『諏訪史』の刊行を企画し、先史および古代（第一巻）を時の碩学鳥居龍蔵博士に、中世（第二巻）を宮地直一博士に委嘱する。

鳥居博士は諏訪地方の考古学的調査に着手するため、人類学教室員八幡一郎、宮坂光次両青年を起用した。この結果、曽根遺跡に関する第二の論争が展開されることとなる。鳥居博士は「筏上住居説」をうち出し、八幡一郎氏は曽根の石器が細石器《さいせっき》に似ていることに着目し「日本に於ける中石器文化的様相」の重要な資料として評価した。ここから湖底曽根は再び日本的な舞台で注目されることになる。

八幡論文は大きな反響をよびおこし、日本列島における旧石器存否の論争を生み出してゆくのである。後に東京大学渡辺仁氏は曽根の石器を再吟味し、八幡説に反論を加えるようになる。藤森先生はこの時、新潟県村杉遺跡出土の石器に着目したり、宮崎県延岡出土の礫器《れきき》についての所論を発表するが、これ等の動きに反応した結果である。

このような曽根遺跡の研究とは別に、旧石器文化追求のための狩人たちの真摯な努力が古くから静かに進行していた。一九〇八（明治四十一）年にN・G・マンロー博士は神奈川県出土の「原石器《げんせっき》」を発表し、一九一七（大正六）年、喜田貞吉博士は大阪府国府遺跡出土の石器に着目し、浜田博士はこれを追求したが不発に終わった。一九二〇（大正九）年、中山平次郎博士は北九州出土の旧石器を発掘したものの、これに時間的位置を与えずに終わった。昭和に入って一九三四（昭和九）年、曽根博氏は青森県椿山の「原石器」を紹介し、一九三九（昭和十四）年、永沢譲次氏は神奈川県日吉での匙形骨器《さじがたこっき》を紹介している。いずれの場合でもその研究が追求一歩前で立ち止ってしまった例が多く、学問における勇気ということの大切さが反省され指摘されている。

この中で勇気と執心の所産、直良信夫博士の「明石原人の腰骨」発見のものがたりが展開される。直良博士は明石西八木海岸に数年の歳月をかけて執心し、一九三一（昭和六）年遂に古人類の化石腰骨を発見した。これを鑑定した東大人類学教室松村瞭博士は、形態は認めながらも出土状況に疑いが大きいことから、遂にこれを認めず、重要な化石骨は東京大空襲の中に灰となってしまった。終戦後、東大人類学教室長谷部言人博士はこの腰骨の石膏模型を研究した結果、「ニッポナントロプス＝アカシエンシス」の名を与え、日本における旧石器人の存在をはじめて明らかにしたのである。しかし、その直後実施した、西八木海岸の総合的現地調査は否定的見解に終わった。化石人骨地層は、すでに海中に消えさっていたのであった。こうして、旧石器文化探究は、まったくふりだしに戻った感が強くなった。

赤土を追う狩人たち　岩宿の発見を契機とする、旧石器文化探究の黎明ともいうべき時期の様相が、迫力をもって描かれている。

「明石原人」が発表されて学界に大きな衝撃を与えたその翌年の一九四九（昭和二十四）年、群馬県赤城山麓の岩宿遺跡が発掘された。明治大学の杉原荘介教授を団長とする調査団と、この岩宿遺跡を発見した相沢忠洋氏らが岩宿の丘に立った。明治時代以来の多くの人々の苦労、そして、いくつかの業績が岩宿に凝集した歴史的成果であった。

ここでは発見者相沢青年の生い立ちと、少年の時にともした心の灯を消さずに、旧石器の存在を信じて、赤城山麓を「砂の上をはう地虫のように」探しまわる真摯な姿が描かれ、青年の背後にあった縄文文化最古の段階をつきつめていた人々、白崎高保、江坂輝弥、芹沢長介、鈴木敏夫氏などの少年たち。また縄文式土器の年代観をうち樹てた山内清男博士の労苦等、執念に満ちたエピソードが語られる。そして岩宿の赤土層を果敢に発掘する杉原教授の活躍ぶりが、目前に見るように鮮やかに描き出される。

このような「北風に向かって立つ男」たちの一人として著者が登場する。藤森先生は終戦により南方から戦病の身をかかえて復員した。そして書店経営の傍ら、諏訪考古学研究所を創設し、いく人かの考古少年たちを導きながら、戦後の苦しい時代を懸命に生きていた。一九五二（昭和二十七）年、考古少年の一人松沢亜生氏が、茶臼山の工事現場から旧石器を発見し、ナイフ形石器が確認された。続いて茶臼山遺跡の隣りの丘陵、鉄砲矢（上ノ平遺跡）から石槍が発見された。上の平ポイントの発見である。藤森先生はこの年、茶臼山遺跡を学界に発表するため上京したが病で倒れてしまう。学界へのカムバックは容易ではなかったのである。

翌年、旧石器研究の俊秀芹沢長介氏は、野尻湖畔に住む池田寅之助氏の蒐集品からナイフ形石器を見出し、さらに佐久野辺山高原の由井茂也氏の採集品から石槍と細石刃を検出した。馬場平遺跡、矢出川遺跡が発見されるのである。療養をつづける藤森先生の周囲でも旧石器が次々に発見されていく。戸沢充則・松沢亜生氏らは霧ヶ峰八島遺跡から小形尖頭器群を発掘し、八ヶ岳山麓では宮坂英弌・虎次父子が渋川遺跡や白樺湖遺跡を発見する。先生の家のすぐ上の丘からナイフ形石器を発掘した林茂樹は、つづいて伊那谷から、石槍・石刃に加えて異様な大形石斧を伴う神子柴《みこしば》遺跡を発見するのである。

瀬戸内海でも鎌木義昌氏によって鷲羽山遺跡が、北海道では北大研究班によって樽岸遺跡や置戸遺跡が発見され、こうして日本列島の全域から、旧石器遺跡発見の報がもたらされてくるのである。こうした中で藤森先生は、当時学界の動きからとりのこされていた曽根の調査にとりくみ、ひそかに狩人としてのいのちの灯を燃えつづけさせようと努力していた。

一九六二（昭和三十七）年、大分県丹生の台地から、今までの旧石器とちがった前期旧石器らしきものが発見された。ひとつの遺跡に二つの調査隊がのりこみ、背中合せの不可解な発掘が始まった。この結果は不幸にも学界の認めるところとならなかった。つづいて佐渡の長木の出土石器も不発に終わり、芹沢氏による大分県早水台遺跡の前期旧石器も論争を捲きおこした。一方、一九五七（昭和三十二）年には東京大学の鈴木尚博士は愛知県豊川市から牛川人、静岡県三ヶ日町から三ヶ日人の化石骨を発掘し、縄文時代以前の人類の存在が明らかになった。

ところが、縄文土器の年代観については、爆弾的発言がなされた。山内清男、佐藤達夫による新しい年代観であり、日本列島の「無土器文化」は洪積世に属する文化ではないという発言である。旧石器の存在はまたふりだしに戻った感が濃くなり、問題解決は再び湖底曽根遺跡に帰ってくるのである。闘病生活の悩みの中で、一度は訣別した考古学に、藤森先生はもう一度カムバックする決意を固めるのである。

狩人のいのち　曽根遺跡がもつ大きなミステリーが、藤森先生の努力により解明されていく過程が興味ぶかく語られている。一途に曽根の湖底に執心した結果、曽根型の小石刃と小石核それにナイフ形石器、小形石槍と古形態の石鏃が組合せ石器として再認識されたのである。

この頃、新潟県小瀬ヶ沢洞窟遺跡が中村孝三郎氏によって発掘された。その一部に曽根型の石器と土器があった。そのほか、岐阜県椛ノ湖遺跡が原寛氏により、群馬県西鹿田遺跡が岩宿の相沢氏により発掘された。それは陸の曽根遺跡そのものであった。曽根遺跡は旧石器終末から縄文文化の黎明を告げる時期の人類の営みを物語っていたのだ。

そして先生の目は再び諏訪湖の変動性に向けられる。その論文「考古学上より見たる諏訪湖と沖積世における水位の増減」は『地学雑誌』に発表されたが、曽根遺跡の形成当時は湖はなかったのだという主張である。一方、琵琶湖の地質調査のデーターは一言でこれを結論づけた。六十年間の多くの狩人の命をかけての営みは、一片のデーターでかたつけられたのである。学問というものの冷厳さをじっとかみしめるのである。

「狩人」を育ててくれた藤森先生

以上のように要約してみると、この書の構成は、曽根遺跡の探究を軸として記述された、旧石器存否の研究史そのものである。だがその底に流れるものは、学問に対する研究者の真剣な、しかも「あのうづくような快感と苦痛に満ちた世界」に生きる情熱そのものである。これは先生が中学生の時に書いた処女論文に、すでに記されているように「短い五尺の人間には想像も出来ぬ溯った昔の状態を精密に知ることが出来なくても、朧気ながら之を知り得ると云ふ事は実に愉快な幸福な事である」という世界を求めて、学問にとりつかれた人間群像と、時の流れと、美しい自然や情況の描写を交錯させながら、本文を書きすすめている。そして一時は小説家を志した先生らしく、多少のフィクションも加えて、巧みな構成力と文章力を発揮し、読者自身を「狩人」の一人に誘いこむような、魅力あふれた作品となっている。

実は、私が藤森先生と直接深いかかわりを持ったのは、「狩人」の一人として、私が長野県の手長丘遺跡や神子柴遺跡を発見した時のことである。「ローム層を追え」という節の中にその時のことを書き残して下さっている。一九五六（昭和三十一）年に手長丘遺跡を発見して、先生を訪れた時、先生は身体も悪く、学問的にも苦境にあった時だったので、私のしつこさに辟易して、軽くあしらったように書かれている。

しかし私は全く違う記憶をもっている。軽くあしらわれたどころか、たくさんの中学生を引率して行った私たちを、狭い書店の隅に集められて、石器一つ一つを「これはヨーロッパのオーリニャック期という時代に多い、バックドブレイドという石器で、その特徴は……」という具合に、手にとるようにわかりやすく、時間をかけて説明された。私にははじめてきく学術用語も時折まじえ

茶臼山の石器を見る杉原荘介（左）と藤森栄一
（写真に書かれた文字は藤森によるもの）

ながら説明する先生の姿は、本屋の主人とは全くちがった、アカデミックな学者の姿に一変していたのだった。私は完全に魅了されてしまった。何と素晴らしい方であろうと。この先生について私も一生涯考古学をやろうと決意したのはこの時であったのである。

　そんなことがあって直後、私は神子柴遺跡を発見する幸運にめぐまれた。発掘した重い石器を背負って、私は誰よりも先に藤森先生に見ていただきたくて、先生の家を訪れた。ギプスをして床に臥せられていた先生はむっくりと起きあがって、床の上に端座されて、喰い入るように一つ一つの石器を長い時間見つめられていた。その時、先生の輝いた眼には涙がうるんでいたように見えた。そしていきなり「素晴らしい石器だね。林君ありがとう。感謝するよ」とおっしゃられた。私は一瞬意味がわからなくて目を白黒した。

　先生は話を続けられ、信州で最初の発掘がおこなわれた旧石器の遺跡である茶臼山にも局部磨製石斧があったこと、一九五三（昭和二十八）年に開催された日本考古学協会総会の資料展で、出展した茶臼山の全資料の中から、石斧だけが意識的に排除され、旧石器の中に磨製石器の存在が無視されつづけていることに強い不満を述べられた。茶臼山の石斧は、先生自身が自分の目で確かめられ、自分の手で掘り出された資料だけに、当時「春愁の暦」の時期をすごされていた先生には、ことのほか辛い思い出だったにちがいないのである。

　神子柴の見事な磨製石斧を見て、先生のうっぷんは一度にふきとばされたのだろう。酒をあまり好まれない先生にしては珍しく、奥様に運ばせたビールの栓を抜いて「こんな重大な遺跡にめぐり合うことは一生に二度とないでしょう。林君おめでとう」といって、祝盃をあげて下さったのである。私はこの時ほど強く、考古学を学んできたことの喜びを感じたことは、はじめてのことであり、それ以後もない。そして考古学をすることへの意欲の炎は、何層倍かにもふくれあがったのである。

旧石器の狩人の群像を客観的に描こうとしたこの作品には、その狩人の何人かを育てた先生自身の姿はあらわれてこない。解説者の私事にわたるエピソードであるが、あえて書き加えたゆえんである。

なお、本書の全編を通して、伏線として描かれている諏訪湖底曽根遺跡は、その地に生まれ育った藤森先生が、考古学の「妖《あや》しい魅惑」のとりことなった原因である。小沢半堂採集の石鏃からはじまって、みち子夫人が『考古学・考古学者』（全集第十五巻所収）の序文に書いているが、先生の死の直前、先生が最後に目にした遺跡が曽根遺跡であったという話からもうかがわれるように、先生が生涯を共にした遺跡でもあった。

曽根遺跡を愛する先生の真情は、無神経な開発（諏訪湖の埋立やしゅんせつ工事）に対する遺跡の保存運動へと展開して、それを成功させ、曽根の歴史を作った諏訪湖とその美しい自然への愛慕は、藤森先生の晩年を特徴づける自然保護運動への積極的な参加につながる原点ともなったと考えられる。

本書の先生の名文を通じてしか、いまや諏訪湖とそれにかかわった人間の美しい太古以来の光景を知ることのできないのは、亡き藤森先生にとってはどんな想いなのであろうか。

森本六爾氏にそそぐ人間愛の結晶

藤森先生はこの書（『二粒の籾』）の冒頭「断碑」という節で、森本六爾氏の伝記を書かなければならなかった必然的心情を次のように語っている。

松本清張氏の小説『「断碑」』の木村卓治は、私の接したことのない、冷たい、むしろ残酷なほど無残な、ねばっこい人の影像だった。材料も、私がしゃべった溺れるような師弟の愛情の追憶などは、ほとんどカットになって、また、ミツギ夫人のあたたかい愛情の生活などは、いっこうに出てこなかった。

もちろん、それはフィクションである。別にそれに対して、水をさす気はつゆほどもないが、かりにそれが正しい評価にしても、いちおう、『断碑』の森本さんには被害者側の資料が強すぎるようにも、そのときは思えた」

「私はいま、森本さんのなくなった年齢よりも、二十年も長く生きてきた。そして、きょうこの頃……（中略）、かれは、その三十二年きりの短い生涯でなにを残そうとしたのか。私はどうしても、それが知りたくてたまらないことになってきた」

やや長い引用であったが、その先生の言葉の中に、この書の執筆の直接の動機が、あますところなくいいあらわされていると思う。

もちろん、たとえ『断碑』という小説が世に出なくても、藤森先生は森本六爾伝を書いたであろうし、また先生の生涯が、それを書かないで終わるということは絶対になかったはずである。この『二粒の籾』（後に改題して『森本六爾伝』）が出版された一九六七（昭和四十二）年、三年前に『断碑』を書いた松本清張氏が次のような言葉を贈っている。「（前略）藤森さんは森本の数少ない弟子の一人だ。この人ほど人間森本六爾を語る資格のものはない。そのうつくしい文章は森本の怒り、喜びをそのまま読者の胸に伝えている」と。

その後、考古学や古代史研究の世界に深くかかわることになった松本氏も、小説というジャンルでは描ききれない森本六爾像の発見を、ひそかに藤森先生の仕事の中に期待されていたのではないかとさえ思える。そしてそうした松本氏だけではない、また考古学界だけでもない、森本氏を知る多くの人々が抱いていた期待に応えるように、藤森先生は、半世紀という歳月を経てすでに伝説化していた森本六爾氏の世界を、追憶の想いを重ねた取材旅行までして、事実に即した考古学的方法で、実に見事に発掘し、感動的な大作『二粒の籾』を完成されたのである。

二粒の籾の風土と時代

主人公森本六爾氏の生まれたのは、奈良盆地の南端に近い土地、すなわち古代大和の文化が栄えたまほろばである。三輪山を中心にして、金剛・葛城の山々をめぐらせる大和の平野、古代からの環濠集落さながらの生地大泉村の風物、長じて畝傍中学への通学路を飾る耳成山・藤原京・竹の内街道、生涯の研究となった弥生式文化究明の根拠地ともいうべき唐古池や大和の数々の古墳群、代用教員として勤めた三輪小学校・都跡小学校など、地名だけを読んでも古代的なイメージの中に引き入れられていく。その大和の地の情景を、藤森先生は自らも青年時代を過した土地への思慕をこめて、美しく描写する。

そして、舞台を東京へ、九州へ、鎌倉へと追って、「森本六爾の遺跡」はどれもこれも美しい情感に満ちて語られる。ミツギ夫人との最初の出会いのステージである天平の上総国分寺跡、北九州の装飾古墳、石人石馬の調査行と須玖岡本の発掘、銅鐸を出した広島県木ノ宗山等々の叙述は、短いながらもひどく美しい。

「大正という時代」を中心に述べられる社会的風潮も、主人公森本六爾氏の背景を飾るものとしていちじるしく効果的である。また、現代からすでに遠くなった大正から昭和初年の社会の様相を象徴的に表現し得ていて、読む者の興味をさそうのである。大正は明治の文明開化、立身出世主義が消え果てて、滔々たるデモクラシーの流れが動き出したことによって象徴される。そして旧権威を批判したことで爵位を剝奪された土方与志、貧民街で『死線を越えて』を著した賀川豊彦、当時のベストセラー『地上』四部作を出した島田清次郎、師島村抱月を追って自殺した女優須磨子、『ささやき』を残して鉄路に散った清水澄子、東京帝国大学の中に新人会を組織し、ブルジョアの権威を否定した佐野学をはじめ多くの学生たちの動き等によって、大正デモクラシーを具象しているのである。

ここで当然ながら考古学界の動向も紹介される。まず明治ロマンチシズムを代表した鳥居龍蔵博士が東京帝国大学を退くころ、今までのアカデミックな学風を改革しようとする動きが始まってくる。それは極めてヨーロッパ的な学風を持ち、地質学的な層位編年学を主軸にした新人八幡一郎、甲野勇、小松真一、谷川磐雄、山内清男氏等の研究活動に支えられていった。また関西では史談考証風な研究発表の方式を破って、正確な資料図示を主軸とする学風が、京都大学の梅原末治博士を中心とする一団の人々によって開発されつつあった。このような学問的なムードの中に森本六爾氏が生い育って、やがて登場してくるのである。

本書が重版された一九七三（昭和四十八）年、先生は改題に当たって―弥生文化の発見史―とサブタイトルをつけた。このことが示すように読者は、さまざまなエピソードに興味を誘われながら、弥生時代の研究史を理解することができるだろう。

一八八四（明治十七）年、東京本郷弥生町貝塚から、まったく得体の知れない一箇の土器が偶然に発見され、弥生式土器と命名された。つづいて、長野市箱清水からも数十箇の弥生式土器が発見され、その後各地に続々見出されるようになっていった。この正体不明の土器の時代的位置づけと性格を求めての研究が、大野雲外・鳥居龍蔵・八木奘三郎・浜田耕作氏らの学究によって手がけられるようになる。大正の半ば鳥居龍蔵氏は、弥生式土器を固有日本人の時代文化の所産として位置づけるようになる。

昭和に入って、京都大学の小林行雄氏は「櫛目式文様の分布」を発表し、八幡一郎氏は環状石斧の性格を論じ、北九州では中山平次郎氏によって、遠賀川式土器が、有文と無文に分けられて編年され、関東、東北の弥生式土器も細かに編年されるようになり、時代的位置づけが急速に進展するようになった。この時期に、主人公森本六爾氏はパリ外遊から帰朝する。そして弥生文化の研究に独壇場ともいうべき活躍をはじめ、日本考古学史上に輝く業績の数々を残すことになるのである。その時期、森本六爾氏について学び、小林行雄氏等とともに同じ研究にたずさわった藤森先生は、それぞれの学究の心の底にまで触れるほどに、生々と弥生文化研究史を叙述し、森本六爾氏の学問する精神を、余すところなく詳細に描き出した。

情熱の人森本六爾氏の人間像

晩年の森本六爾氏をただ一人の師として、敬慕の限りを捧げつくしていた藤森先生は、頻繁に取りかわす手紙を通じて、ある時は身近かに接しながら、森本夫妻の日常生活や風貌・息吹きにいたるまで、肌にしみこませるほどに強烈な印象として、生涯それを強く記憶していた。本文からその一部を抄出してみよう。そこには人間としての森本夫妻の像が躍如として描かれている。

「小学校の頃は、弱い泣虫だった。そのくせ、遊んでいても直ぐにむくれる、弱いくせによくケンカをした」という少年時代。

「学校では彼のニックネームは『ボンヤリ』であった」何か夢を見るような思春期。

「万葉集の講義に感激して、懸命に力を入れているうちに、屎《し》をしてしまった」という感動集中型の性格。

「さみだれに心おちつくこの夕母にしたしきものいいにけり」をはじめ、多くの作歌に沈潜していた情感の豊かさ。

やがて仏教美術に熱中していく六爾青年の姿、さらにミツギ夫人との出会いから結婚にいたる情熱的な行動等々が、つぶさに、実にあざやかに描写され、読者は思わず主人公の生きざまに親しみさえ湧いてくるような感動に包まれる。

「私はあの人（森本六爾）から、一度も過去を聞いたことがない」「縁なし眼鏡の奥の水のしたたるような黒い瞳」で「いつも、じっと正面を見つめ、行く先のことだけ語りつづけていた」。ここに学究としてのひたむきな心の姿勢と表情をうかがうことが出来るのである。「だいたい、森本さんという人は、自分のうちに湧いてくる限りない構想について、熟するまでじっと温めるということはしない人であった」「思いついたアイデアやプランは、直ちに行動にうつせ、宣言しろ、そして宣言で自分を追い立てろ」。この果敢ともいうべき積極的行動性が、昭和の初期において弥生文化の解明を飛躍的に前進させたのだ。そしてその行動性が、アカデミズから反感を買う誘因にもつながっていた。

「森本さんは黒のダブルの背広に、ベロアの中折帽をかぶり、さっそうとステッキを振った。光った黒靴は歩道にカッカッと鳴った。高樹町の電停前までくると、籐のステッキを挙げて、タクシーを呼んだ。……森本さんは唇を小さく引きしめ、正面遙か遠い辺りをぐっとにらんで、─赤門─と昂然とした声で命じた」

一九三三（昭和八）年十月のある日、東大人類学教室で開かれた学会の席上、低地性弥生式遺跡の在り方とその文化的意義についての講演に、来あわせた藤森先生がひっぱられるように会場に赴く時の情景である。森本六爾氏の生涯で最も脂ののりきった、そして、闘志の高まった時のダンディでやや気負った風貌を知ることができる。

しかしその森本氏も病魔には勝てなかった。弟子の藤森先生がいた信州を訪れ、奥信濃の上林温泉にパリで知りあった作家林芙美子の面影を求めて、弱った身体で必死に河原をさかのぼる姿にはロマン以上の切迫した息遣いが感ぜられる。

「──僕はね、いま十五円持っているんだ。これを今日二人で使おう──……見るだけでもすさまじい形相の鯉の丸揚をダウンした私を尻目に、バリバリ噛みだした。

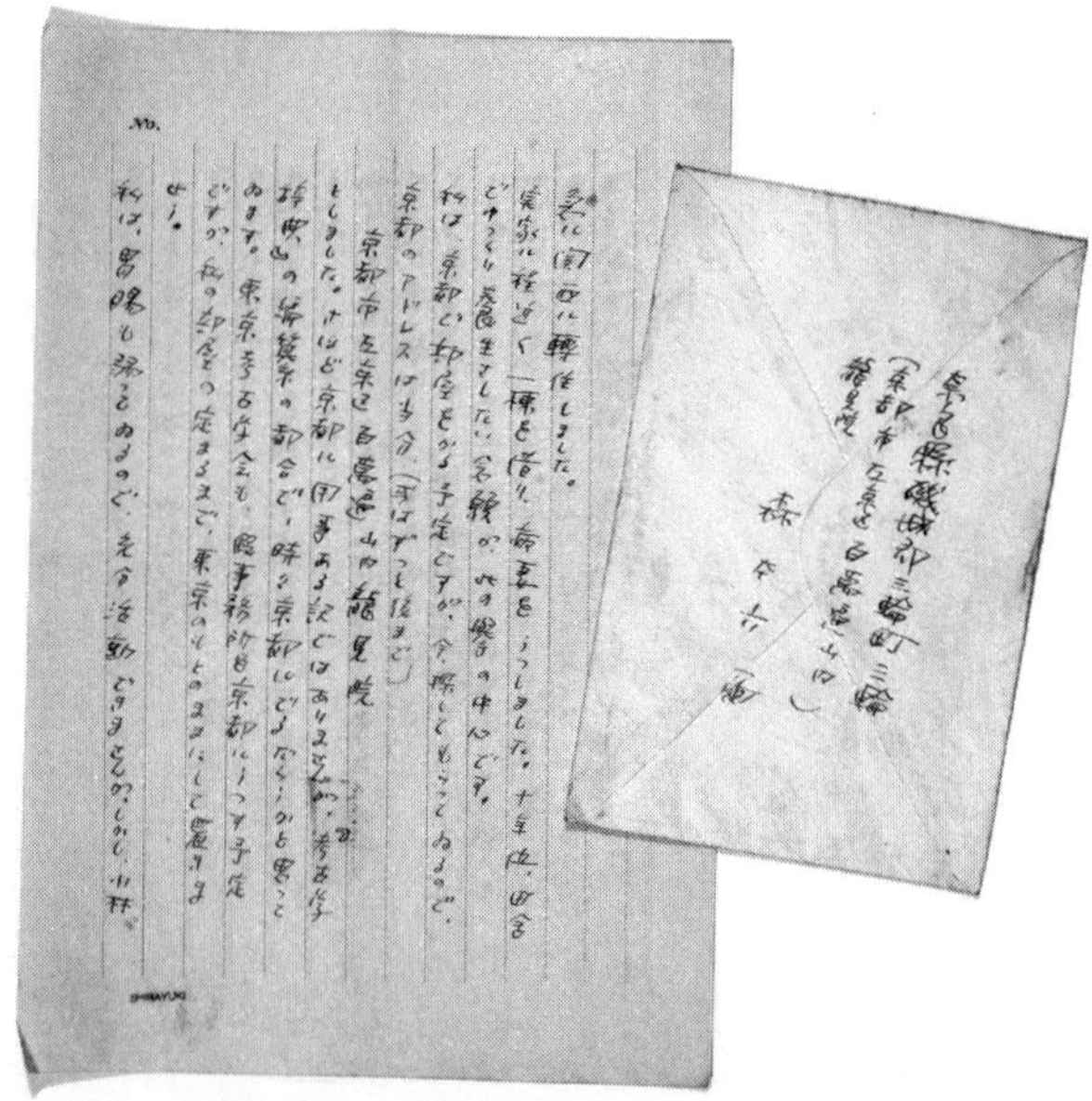

京都への転居を知らせる森本六爾から藤森栄一への手紙

──僕はね、消化が悪いんで、人の倍は食わんといけないんだよ」

京都百万遍に一人蟄居《ちっきょ》する森本氏を訪れた時、連れ立って街に出て食事をするこの光景には、生に対するあくことなき願望とうらはらに、死期の迫った森本氏の姿に鬼気すら覚えさせる描写である。

「二人の格闘がはじまった。一枚口述しては、三十分休み、息ぎれ、疲れ、そして懊悩、苦渋。……五時間近くの力闘、それでも、森本さんは、少々の疲労を見せただけで、ベッドの中に埋まり、まるで子供のように、うれしいな、うれしいなとはしゃいだ」

これは終焉まじか枕頭に駈けつけた弟子の一人杉原荘介氏が、森本氏の論文を口述筆記をするくだりである。考古学のために生涯を殉じた森本六爾氏の最後の一瞬の輝きであった。

ミツギ夫人の愛と生涯

森本六爾氏夫人ミツギさんの姿は、「二粒の籾」と題する章の最後の節「宿命との邂逅」の中で、東京虎の門女学校の数学教師としてはじめて登場する。森本氏とミツギ夫人との最初のめぐり合いの場面は、日本考古学会の上総国分寺見学会の当日のことである。

「たった一人の女性は礎石の一つに坐して、遠く平野の方をみていた。塔基壇の形式より、古瓦の古雅より、そこにたつきしてこの寺を建てた人びとの情熱に、思いをいたしていた。命をささげて、ここに築いた天平の国分寺、その人は満ち足りた生涯を感じて消えていった。むろん、より高い自己の生命の場の永遠を信じてである。しかし、今はすべて空しい。空しいものにかける人の世の定め、……浅川ミツギさんは、深い感傷にひたっていた」

ここは藤森先生一流の創造的な光景描写である。がミツギ夫人の感性と、六爾氏に生涯を捧げたその後の生き方を暗示しており、不遇の死を遂げるまでの伏線としての意味を読みとることができる。

「──女性として、いかがですか、一言。──水をむけられたミツギさんは、橙色に上気した頰の細い眼を細め、身をよじれるばかりにはじらいながら、──大いに興奮を感じます──といった」処女の秘められた情熱と姿態が、彷彿として描写されている。

こうして二人は結ばれ、「二粒の籾」として愛と苦難の生活がつぎつぎと展開されていく。とくにパリ留学の志を夫にうちあけられた時「彼女には、その頃、躰いっぱいに湧きあがる自信と鋼鉄のような体力があった。――いっていらっしゃい、御心配なく――あなた勉強さえして下さればいいわ。あとはわたしにまかしといて、――ミツギさんは、太いしゃがれた声でそういい、そして、その自分の語感に酔っていた」

夫の留学費を稼ぐために、家庭教師をいくつか受け持ちながら、雑誌『考古学』の編集を一手に担っての苦闘が続く。著者はこの時「紫の袴をひるがえして東京女学院に出勤するミツギさんと門前で合ったり、道ですれ違ったりした。黄褐色の顔をちょっと微笑ませてミツギさんはお願いしますねと私に云った」健康そうな自信にあふれた姿態をはっきり写し出している。

浜田青陵博士をして愛惜おくあたわずと歎賞させた名文の「編集所日記」は、夫を助けて『考古学』編集の労苦のかたわらに記したものである。ここに最もミツギ夫人の秀いでた文才と境遇の変化がじかに語られている。その一節「書斎のガラス戸越しに見下す谷の紅葉、霜に冴えて赤し、遠く霧に隠れ、霧にあらわれるあたり更に妙なり」など、自然に対する感情移入の極みである。

しかしやがて業病に冒され弱りゆく我身を記し、そして臨月、長女の誕生、そのはかない夭折等も加えて、次第に聴覚を失う心情もつぶさに記されてゆく。そこには生きとし生ける瞬間、自分のなし得る力の限界を求めての苦闘ぶりを偲ぶことができる。

藤森先生が鎌倉極楽寺の仮偶を訪れた時「ミツギさんは褐色に枯れ果て、蒼白でむくみ気味の森本さんとは、激しく対照的だったが、羽沢の時と同じ毅然たる態度はやっぱり先生の夫人としては充分な風貌をもっていた。細い眼をさらに細めて、端坐したまま、微笑して、私達を迎え、長いこと接待して下さった」のである。ここに、夫を一身に担って生きる、静かな気迫が満ち満ちている。

やがて「重き病とはげしき炎熱を向うにまわし戦うことのなかなかつらく悲し」の日記を最後に筆を絶ってしまう。次第に死の深淵に距離をちぢめていったのである。悲壮な一粒の籾の終焉を著者は次のように述べている。

「そして昭和十年十一月十一日、寒い夜だった。窒息しそうな霧が三輪山から降りてきて、音もなくあたりを包んでいた。午前の一時半、ミツギさんは鑑ちゃんの名を呼びつづけて、森本さんの掌をにぎりしめ、やがて静かに崩れるように沈んでいった」

森本六爾と藤森栄一

いま改めて藤森栄一先生の大作『二粒の籾』を読み終

わってみて、戦前の日本考古学史に大きな光芒を放って消えていった森本六爾氏と、私たちの知っている藤森先生の映像が、あまりにもぴったりと重なって見えることに驚きを感ずる。

本巻の前に、藤森先生の全生涯と学問観の原型であったといわれる『かもしかみち』（全集第一巻所収）と、藤森考古学の真髄ともいえる『縄文農耕』（全集第九巻所収）が出版されているので、ここで詳しく再論する必要もないが、激しい情熱と鋭い感性、権威に屈しない創造性、生きた人間がいる原始・古代史観、人間愛にうらうちされた教育者としての側面等々、藤森先生の考古学を支えるすべての要素は、先生が生涯を通じて、敬愛以上の深い思慕の念を抱きつづけていた、森本六爾氏からひきついだものであったことがわかる。「二粒の籾」とは、まさに学問への愛と、人間への愛の豊かな実りを祈って、森本夫妻が藤森先生の心の中に植えつけた、貴重な種であったと理解するのである。

『縄文農耕』で知られるように、藤森先生は学界の強い反論に耐え抜いて、故郷の信濃を足場にした縄文中期農耕説の種を蒔き、そこから新しい考古学が胎動する基礎をつくりあげた。弥生文化研究における森本氏のように。

そして縄文農耕の存在を信じつつ、最後の結実を見ないまま世を去った。しかしその直後に、縄文中期の遺跡から栽培された穀物の粒が続々と出土するようになった。冥界にある先生はいまごろきっと、にこにこしながら言っているだろう。

「森本さんの弥生時代農業文化論が、大和唐古池の発掘で実証されたのは先生の死後だったんだよ。私の縄文農耕も同じだったね。だから僕は前に、森本先生夫妻の言葉に託して言っただろう。――二粒の籾、地にこぼれ落ちたならば、ついに二粒の籾に終らないだろう。君、学問というものは、いや人生というものはね、そういうものなんだよ――とね」（――間は『二粒の籾』の最後の行より引用）

6 教育者藤森栄一とアマチュアリズムの系譜

森嶋　稔

実学をささえるもの

「わたしは中学校しか出ていないから、教育にはまったく素人である」（藤森栄一『信州教育の墓標』）

「自由学園は今も、毎日素人の教育である。学校ばかりでなく、人間の仕事は、何でも素人でなくてはできない気がする。玄人になったらおしまいである。」（羽仁もと子『素人の教育』）

藤森栄一先生の絶筆は「久遠の行人――木喰五行――」であった。ついに未完で終わった最初の項が、「下手くその仏像」であることの中に、実は先生が、どうしても書きたかったであろう意識が結晶しているように思えてならない。木喰五行《もくじきごぎょう》は仏師ではない。火食、あらゆる肉食を絶って、菜食の行をまっとうする乞食遊行僧である。江戸期の専門の造仏師たちが、今日、感動を呼ぶような仏像を、ほとんど残すことがなかったのに、円空や木喰五行などが残した仏像群が、彫刻史にとって不毛の江戸期をうめるものとして評価され、なぜ、感動を呼ぶのであろうか。藤森先生は、そうした木喰五行の生きざまの中に、きっと先生自身の生きざまの重なりを見たにちがいない、と私は思うのである。それが、未完の絶筆であったことも、先生の生涯の終わりにふさわしい、豊饒の果てであったように思う。

「私は自分の生涯に満足しています」（NHK教育テレビ「教師のために」の中の藤森先生のことば。亡くなられる直前に録画し、没後、放映された）

藤森先生のそうした充実感をよぶ思念の底には、生涯における最も大きな影響を与えてくれた二人の師、三沢勝衛と森本六爾の学鬼の終わりとも言える、壮絶で崇高な死の形があったのかもしれない。それはまさに、アマチュアリズムの原像であり、そのアマチュアリズムの原像を受けつぐ、自己の存在の最後の形を志向していたように思うのである。

「私はアマチュアの考古学者である」とその位置を明確に恃していたのも、その中に、波乱の生涯をかけて来た自信と誇りがあったからにほかならない。私もどんじりにいる藤森学列の中の一人として、先生に多年お世話になり、育てられて来た、小学校の教員を本業とする一アマチュアの考古学徒にすぎない。しかし、今は亡き先生の、学徒としての大きな業績を省みるとき、先生によって育てられた実に多くの学徒の群れを見るのである。藤森先生のやられたものはまた、羽仁もと子の言う本格で、本当の仕事をした「素人の教育」であったように思うのである。

藤森先生こそ、本格の教育者である、と私は思っている。それはまさに一度として安定感のあったことのないアマチュアリズムの系譜の中にあって、なおますますその存在感を確かめ、深めていたと思えるのである。そう思うのは、私一人だけではないのではなかろうか。

教育者藤森栄一先生の、そのアマチュアの系譜をたどってみたい。

藤森先生が、信州教育の巨峰、三沢勝衛の生涯を書いたその動機は、単に諏訪中学校にあって影響を受けた恩師であったからではない。むしろ今日の信州教育界が、アマチュアの精神を失ったがために、かっての栄光の火を消してしまった現実、その復活の願いからであることは言うまでもない。三沢勝衛の存在感を明らかにすることによって、その烈々たる炎の再来を求めたからにほかならない。

三沢勝衛のエスプリを構成しているものの、その動機を与えたものは、おそらく水内尋常高等小学校の恩師中島錦太郎と、すでに長野高等女学校長（現長野西高等学校）を退職していた渡辺敏、そして奇人保科百助五無斎の三人をあげることができる。恩師中島錦太郎については、その少年期の重要な時期に出会い、多大の潜在的な影響を得たにちがいない。渡辺敏については藤森先生の得意とする推論が行われているが、おそらく先生の推論は極めて的確に当を得たものであるとみてよい。三沢勝衛は渡辺敏の百験鑵に心をうばわれ、我を忘れていたにちがいない。一八九九（明治三十二）年十月十日、十五歳、修学旅行先の長野市城山公園でのことであった。もとよりこれは推論の域を出ないが、渡辺敏の周辺、その目撃者の思い出など、さらに三沢勝衛少年の修学旅行先の失跡、及び発見の顚末の水内小学校記録を総合すると、これは見事に言いあてていると見るべきである。

藤森栄一の学問に大きな影響を与えた
諏訪中学校の教師・三沢勝衛

　渡辺敏が、単なる校内における教育活動を超えて、弥生・箱清水式土器の発掘者であり、保科五無斎の最もよき理解者であり、保護者であったことがその背景にはある。三沢勝衛少年がこの渡辺敏の百験鑵の実験から受けた新鮮な驚き、深い疑問からよびさまされた学問をいとおしむ感動は、おそらくその生涯をつらぬいて、三沢勝衛のあらゆる活動の基底となったにちがいない。

「授業は何よりもワンダフルでなくてはならない」と、後年、三沢勝衛が、松代小学校で行われた理科学習の指導者として招かれた際の、忘れ得ぬ言葉だと私にお話しくださったのは、白樺教育渦中の人、当時松代小学校首席訓導の小林多津衛先生であった。教育者三沢勝衛の面目躍如たるものがある。それは、渡辺敏とは知らぬ百験鑵との邂逅の、初発の感動のついに生涯消えなかった映像の表出であったかもしれない。それが三沢教育の根底であったのだ。

　三沢実学教育の根底を形成したと思われるもう一人の人格、それは五無斎、保科百助である。

　三沢勝衛は、一八九九（明治三十二）年水内尋常高等小学校六年生を卒業してから三年間百姓をしている。この三年間が、おそらく青年期の大きなバネになっていったものと思われるが、三年後の一九〇二（明治三十五）年、十八歳で、四年生までの母校更府尋常小学校の代用教員となっている。以来、彼は「検定」による階段をのぼりつめていく事になるが、その自学勉励ぶりは激しいものであったようである。翌一九〇三（明治三十六）年小学準教員の免許を、一九〇四（明治三十七）年には専科正教員農業科の免許、一九〇五（明治三十八）年尋常科正教員免許を手にした。同〇五年には故郷を出て、東筑摩郡島内尋常高等小学校の正教員として赴任した。ここでは後にふれるが、三沢勝衛の教員としての骨格の基礎が形成されるが、その最たる影響を与えたのが、藤田道雄であった。

三沢勝衛はここで、一九〇七（明治四十）年、小学校本科正教員の免許を得ている。とうとう「検定」でのぼりつめたのである。同年秋から南佐久郡の臼田尋常高等小学校に転じたが、彼はここで、奇才、保科五無斎と出会うのである。

「明治一代を生きぬいた」この保科五無斎は、十年で教職を捨て、在野にあって実学を実践し、主張した。その卓越した見解は、今日もなお新鮮であるのは注目すべきことである。佐久教育会は一九六四（昭和三十九）年『五無斎保科百助全集』を出版し、続いて一九六九（昭和四十四）年『五無斎保科百助評伝』を出した。序で、駒村好衛佐久教育会長は、その今日的存在感について次のようにふれている。

「昨今、教育社会に漸く高まってきた思潮に個性能力開発の教育がある」「このような問題に直面してすぐ思い出されるのは、郷土の先覚保科五無斎である」「現代の教育が当面しているいくつかの問題は、既に半世紀前に五無斎によって手がけられていた問題ばかりである。彼の教育精神と実践にみられる先駆者としての業績は、全県下にわたる地質鉱物研究による科学教育、大豆島における同和教育、武石・大豆島・蓼科での機織をはじめとする一連の産業教育、県立長野図書館の前身信濃図書館の創設、育英事業における保科塾の開設、さらに信州大学創立の夢、教育方法における有名なニギリキン式教授法とよばれる自発的発見的学習の提唱、人間味あふれる多くの短歌・狂歌の作品、今でこそ教育界において時代の脚光をあびてにぎやかになっている問題ばかりであるが、当時としては革新的なものであり、社会的にも、抵抗や苦難のなかにおいての闘いであったにちがいない」

五無斎は半世紀以上前を歩いていたのである。今日の教育界が、児童の主体的学習としてとり組んでいるものは、五無斎の自発的発見的学習であり、当時ニギリキン式科学教授法と呼んだものであった。それは児童の主体的活動を助長するものであって、教師の一方的教授をしりぞけたものであった。教師はもっと勉強し、キンタマを握って悠然としていればいい。児童には科学的資料（標本）を与えて、見させ、ふれさせ、感じさせ、考えさせれば、教師の考えている次元よりもっと高く、深く理解し成長していくのだ、という実学の方法論であったのである。

三沢勝衛の第二の感動は、保科百助五無斎によってひきおこされたものである。これは島内小学校以来の敬友藤田道雄の道に通じるものであった。第二の開眼は実学への道であったのである。三沢勝衛は臼田小学校においてその実学の実践者となっていくが、彼をしたう子供たちとはうらはらに、相変わらずその強烈な個性は校長や首席訓導との衝突の繰り返しであったようである。一九一一（明治四十四）年一月、須坂尋常高等小学校へ引きぬかれたが、彼の意にそまない転任は、その三月、ときめく三村喜八郎校長によばれて、敬友藤田道雄のいる松本尋常高等小学校へと転じている。

藤田道雄はすでにふれたように、三沢勝衛の教員としての骨格をなす影響を与えた人物として重要である。藤田道雄は長野師範出でありながら十五年間も、当時としてはまったく異例としか言いようもない、首席訓導にも校長にもなれない教育界のアウトローであった。しかし、クリスチャン藤田道雄の数学教育は「記憶より、考える能力を引き出す」ものであったし、「終局的にはその土地に住む人達の地の塩となることである」とする理論ではなく、実学を目的とするものであった。それはまさにそれからの三沢教育の理念であり方法であったのである。

藤森先生も、三沢勝衛に教育理論とその方法に、最も大きな影響を与えた人物として、この信濃初等教育界のアウトローであった藤田道雄をあげているのは注目すべきである。同じ教師集団の中で、先にあげた藤田道雄は理論と方法で、同郷の（更府村の隣村大岡村の出身）池内精一郎は、生涯はげまし合ったよき理解者の人格として、また千野光茂は、充分に意識された、分野はちがうが信濃博物学会の学問的ライバルとして、三沢勝衛に影響を与えた人物であるように思われる。池内も千野も、ともに苦難の道を通ってはい上がってきた三沢勝衛と同様な、学問の感動に目覚めた人の群れの一員であったのである。みんなアマチュアの系譜に属する人脈群像であったのである。その群像は火の玉のように燃えていたのである。

実学への道

一九一五（大正四）年三月、三沢勝衛は更級郡中津尋

常高等小学校へ転じている。ここの三年間で、三沢勝衛は信濃教育会翼下の初等教育界から、中等教育界へと転換することになり、さらに彼の実学的方向は明確になって展開した、重要な意味をもつ時期のように思われる。藤森先生は藤田道雄と三沢勝衛、そしてその教育方法をめぐる苦悩に、主たる要因をおいているが、私はそうした要因もまた重要な要素であったとは思うが、もう一つ、大正前半期を席捲した白樺教育運動とのかかわりをその中に見られるように思う。

一九一一（明治四十四）年六月七日、実学の巨星であり、当時の教育界においては理解のできない、厄介な先覚、保科百助五無斎は地にかえった。明治が終わろうとしている前後は、また新しい教育思潮の擡頭期でもあった。一九一〇（明治四十三）年、武者小路実篤、長与善郎などによって雑誌『白樺』が出されたが、この芸術的理想主義を基底とする活動は、教育活動をものみ込んでいったのである。

その背景には、当時教育界の主流であったヘルバルトの五段階法による教育技術中心、成績中心主義の教育方法に対する、青年教師群の強い拒否反応が内在していたのである。個性尊重の極めて芸術中心的な自由主義的教育が、そこでは志向された。赤羽王郎（一朗）や笠井（松木）三郎、吉村万治郎が、一九一一（明治四十四）年、更級郡中津小学校へ集まって新教育をはじめたのである。しかし、『昭和小学校百年誌』の思い出を語る座談会記録によると、「赤羽王郎先生は……一年半しかいなかった。……追い出したんだ。急進的で自由主義者だとかで、村長やなんかが先に立って、出さなきゃ校長、お前もクビだ、危険分子だ、と言われていた。……生徒は先生によくなついていた」とされている。

白樺派教師群像の受難の歴史が、明治四十四年からすでに開幕していることが知れる。これが一九一九（大正八）年の戸倉小事件、二〇年の倭小事件とエスカレートし、いわゆる白樺教師の主たる勢力は教育界から追放されてしまったのである。

しかしここでみておきたいのは、その端緒ともなったと思われる、大正元年前後の中津小学校でのできごとの直後、三沢勝衛がこの中津小学校へ首席訓導となるべくして招かれていることである。中津小事件とも言えるその渦中にあった林豊次校長も、坂口俊雄首席訓導もまだ在任中であったのだから、ある意味において中津小学校の再建を期した人事であったと言えよう。そこで三沢勝衛が果した役割が重要ではなかろうか。それこそが、あるいは三沢勝衛のその後の方向をも決定したであろうか

長野県教育界の流れ

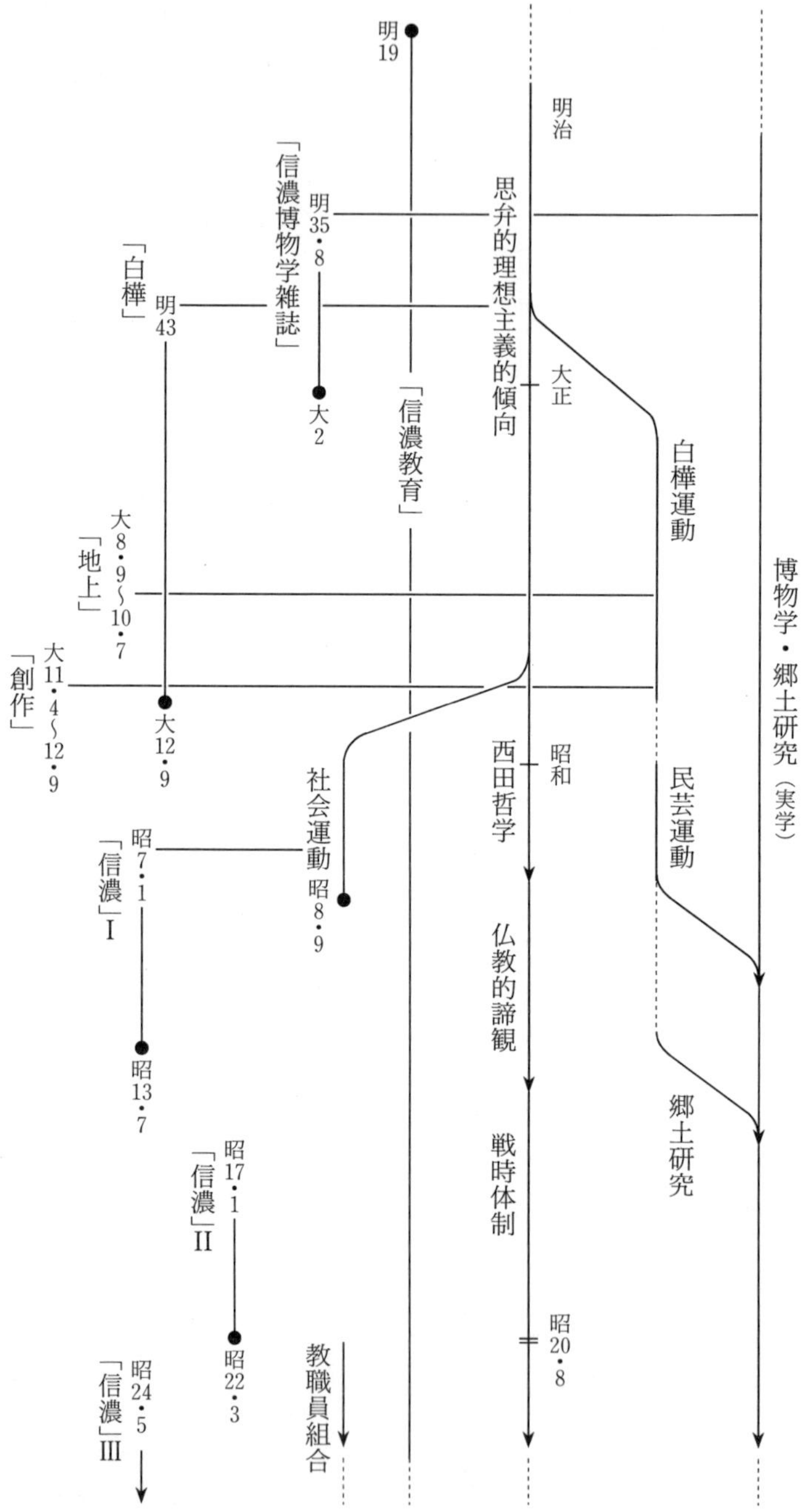
博物学・郷土研究（実学）
白樺運動
民芸運動
郷土研究
明治
大正
昭和
昭20・8
思弁的理想主義的傾向
西田哲学
仏教的諦観
戦時体制
「信濃教育」
明19
社会運動
昭8・9
教職員組合
「信濃博物学雑誌」
明35・8
大2
「白樺」
明43
大12・9
「地上」
大8・9～10・7
「創作」
大11・4～12・9
「信濃」I
昭7・1
昭13・7
「信濃」II
昭17・1
昭22・3
「信濃」III
昭24・5

三沢学灯の流れ

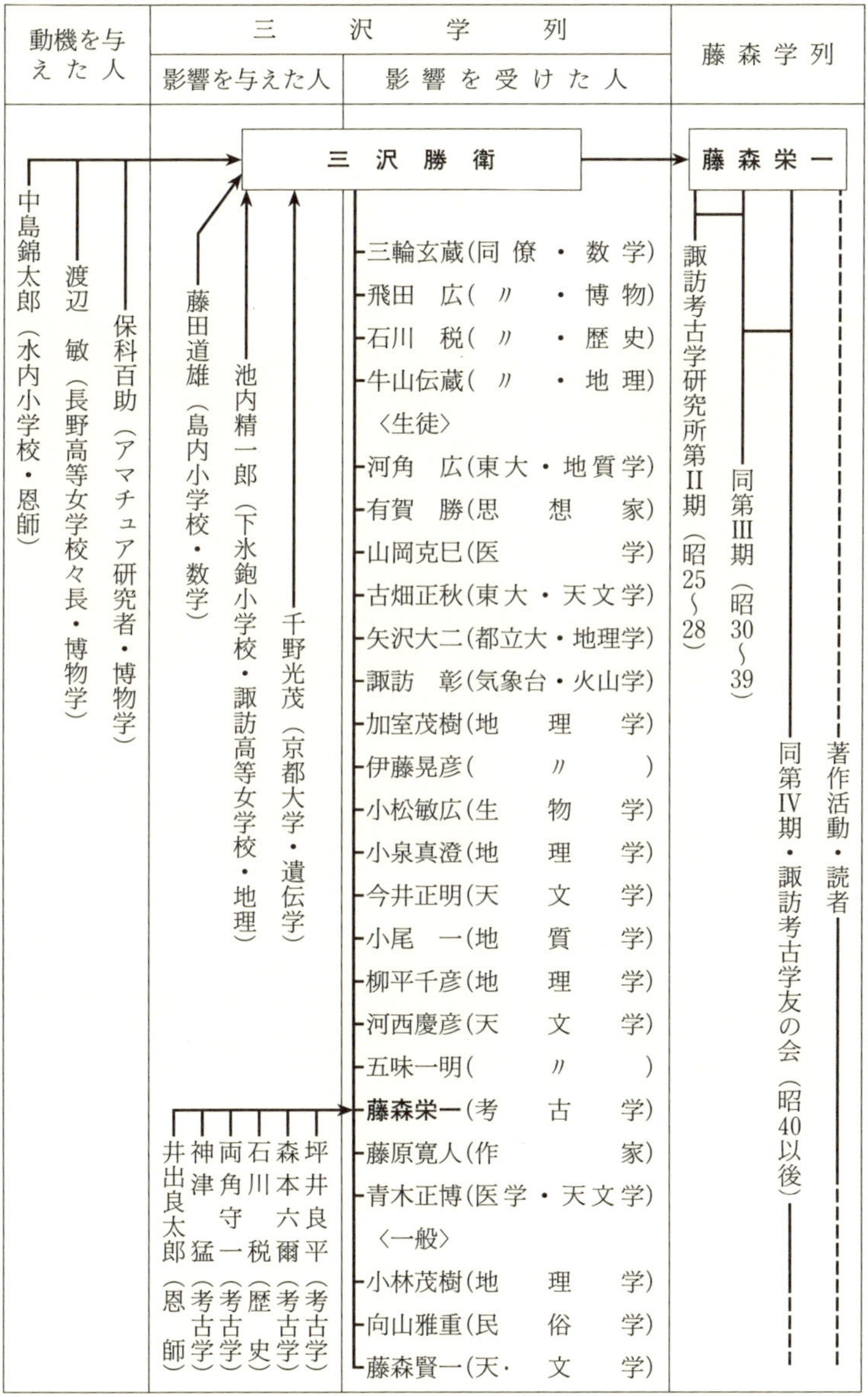
動機を与えた人
三沢学列
影響を与えた人
影響を受けた人
藤森学列
中島錦太郎（水内小学校・恩師）
渡辺　敏（長野高等女学校々長・博物学）
保科百助（アマチュア研究者・博物学）
藤田道雄（島内小学校・数学）
池内精一郎（下氷鉋小学校・諏訪高等女学校・地理）
千野光茂（京都大学・遺伝学）
三沢勝衛
三輪玄蔵（同僚・数学）
飛田　広（〃・博物）
石川　税（〃・歴史）
牛山伝蔵（〃・地理）
〈生徒〉
河角　広（東大・地質学）
有賀　勝（思想家）
山岡克巳（医学）
古畑正秋（東大・天文学）
矢沢大二（都立大・地理学）
諏訪　彰（気象台・火山学）
加室茂樹（地理学）
伊藤晃彦（〃）
小松敏広（生物学）
小泉真澄（地理学）
今井正明（天文学）
小尾　一（地質学）
柳平千彦（地理学）
河西慶彦（天文学）
五味一明（〃）
藤森栄一（考古学）
藤原寛人（作家）
青木正博（医学・天文学）
〈一般〉
小林茂樹（地理学）
向山雅重（民俗学）
藤森賢一（天・文学）
坪井良平（考古学）
森本六爾（考古学）
石川　税（歴史）
両角守一（考古学）
神津　猛（考古学）
井出良太郎（恩師）
藤森栄一
諏訪考古学研究所第II期（昭25～28）
同第III期（昭30～39）
同第IV期・諏訪考古学友の会（昭40以後）
著作活動・読者

らである。

　明確な記録はない。しかし、中津小学校は、一九一五（大正四）年十一月に行われた大正天皇の即位を記念して、校内に「教育的価値の多大なる博物館のようなもの」を設立しようとして、八月十二日の学務委員会より活動を開始し始めている。四十二名の設備委員を定め、全村をあげてこれに集中している。三沢勝衛はそうした動きの真只中に赴任してきたのである。一九一五年九月からということは、あるいはその設立及び活用に特別な使命を帯びての、中間移動であったと考えた方がよい。藤森先生はこの点、松本女子高等職業学校生徒の石田りと（後の三沢勝衛夫人）との恋愛事件をめぐるものとしてとらえ、敬友藤田道雄とともに追っぱらわれたように理解されているが、要因はもう一つあったものと理解しておきたい。

　「記念館」設備委員会記録の九月十四日の項に、「午後学校ニ於テ開会、委員の外村長、助役（委員）、収入役、書記等の役場員、学校長、新任三沢訓導の出席アリ」の記録が見える。記念館は十月六日、大車輪の準備の末に開校記念式、開校記念運動会に合わせて開館している。今日の郷土資料室や社会科資料室のはしりであるが、この中津小学校の記念館は二部屋続きの大部屋があてられ、規模、内容とも県下にその存在が広く轟くものであったのである。

　当時の教え子の述懐によると三沢先生は「熱心だったが、おっかない先生だった。……学校の先生は皆おっかなかったが、中でも三沢先生はおっかなかった。げんこつやボヤ（棒）で、どづか（たたか）れるのはあたりまえだもの」「地理の研究家だ。……地理の教授は熱心だった。山も三角点のある陣場平や聖山へ歩いて行ったものだ。自分で地球儀を作って教えた。……直径一メートル位大きいものだった」

　さらに、しかし、三沢勝衛はこの年十一月、師範学校、中学校、高等女学校地理科の検定試験に合格し、免許を取得した。それはやがて、一九一八（大正七）年三月松本商業学校教諭への転換となって表現されたが、敬友藤田道雄も初等教育からすでに転身し、三沢勝衛をここで待っていたのである。藤森先生はこの転換を評価して、「信濃教育会治下の初等教育だけにしか、俺の場はないということはないだろう、彼はこう決心して、藤田のいる松本商業へ転出することになった」

　いま一つの理由「三沢がなんとなく、信教アカデミーの中心だった県初等教育に反撥を感じ、転路を考え、実学による中等教育を望みはじめた契機……五無斎保科百助」としておられる。その反撥は何であったであろうか。三沢勝衛は大正五年中津小学校の名実ともに首席訓導に昇任しているが、おそらく私はここにも、実学をめざす教育者三沢勝衛の、中等教育への転換の要因がかくされているように思うのである。

たとえその評価はどうあれ、体制再建に役割を果たし、むしろ体制の中に、次第に身を沈めていく自分に、自問をくりかえしていたのではないかと思う。そのなかには、初等教育界の行政畑を遊泳し、一見栄光に包まれたかに見える自分だが、教育者としては力を出しきらぬ暗い姿の幻影をみたのかもしれない。その幻影をふりきるようにして松本商業に赴いたのではないかと思えるのである。一九一九（大正八）年、親友池内精一郎は大岡小学校長を「私の仕事ではない」と二年にして辞して、諏訪高女（現二葉高等学校）へ転じているのも象徴的である。

思弁的理想主義的傾向、そして教育技術偏重の中にあった信濃教育界主流の中から、芸術中心主義的な白樺教育が輩出してきて、その主流の荷物になりつつあった。その一群の青年教師群の実態を熟知していた三沢勝衛が、博物的分野の風土学の実学に、もう一つ大きい流れを形成しようとする意欲へと、その幻影をふっきることをおそらくバネとしたのではないだろうか。後年諏訪中学校にあっても、昭和初期の社会主義運動へと左傾していく教師群像に、時として白眼視される中でも、実学の姿勢を崩さなかったことを見ると、そこにはかたくなな、だからむしろ激しく厳しい戒律を自らに課す行者をみる思いがある。

三沢勝衛のよき理解者、池内精一郎の口ぞえで、諏訪中学校（現清陵高等学校）へ移ったのが一九二〇（大正九）年であった。三沢勝衛のエスプリ、実学のアマチュアリズムの原像は、まさに諏訪という風土の中で実像となり、一粒の麦の命は、多くの麦の命を生み出すこととなったのである。

その風土

三沢勝衛が更級郡更府村（現長野市信更町）の出身であるとの事は、おそらく多くの人々は知らなかった。信濃教育会は雑誌『信濃教育』で、一九六六（昭和四十一）年十月「特集三沢勝衛先生」を編んだが、その編集者小野惣平氏も編集後記で「私は三沢勝衛先生は諏訪人だとばかり思っていた」「生えぬきの諏訪人ではないのだと今度知って私は全くびっくりした。そしてそれが信じられなかった。出身は更級郡だと聞かされてもどうも不思議でならなかった」と書いていることによってもわかる。その三沢勝衛は諏訪の風土の水を得て、花開いたのである。

藤森先生はその間の認識をつぎのように表現している。「三沢勝衛が苦闘の生涯を、最後の稔りに導びこうとしていた諏訪という土地は、信濃でも、またとくに個性の強烈な土地で、その意味からは、信州を代表しているといっていい風土であった」

藤森先生は、その著書群の中で数回にわたって「信州の縮図諏訪」という把握をしておられる。その拡大図と縮図について書かれた著書が『長野県人』と『新信濃風土記―諏訪』であるように思う。シリーズ日本人国記のうちの『長野県人』は、結論をまず提示して信州人気質から説き起こしている。先生によれば、信州人はおよそ、つぎの五つの特徴をそなえていることになる。その一は地形上からくるもので、いわば南信は太平洋的で主導型であり、北信は日本海的で従属型であるという。

その二は、『古事記』からすでに登場する建御名方命神による天孫族への国ゆずり以来の、抵抗の精神をあげている。

その三は寒冷な気候条件、複雑な地形、厳しい自然から培われた克己心を、その四は薩摩の大提灯、信州の小提灯についてふれている。「ひとりが提灯をかかげても、よってたかって足を引っぱる。それで長野県には小提灯がいっぱいともるということである」と。

その五に「県人の性格のうちの非常に強い要素に先取りの精神がある」。早い話が新しもの好きであるということである。

先生の透徹した厳しい批判精神の中から導かれたこの認識は、長野県人、その縮図であるとする諏訪人に対する、本当の意味における深い愛情なくして出てこなかったもののようにも思われる。

藤森先生は常にそうした、認識を土台にした、批判精神の上に立って行動しておられたように思う。いい資質は伸ばし、省みて正さねばならないことはちゅうちょなく、正しておられた。先生が必ずしも長くないその生涯の中で、実に多くの自認、そして他認する「俺は藤森栄一の弟子」を育てられたと思う。この姿勢、この批判精神の上にこそ、三沢勝衛に続くアマチュアの教育者藤森栄一の実像があるのだが、それは後章にゆずりたい。

提示された信州人気質の結論へいたる演繹的導き、原始・古代の自然環境の問題からはじめて、古代・中世・近世ではその人物史の展開の中で把握理解しようとしておられる。その若干についてふれておきたい。

古代の焦点は古墳をめぐる問題と、『古事記』の国ゆずりに関する神話とである。千曲川水系と天竜川水系との位相差の把握、その先取り性と抵抗性とそのかげの部分の服従性の視点で古墳の展開を見ているし、建御名方命軍の侵入と定着の、守矢族と大祝族の二重支配構造論、そして鉄鐸祭祀権抵抗論も、生き生きと展開されている。

古代末、信濃武士団は短時日ではあったが、上洛、中央制覇をとげた。木曽義仲を中心とする軍団である。先取りの精神が脈々とし、抵抗の精神がそこにあった。あえなくそれはつぶされるが、しかし、その武士団の抵抗の精神は、最後の根までも失うほどのものとなって表現されたことが指摘されている。

中世信濃史は、分断された地形、小さい経済基盤の上に立った、群小武士団の成長しない足ひっぱり性についてふれていく。鎌倉一辺倒も、南北朝の争乱で見る信濃群小武士団の忠誠心も、いわば弱小ゆえの保身の一つであったとも言えるが、もう一つは、先取り精神のかげの部分、権威に弱い辺境性にもあった。それに足ひっぱり性の加わったのが、上田原戦から川中島戦に至る信濃群小武士団の潰滅の賦であったのである。第一次上田原戦でもあるいは砥石城戦においても見えた信濃武士団の合力の姿も、武田軍の謀略戦で崩壊していくのも、その合力の本格でなかったことを表現してあますところがない。

近世の幕開けとなる関ヶ原、大坂城戦に示した真田軍二分策を、藤森先生は「信州人らしくない氏族延命のための打算」といわれておられる。しかし、その保身の術は、長い中世戦乱の中から身につけてきた、先取りの精神であるように思われる。それはすでに見たように、権威への盲従でもあり、また形を変えた抵抗の姿勢でもあったと言えるように思われるのである。

動きのとれぬしめつけの時代が江戸期であった。この時代の信州人は、封建体制の確立とともに、身分制の柵の中にがっちりと組み込まれてしまう。しかし、抵抗の精神は、百姓一揆発生件数六十件で全国三位と健在であったが、その抵抗性を表とすると、あるいはその内面へ向ったものが克己心ではないだろうか。ここでは先取り性と克己心は手を結び、新田の開発、治水干拓用水路の整備へと向い、新しい殖産興業へと辛酸を舐め尽して努力を積み上げて行く。

幕末にはこの抵抗性や、克己心、そして先取り性や足のひっぱり性は一緒くたになって噴き出してくる。佐久間象山や、赤松小三郎で代表される体制内部からの変革派も、また多田嘉助や小平甚右衛門など体制外部からの変革派も登場するが、この激動の時代の一つの象徴的な存在であって、信州人特有のるつぼのような人間群像であることに注意される。

藤森先生は、諏訪の金銀べっ甲小間物屋の松沢義章や柏原の小林一茶で、この期の常民サイドの先覚者や抵抗《レジスタント》者をあげて、この『長野県人』をしめくくっている。フレーミングのペニシリンに先立つこと百年、松沢義章の青黴《かび》による化膿止め外薬（陣中万能膏）の一つを代表させても、深く向学の心、探求の心、「悪くいっても先取り精神の最大最高の華」であったことは注目されるところである。

一茶の皮肉と抵抗の俳諧文字はあかぬけのしない泥臭さと、それでいて執拗にまで頑丈なエネルギーによって創られている。そこには円空や木喰五行などの彫刻にも通ずるアマチュアリズムの力強い息吹きをも感ずるのである。藤森先生の視点は、実にそこへすわっていたように思う。

『新信濃風土記—諏訪』は『長野県人』より一年前の一九七〇（昭和四十五）年十二月に刊行されている。しかし、この内容は「はじめに」にも明らかのように、昭和四十一年代の脳内出血による病気回復期、南信日日新聞に連載したものを集録されたものである。諏訪の風土記にふさわしく、「路」「山」「湯」「湖」「人」「社」にまとめられている。どの一つを取ってもほぼ二千字前後の珠玉のようなエッセイである。

限りなく諏訪を愛した人、藤森先生。その建御名方命以来、いやそれ以前のあるいは縄文時代からさがってきたのではないかとされる守矢族の祭式以来極めて独自性豊かな社会的性格、外力への抵抗の精神の権化であった諏訪の精神的風土、換言すれば勝気で自分の主張をどこまでも通すという激しい性格は、湖面標高七五九メートルという厳しい自然条件の上にあることがしからしめたものであることは言うまでもない。しかしその自然が清冽で透明であればあるほど、その社会的性格は清潔で、正義感に充ちたものであり、克己の心を持ち続けた求道の精神の具現をそこに見るのである。向学の心はそこに満ち、探求者への信頼と畏敬の心はそこ諏訪にあふれたのである。

小沢半堂や両角守一、その壮烈とも言える、総身きずだらけの好事家やアマチュアの研究者を生んだ諏訪、それを許した諏訪、諏訪にはとことんまでころがって行ってしまった人びとが多い。というよりは諏訪には、とことんまでころがっていくのをよしとする精神的風土が培われていたのである。

三沢勝衛はそうした風土をもった諏訪へ一九二〇（大

正九）年、諏訪中学校の地理科教師として赴任したのである。

三沢教育の座標

「人と妥協せず自説を主張し、自説に合わぬと峻烈に人をやっつけるので、多くの生徒は敬服しながら敬遠して……」（今井正明）

「先生はお若い時分には気骨稜々、妥協を排して直情径行、ために周囲と衝突されることもあったらしいが……『私は若いころには自分の意志をとおして人とけんかしたことがよくあるが、今ではそんなことはばかげたことだと思っている。人に逆らったり、人と争ったりすることはやりたくない』……人に向けられた若き日の覇気が、今ではひたすら内に向けられて、飽くなき研究心となって……」（西之原友方）

三沢勝衛の人間を語る教え子や同僚の言葉の中に、三沢が、烈々たる信州人であるばかりでなく、あるいは更埴地方の出身者というよりは、明らかに諏訪人にその資質は最も近かったといえるものを持っていたように思われる。水を得た魚のごとく、三沢勝衛は諏訪中学校で、機関銃のように仕事をしていった。その年、師範、中学、高女の鉱物の免許状を取得している。「合格者、全国にたった六名、長野県が四名、三沢のほかの三名は上諏訪町在住の、つまり同志であった」千野光茂、橋本福松、池内精一郎である。「かぎりなく優れた学究的雰囲気の中にあった」のである。

授業は一切教科書を使わなかった。ノートを取るのを禁じ、自分で考えろ、とどなった。地図、図表、実物、実物幻燈機と準備の上に授業はしっかりとすえられてあり、「授業にむだがなく緊張の連続で、あくびの出るような余裕の全然ない洗練された、いわば芸術品ともいうべき授業であった」「思いもよらぬ資料が次から次へと提示されて、」「このような授業は、ただ生れるものでなく、先生はもとになるものをつちかうために寸暇を惜しんで読書し、調査研究し、執筆されていた」（今井正明）のである。

藤森先生は回想して「生徒たちは週三回の地理の授業のくるのが、何よりの楽しみになった」と言っている。後年、小林多津衛先生の三沢勝衛講師の回想「授業は何よりもワンダフルでなくてはならない」はすでにふれた。その小林先生が、「私の出会った大人物二人」に、柳宗悦と三沢勝衛をあげておられるのが注意される。「三沢先生の人格は単に地理学の研究者という範囲を大きく超えていました。人格の規模の大きさを感じさせました」。こういうものを読みなさい、とそれは「地理学をはるかに超えたものでした」といわれている。

『信濃教育』三沢特集につぎのような座談会記録がある。「実は五年の時に〝修身事件〟というのがあった。そのころH・K先生という老漢学者が修身の授業をすることになった。……五年生は反対した。そんな支那の死んだ学問を勉強したこちこちの漢学者が修身をやるとは何ごとだ……。結局は三沢先生に修身をやってもらえという意見さえ出て来た。……三沢先生の人柄に少しでも多く触れたいというのが生徒の意見だった」（中村文武）

「結局は三沢先生の授業が単なる地理学の内容だけでなく、やはり社会観・人生観・世界観につながるものをもっていた」（牛山惣一）

一道に達した三沢勝衛という人格は、専門的な内容も平易に表現できたし、またその内で人生を深く考え、そのふしぶしに、泌じみ出ていたのである。だれよりもそれを生徒が知っていたのである。そうした内に「教育とは教えるものではなく、学ばせるものであり、その学び方を指導することである」という三沢教育の理念がたしかに光芒をはなって生きているように思える。

三沢風土地理学は「風土すなわち地理学的地球の表面――大地と大気の接触面――を研究する学問である」。そうした基本的認識の上に立ってきわめて独創的であった。こうして自分の足でかせいだ百二十四篇の天文学から地理学に至る論文を書いて一九三七（昭和十二）年八月永眠するまで、実に多くの人材を世に送った。**素晴しき光輝**や、**汝、地の塩たれ**には、この間の三沢教育、三沢風土地理学が、躍如として書かれている。

永年にわたる太陽の黒点観測で眼をつぶし、胃がんで病床に臥しても、なお最後の命の一滴になるまで、研究を捨てなかった三沢勝衛の壮絶な生きざまは、**不遜な弟子**や**三沢勝衛の臨終**にくわしい。しかし私は何か、この終わりの姿が、なぜか三沢勝衛、森本六爾、藤森栄一と共通するもののあるのを覚えるのである。求めて、求めて、なお求めて果てる、それはまさに「久遠の行人」の姿にほかならない。

三沢も、森本も、藤森も、在野のアマチュアの学徒としての、長い暗いトンネルをぬけてやってきた。時にはぞを噛み、時に長い空しい彷徨の果てで砂を噛む思いに、涸れた眼で泣いたこともあったであろうが、おそらくは、共に、彼岸にのぞんで、自分の生涯の生きざまを省みて深い愉悦にひたることができたのではないだろうか。藤森先生が「学問の原動力はね、森嶋君、ジェラシイだよ」と言われたことをいつまでも忘れることができない。決してきれいでないこの言葉の重みを私はようやくこの頃になってわかりかけてきたところである。三沢勝衛も森本六爾も、そのいきどおりをバネにしたにちがいない。

三沢勝衛の育んだすばらしい研究者群像（一一七ページ表参照）に今さらながら眼をみはらされる思いであるが、藤森先生は、三沢勝衛こそ、あの虹色の光芒をはなつ信州教育の、最後の担い手であったとしている。信州教育はもはや墓標のみで、実在しないといわれているのである。三沢勝衛は信州教育の最後の座標点であったであろうか。

教育者藤森栄一の座標

三沢勝衛は教育の場にあって、激動の時代を生きた。一九三七（昭和十二）年、いよいよ国家体制への斜面をすべり落ちて行くときにその生涯を終わってしまった。教育界は西田哲学を通して、更に仏教的諦観の中に身をまかせ、やがて戦時体制へところがって行った。

三沢勝衛はそのユニークな教育の場での授業やフィールドを歩くことで多くの人材を育てたが、藤森先生は三沢人脈の中の先生自身「不遜な弟子」と言っておられるように異端な存在であった。神津猛や両角守一、あるいは諏訪中学校の石川税などの影響を受けて、考古学へと傾斜し、三沢勝衛のごきげんをそこねるが、しかし根底にある学問の方法は生涯にわたって変わらない〝三沢流〟であった。

藤森先生はもう一人の大切な考古学の師、森本六爾も早い時期に失ってしまう。しかしこの森本考古学の中心であった弥生農耕文化論は、むしろ藤森考古学の中に的確に継承されて、縄文農耕論となっていると私は思っている。こうして藤森栄一の学問は三沢勝衛と森本六爾の学問の方法を充分に咀嚼した上に成り立っているのだと言える。それはまさに烈々たるアマチュアの赤い血の継承であったとも言えるように思う。

戦後、復員後病気の間をぬって、諏訪考古学研究所が開設されてから、永眠された一九七三（昭和四十八）年末までの間のおよそ二十五年間は先生の最も充実した時期であった。一度でも諏訪考古学研究所を訪れたものは、みんな所員だという先生の大きな包容力は、実に多くの人材を育てたと言えよう。

あしかび書房に集った第Ⅰ期生はついにコレクターの域を出ずに霧散し、失敗だったと言われたが、第Ⅱ期生は、樋沢、茶臼山、新道遺跡等の調査を経て成長した。

第Ⅲ期は井戸尻遺跡の調査や、長野県考古学会々長としての活躍をはじめた時期を中心に展開し、第Ⅳ期は『銅鐸』出版以後、活発な著作活動期間を通じて育てられたとみることができる。

先生の人格にふれ、先生にはげまされ、先生に示唆を与えられ、時には先生に原稿を見ていただき、時には先生の著書に感動し、先生によりそうようにして成長した多くの研究者群をみることができるのである。今日、「俺は藤森栄一の弟子」をもって任じる研究者はかなりの数にのぼる。一度も相まみえたことのない人でも、藤森考古学の数多くの著書に啓示を受けて、この道に入って来たという人は全国いたるところにいる。まさに今日までの間に考古学の著作が、このように人々の胸をわななかせ、研究者への道を選ばせたことが果してあったであろうか。

本格の教育とは、そのようなものではないだろうか。とりわけ第Ⅳ期以後においては、眼には見えないが数多くの心をひらかせた少年たちを見るのである。教育にはもはや場所はいらなかったのである。「三沢勝衛の存在感を明らかにすることによって、その烈々たる炎の再来を求めた」と私は本稿の序章で書いたが、私はその烈々たる炎は、藤森先生そのものであるとの考えに至っているのである。

「(藤森)先生こそ最後の信州教育の墓標だと思うんだ」(青木正博)との認識もある。「自分の今日あるのは信州教育のお蔭だという、教育に対する感謝、その代表として三沢先生を選んだ」(新田次郎)という把握もある。

藤森先生の言葉を二つ。

「教育はかならずしも学問ではない。学問には大学という専門の場があって、教育はその成果を吸収し、教えるという技術、教育技術という教師を通して、子弟に浸透させていくのが教育である。これは現在の信州教育の理念であるらしい」

「彼は教育者であることより、はるかに、学者であることを誇りとしていた」

あるとき、八十もすでに半ばをすぎた小林多津衛先生のお話をお聞きしているなかに、民芸運動の柳宗悦、河合寛次郎、浜田庄司のお話に展がっていった。いいものを見て、いいものを使って、いいものを創り出さなければいけないというその運動の主題の中で、その運動をささえられた多くの人々が素晴しい製作者であったが、実はその運動の主導者であった柳(宗悦)さんだけは製作活動をしていないことに、一抹の心懸りがあったので浜田庄司さんにあるとき、思い切ってそのことを言ってみ

考古学友の会で講義する藤森栄一（1972年ごろ）

たことがあったとのことであった。ゆられている乗合自動車の中で、浜田さんは

「柳は、人を創《つく》った」

と、大声でどなるように言われた、と述懐された。あのときほど身のひきしまる思いをしたことはなかった、と話されたことを忘れることができない。教育者としての本格の実像がそこに厳然と存在しているのである。

この稿の途中、所用で藤森先生の奥さんにお電話をしたそのとき、二言、三言ご示唆をいただいたなかで、先生に対する自由学園長羽仁説子女史のお話に心をうたれた。たしか『心の灯』の受賞の際であったといわれた。

「藤森栄一さんの『心の灯』を読んで、久しく会えなかった本当の長野県人に会ったような気がしました。それだけでなく、母もと子の提唱する自由学園の心である〝素人の教育〟を、藤森栄一さんがなしとげているように思えます。母がこの本を読まれたら、本当によろこんだのではないかと思います」との内容であった。

私は、はからずもこの稿を藤森栄一先生と羽仁もと子女史の言葉を対置してはじめたことに、不思議なめぐりあいのようなものを感ぜずにはおれない。

アマチュアリズムの原像、藤森栄一先生こそ本格の教育者であった、と私は思い続けている。

7 わかりやすい考古学の話

松沢亜生

子どもに科学する芽を植えつける

この全集におさめられる『石器と土器の話』や『縄文式土器』は、藤森栄一先生の作品としてよく知られているものです。言葉にはならないけれど、強い魅力にあふれています。

わかりやすい本であるだけに、へたな解説など不要だと思います。ところで今、何かを書かなくてはならない立場に立たされ、大いにとまどっています。白状しますが、私には藤森先生のことがよくわかってはいないのです。先生の書かれるものなら手当り次第なんでも読むというほどに、熱中傾倒したことはなかったのです。そんな私がなんで解説などを引き受けてしまったのか、深く悔いています。「まあそういわないで、松ちゃんだって弟子の一人なんだから」と周囲は許してくれないのです。

思えば、私にも肌にふれる温かさをほしいと思ったことはありました。私がお宅に出入した頃の先生は、病気がちでしたし、本屋さんの仕事に多忙で、学問などどうでもよいという態度をとっておられた（もとより裏のあってのことでしょうが、私にはそこまで読みとることはできない）ころでした。何やら近くにいながら、ずいぶん遠い存在の人でした。たぶん私の何ごとも優柔不断、積極性に欠ける性格を見抜いてのことでありましょう。当時としては食っていけるかどうかもわからない学問などすべきではない。家業を継いで職人になれと、会うたびにやめろやめろのお説教ばかりでした。それがわかっているだけに、お会いするのは実に憂鬱でした。

それはともかく、私も幼い眼を藤森先生によって開いてもらうことのできた考古学研究者の一人であることは確かです。そしてまがりなりにも、「灯」を消さずに今日まで保ちつづけて来た幸運な一人なのです。時代の変わった今、その恩を深く感じていますし、それだけに人生に「出会い」というものが大切だと感じています。

気をとりなおし、ともかく読んで思い出してみることにしました。書架の中にあって古色づいた粗末な装丁の小冊子はすぐに目に入ります。どうしたことか続編は見あたりませんが読みなおしてみて、三十年を越える今、あらためてその内容の新鮮さに驚きました。

『石器と土器の話』の初刊本が出版されたのは敗戦直後の一九四八（昭和二十三）年、蓼科書房の「スクール文庫」の一冊でした。そして『続石器と土器の話』は一年後に発行されたのです。刊行の趣旨によると、悲惨な戦争による貧困と混乱の中で、次の世代をになう小中高校生の精神的ないしずえともなる教養を身につけさせようと企画されたものでした。新しい教育の促進に合わせたこうしたねらいには、その要求にぴったりしたテーマであったはずです。子どもたちの科学的なものの観方を養うために、考古学を通して実践した戦後のもっとも早い時期の読物だったのではないでしょうか。

神話を国の歴史として教えてきた非を直接になじるのでもなく、ただいとおしくギラギラ輝く眼をもった少年少女たちのために、共に行動し考えを話し合う真摯な態度に共感をおぼえます。私の新制中学二年生のときでした。親にはしかられながら、何をどう集め、どう調べたらよいのか、まったく白紙であった自分にとって、ただ子ども心に集めてきた土器や石器が、何であるかを教えてもらえるだけで嬉しかった頃でした。着流しで縁にたたれた先生の姿を思い出します。この本はそうした単純に喜んでいるだけの子どもたちに、不安を感じた先生の気持ちから書かれたものであったというのに、ただ難しかった記憶だけが残っています。

今、子をもつ親の身になって、また、石器のことで知りあった二人の中学生（この春、二人とも高校生になりました）ともつきあうなかで導くことの難しさをつくづくと思います。たしかに今は、ありとあらゆる分野の子どもたちの読物が氾濫しています。目先の興味だけや、いろいろな知識を教えこむだけでなく、自分の力で物ごとを考えあげていくような指導の良書が果して何冊あるというのでしょうか。

その二十年後、学生社から、正続あわせて再刊された『石器と土器の話』は少し手が入れられて、大分読みやすく親しみやすい本になっています。うす黄色でザラザラの仙花紙を使った初刊本とくらべ、紙も装丁も格段に立派になりました。こうして再刊された『石器と土器の話』は、初刊時の執筆の目的がしっかりしていただけに、子どもたちのための考古学の入門書として、他に例をみない特色をもつ本として、改めて新聞の書評などで高い評価を受けました。

この本は考古学の学問的な水準を少しおとしたり、表現上だけ子どもたちにやさしく解説したという本ではありません。そこには先生のはっきりとしたものの観方が、子どもと問答をくり返すという形で、しっかりと打ち出されていますし、なによりも魅力なのは、考古学の世界にも、学問を大きく躍進させるようになった発見物語に、多くのくもりのない眼をもった青少年が主役となって登場します。こうした逸話の数々に、子ども心のときめきを感じさせずにはおきません。

遺跡や遺物から本当の歴史を学ぶ

「石器とはなんでしょう」。お話のはじめの書き出しです。私は石器屋さんだという理由からではなく、この出だしがとくに好きです。「なかなかむつかしい質問ですね」と、著者はすぐに答えてくれません。

「土器とはなんでしょう」と方向を変えて切り返します。「土で作った素焼の容物《いれもの》、それも、みんな破片ばかり」。このはこびは子供を夢中にさせ、「集めるだけではなんの意味ももたないことの一番大切なところ」が、この本の目的であることを期待させます。

日本の歴史の特殊性、文字のなかったこと、口伝えの歴史、人の記憶というもののあてにならないことなどやさしく、わかりやすく歴史観がつづられています。「私たち祖先の歴史は、そのまま、地下の博物館にはしまいこまれていた」こと、そこでは「すべての人が同じ待遇を受けていて」、そうした資料からほんとうの「英雄のない時代」の歴史を組みたてなくてはいけないことを教え、「自分の郷土に、自分の鍬で掘りおこして、分析し、総合し、編集して」正しい歴史をつくろうではないかと力強く方向性と役割りを教えています。先生が生涯を通じて実践し、いま学界でも関心がもたれている「地域研究」の意義が、実にやさしく、適確にいい表わされていないでしょうか。

高原の表面採集の楽しさは『かもしかみち』の「土器《ぽったりい》を搬ぶ人《きやりやあ》」を原形とした縄文早期とその生活圏を、私たちに身近な霧ヶ峰高原が舞台となって展開し、中高校生頃の思い出と重なります。表面採集は考古学研究の第一歩です。草地に腰をおろして成果を語らうなかで、「そまつな顔をしていても、捨ててはいけない」「そのときはわからなくても、とっておけばきっとわかるときがくる」と貴重な教訓をあたえます。

尖っている土器底を通して、早期縄文文化の遺跡のあり方を一生懸命に話します。そこには当然はりめぐらされている先生の「みち」のテーマがあります。また、みちをはずれた諏訪湖底曽根遺跡の特殊性が語られます。郷土考古学の記念碑、研究史を通じて織りなされる研究者たちの、またこのちっぽけな郷土のことがらに、世界的な視野で生まれる学説をうきぼりにします。

ところで、引用されるデータに訂正を要するところがあります。それは坪井正五郎博士が採集した石鏃の数(寄贈品もふくめて)を、藤森先生は六四三点と書いていますが、正しくは七二六点とすべきです。そして石片とした数も、莫大な石屑に対する加工品の数量、比率などの数字も訂正されなければなりません。この曽根のことだけではなく、どうも先生は細かい数値には弱かったようです。もちろんそのことが先生のいわんとすることにそれほど大きな影響をおよぼすほどのものではありませんが。念のために。

こうした語らいの中で、高原をいろどる夕陽のイメージを過去にダブらせるロマンは、霧ヶ峰をこよなく愛した先生ならではの絶好のシチュエーションではありませんか。

楽しい実地調査、野外での表面採集をおえて、舞台はより専門的な**考古学研究所での勉強**にうつります。**草きれのはいった土器**をとおして学史にみる土器型式のとらえ方と、型式編年のはじまりをとりあげます。土器研究に、発掘、分類、総合、比較研究の大切さを教え、ペトリーの「一つの土器片はヘロドトスの『歴史』全巻よりも雄弁である」ことの意味するものを暗示させます。

中学生が発見した最古の土器、**日本でいちばん古い土器群**では同じ年代の子どもたちによって発見された稲荷台式土器をめぐり、発見者白崎さんのエピソードを、また伊豆を舞台にくりひろげられる押型文《おしがたもん》土器探しの少年たちのハーモニカのひびきと、学界に認められることなど問題にもしない若者たちの純粋さにうたれ、自分もまた新しい発見者になれるかも知れない期待に、興奮をおぼえます。

土器や石器を自分で考えながら調べること

縄文時代博物館の見学では、博物館の見学をとおして、縄文式土器、石器その他の遺物を概観します。

その冒頭に博物館についての先生の貴重な考え方が語られています。話の舞台はたぶん上野の国立博物館といったところでありましょう。標本の「美術品的な陳列法」を批判し、科学博物館のような、一巡して学問全体を見わたせるような「科学的な陳列法」を採用した郷土考古館ができることをあらかじめ希望として述べています。

「縄文時代博物館といえる」郷土博物館という言葉は再版のとき加えられたようですが、混乱した戦争直後の時勢の中にあって、将来への見通しを、これほどまではっきりと語られていたことに、驚きをかくせません。時代を先どりした先生の言動に深い敬意を表します。あれから三十年余、まさにその方向に向かって進み、身近に郷土館が建てられているではありませんか。

尖底の早期土器のいろいろでは、土器の文様の秘密を教わります。わかってしまえばコロンブスの卵。発見者山内清男先生の「縄文」原体発見のきっかけが、意外に身近な、そして偶然なものであったことに驚かされます。余談ですが、「ついに正式には発表されませんでした」と書かれた山内先生の研究は、一九七九（昭和五十四）年暮に学位論文『日本先史土器の縄文』として出版、公開され、偉大な業績の全容を学ぶことができるようになったことを書き加えておきましょう。

早期を特色づける尖底土器の数々、その編年の話をおえて、**平底になった前期の土器**に移ります。縄文式土器の文様の発達と逆に衰退するくりかえしの現象のあることと、人間の世界にもおこる似た現象とを比較して原因を調べることが大切であり、まだまだ今後に残された大切な仕事であることを教えます。単なる土器の研究ではなく、そのおくにかくれている人間を引き出そうとするところに先生の考古学の特色があります。

前期末に、土器の文様は限定された道具から生まれる用器自由画の最高潮に達した姿をみます。それは**もっともすぐれた土器の芸術**、縄文式中期土器への橋渡しであり、先生自身が命名された踊場《おどりば》式土器が登場します。その意義は、関東を中心に行われる型式編年、「それに準じて各地方の編年を、その地方地方の標式遺跡の名をとって組みたてる」ことが土器編年の目的であることを教えています。「ほかの地方で、阿玉台《おたまだい》式だとか勝坂《かつさか》式だとかいっていれば、それは東京の学者に笑われるでしょう」と。

　それにもかかわらず不勉強だった私は、この言葉そのままを地でいってしまったにがい経験があります。東京に出て間もなくのころ山内先生をおたずねしたことがありました。私の連発する阿玉台式土器に耳を傾けていた先生は最後にはいて捨てるように「それは藤森君のいう阿王台式だね。それが勝坂式そのものなんだよ」と一喝されてしまいました。不本意でした。土器型式編年の育ての大御所のきびしい表情をいまも忘れることができません。

　ところで、土器をとらえる次のようなくだりに藤森先生ならではの表現力を感ずるのですが。「粘土の上に一本の箆《へら》でかかれて、ほんとうにちょっとのひずみもなく、自由気ままにかきまくっている点、ちょっと心にくい」ほどに自由画の最高潮を迎えた勝坂式土器の分布が、「なぜ長野県や中部山岳地方のような山深いところで盛んになったのですか」という子どもの質問にこたえて、「まだはっきりしませんが、この問題について私は一つの考えがあります」と、遺跡を見ながらのお楽しみと意味深長に予告しています。

　中期後半の文様の退化から、「ほんとうはなにか人間性というものを強くおさえる力」を感ずる**より優美な後期の土器**へと移ります。精製・粗製の大きく二つの形態をふくみ、並行線文様の回転性が土器づくりのスピード化の上から、弥生式土器にも比べうる重要な事実と語っています。

縄文中期全盛期の土器。『石器と土器の話』の挿図の多くは、みち子夫人が子どもに親しめるタッチで描いた

むつかしくて、しんぼうのしきれなくなった子どもたちの気持ちをひきたて、後期後半の土器型式と**縄文式土器の晩期**をかけあしで通り抜けます。

石器の陳列室での話、**石器のわけかた**で、まず最初に石器の基本的な考え方を子どもたちに諭します。形ですぐわかる石器の方が好きだと気のはやる子どもたちは、「ほんとうにやじりであったか、斧であったか証明できますか」ときびしく問いかけられて、息をのみます。土器研究におくれをとった石器研究の第一歩は「形」ではなく、その「使いみち」であるべきだと、打製石斧《だせいせきふ》をとりあげて指摘しています。

石器の主体が刃物であるからにはまず最初の着目は「刃部」であること。切れるか切れないか。柄のつけ方はどうか。

「欠けた石器がどんなふうに欠けている」かが重要であり、石器のつくり方をも注意して、土器の編年にてらしあわせて年代観をかたちづくっていきます。「こうした分類の上に立って、はじめて道具を使う動物、人間の書かれなかった歴史のうちへはいっていかれる」のです。この一節は一句一句石器研究についてのたいへん重要なことがらを教えています。

私は石器が好きです。この本が出版された次の年には北踊場遺跡での石槍群に、さらに四年後は茶臼山遺跡の石器群に出会いました。大量に集まった石屑を含んだ石器群を、形だけでなく石槍をつくるという製作の問題点からみた石器の見方の手ほどきを受ける、もっともよいチャンスにめぐまれました。当時としてはただ完成した石器を分類すればこと足りていたのですが、この見方が私の石器研究の出発点になっていますし、この課題は今後も尾を引いていくでしょう。

旧石器というもの、この一節は再刊のときに加えられたものです。旧石器研究の戦前の様子と、戦後の大きな転機となったアマチュア考古青年相沢忠洋さんの大発見も、この書の初刊本が書かれた当時のことでした。『旧石器の狩人』（全集第五巻所収）にくわしく語られています。

石器の理解は陳列の順序によらず、**縄文早・前期の石器群**としてまとめられ、検討します。つづいて**中期の石器群はなにを語るか**をとりあげます。戦後の歴史の見なおしの中で、八ヶ岳山麓の尖石遺跡の調査に、全生活をささげてきた宮坂英式先生の業績が再評価されました。そうした話が契機となってブームをまきおこし、一九四六（昭和二十一）年からは尖石遺跡の北隣り与助尾根遺跡の調査がはじまり、多くの小中高校生が発掘に参加します。もちろん私も弟といっしょに参加しました。

そうした成果を基本にして、乳棒状石斧《にゅうぼうじょうせきふ》や多量の打製石斧に土掘りの用途を考えながら、狩猟生活を代表する石鏃の出土の少ないことを、「もう農業が始まっていたのですか」という子どもの素直な質問にかえて、中期縄文時代の生活形態として、焼畑のような農耕の重大な考えを打ち出します。

前章の土器のところでは帰ってから遺跡をみながらのお楽しみにしていた問題点は、実は石器の説明のうちにがまんしきれなくなったかのように、縄文中期農耕説の玉手箱をぶちあけてしまいます。

石皿《いしざら》・石臼《いしうす》はもちろんのこと、凹石《くぼみいし》も発火用具として重要な証拠物となります。粗大化する石匙《いしさじ》、巨大な石棒も「私一人の考え」だとことわりつつ、農耕信仰に結びつけて説明しています。

一変して縄文時代後期を**石器の世のおわり**としてとらえ、何故にがらりと生活形態が変わってしまうのかを、逆に先生の中期縄文時代の焼畑原始陸耕の考え方がくずれるとすれば、この辺に弱点をもっていることを示唆して、みんなの生活している郷土の問題として「徹底的に調べあげて、私の考えの正否を研究してみてください」と結びます。藤森先生の学説として有名になった縄文中期農耕説の、現状での一つの問題点をすでにその頃から具体的になげかけているのはさすがです。

博物館の珍品、第三室の展示から**土偶と身体の飾り**をとりあげます。中期の土偶の表示も先生には「焼畑原始陸耕の生活安定がもたらした人間性のめばえ」と受けとめられています。乳房や陰部を、また妊娠した表現をとることに、「農耕の豊かなみのり」を祈って、地母神信仰を結びつけます。その他の飾りの発生も、「新しい生産形態である焼畑原始陸耕によるあるていどの生活の安定と、住居の永住とが生み出した生活のうるおいと、余裕からだ」とくりかえし強調しています。

後期縄文式遺跡には、装身具の出土することがふつうになり、そこに見られる装身具の種類や装飾方法には「自分をほかのものから特別な存在にみせようとする意識」がつよく働いていて、中期の全盛期のあとをうけた人々の生活の一層爛熟してきた時期の現象と解釈しています。

漁撈生活の最後のはなで、後・晩期に発達する漁撈具の問題をとりあげて、「中期のように建設的な陸耕はどうしたことかおとろえて、発展もせずに、むしろ逆もどりして」しまうことをつげます。野獣骨の出土量も多くなり、石鏃も増えます。東北地方に多い特殊石器をとりあげながら、威儀具とみられる「片輪の石器」ときめつけます。「形の変化していく経過はおもしろい」が、「生活史の上からいうとほんとうは打ちこんで調べてゆくほどの問題ではない」という評価をくだします。

こうした石器や装身具類の勉強をとおして、子どもたちに注意を与えているのは、あくまでもこうした一つの解釈をおぼえようとするのではなく、「君たちが古代の遺物をどう観察したらいいかという考え方の一例をみせた」にすぎないこと、それを「一つ一つ自分で考えながら調べてみる」ことをすすめているのです。

博物館の見学をとおして、縄文時代の遺物のほぼ全ぼうを学びました。つづいて**ぼくらだけの発掘**実習に入ります。**遺跡はどうして見つけるか**、自分たちでみつけた遺跡を実際に発掘してみます。**遺跡は複合していた**のです。その後のことでつけ加えられているように、現在ここで読むほどには簡単に遺跡の発掘ができなくなったのはご承知のとおりです。ともあれ、発掘にはあるグループの人たちが役目をきめて、慎重に、協力して掘り進めていかなくてはなりません。あらわれてくるどんな細かな事実にも油断なく、正しく推理し、実証していく態度が要求されます。

発掘実習の中で、「自分自身の考え方ももたずに、前の人のやったことを無批判にうけついでいく」あやまちを、「自分たちで、掘って考えてみた小さな事実」がいちばん大切であることを教えます。みんなの考えた資料を、郷土研究のために組みあげていく。それぞれの地方での土器編年を確立し、文化や生活の問題を、「郷土学の一環として作りあげ、やがて日本的にまとめられて、世界史の上のほんの一ページか数行かに編成」されていく広いつながりを意識させます。

竪穴住居址群の大集落―尖石の成果をみせてもらいながら、中期縄文時代の集落を考えます。ここにも焼畑原始陸耕にもとづいた生活形態を想定しています。広場をもつ環村《かんそん》ないしは馬蹄形《ばていけい》状集落を考え、「共産制村落」という考え方も出します。考古学はただ土器や石器の研究だけではなく、社会学や経済学などを含めたもっと大きな勉強が要求されます。

趣味を越えてしまったこの学問へのアプローチのしかたに、とるべき二つの道――生き方があることを示します。尖石遺跡のような「郷土の一集落へひとすじにくいさがっていく」か、それとも「大きな組織の中にはいって登呂遺跡のような事業の研究員」になるか、いずれにしても「人の一生として、とてもりっぱな生きがい」であるといいきっています。

自由な発想をうながす縄文農耕の話

さて、『石器と土器の話』を再び読み進めながら、大切な先生の言葉を抜き書きしているうちに、大分マス目をうめてしまいました。そして、そこで重大なテーマにぶちあたりました。博物館見学の土器室で、お楽しみとした問題は、石器室、珍品室で焼畑原始陸耕に生活形態をおいた中期縄文文化の姿でした。その問題に子どもたちをぐんぐんと引っぱっていき、ついに尖石遺跡から集落の問題にまで論を進めました。

ところで、南方から復員されてまもなく先生が出版されたのは『かもしかみち』（全集第一巻所収）でした。一九三四（昭和九）年頃から戦争末期の一九四二（昭和十七）年頃までに書かれたものを集めたものです。少なくともこの中に縄文農耕のテーマを扱ったものはみあたりません。僅かに関係があるとすれば一九三九（昭和十四）年に書かれた「日本農耕文化の伝統」（『かもしかみち』所収）です。内容はあくまでも縄文文化に対する弥生文化の問題を扱っています。

「縄文式文化」に対するその末期の生活破綻より、「弥生式文化」の農耕に立脚した力強い文化の、「おどろくべき日本の革命」と論じたものです。

『石器と土器の話』が出版されたのは一九四八（昭和二十三）年十月で、はしがきが五月の日付けになっていますから、復員してから二年ほどのことです。その間に先生には何かが起こったのでしょうか。あるいは戦争末期をも含めた期間のなかでかもしれません。この時点に縄文農耕のインスピレーションは湧きあがり、一気に子どもたちに語りかけることになったのに違いありません。少なくとも『歴史評論』に書かれた「日本原始陸耕の諸問題」（全集第九巻『縄文農耕』所収）よりも早い時点なのです。

ところで、「春愁の暦」（『かもしかみち』所収）はちょうどその頃の生活の中の、先生の生きざまがつづられています。三月十一日（一九四七年）のはじめに「S出版社から、また、原稿の督促がきた」と書かれています。娘を失った親の悲しみの日々、子どもたちには「ゲンコウ書かないオトウチャマ」「ダメなオトウチャマ」とふしをつけて歌われる、この頃の原稿が『石器と土器の話』ではなかったのでしょうか。

ただ私に関心のあるのは、戦前戦中を通じ弥生農耕問題を、また弥生式土器集成の仕事にたずさわってこられた先生が、何を契機に、何を考え、戦後のその時点で、縄文農耕論につきすすんでいかれたのか、そうした思索の経緯に少なからず興味をもっています。

このように『石器と土器の話』の中で、すでにその後の一連の焼畑原始陸耕の論旨は、すべて打ち出されているとみてよいと思います。とはいえ、この時点でこの説は私見としての域を出ないものであったはずです。それだけに、考古学を語る子どもたちの読みものとして、私見にかたよっていたといえないでしょうか。あえてその一線を越えたことも、全編に流れる子どもたちの物の観方を導くというテーマに沿った、自由に物を考える基礎づくりをすすめることの中に昇華したものだ、と結果的にはいえるのではないでしょうか。

楽しい考古学の勉強の旅

前半の筋を追いながら、次々に出てくる先生の貴重な言葉に耳を傾けてきました。後半（初刊本では『続石器と土器の話』）は私には古いところの土器や石器に関心があったためか、前半のそれ程に強い印象を記憶していませんが、先生の専門とその頃いわれていた弥生式土器・石器、弥生文化がテーマです。縄文農耕のイメージになにか共通性を見いだせるでしょうか。

後半は**貝塚調査の実習**で幕をあけます。調査の準備、**平地にある前期の貝塚**を掘り、竪穴を掘り出して構造を調べ、測量を学びます。また**崖にある後期の貝塚**で、たぬき掘り的な発掘で資料集めをします。現状に合わないことは注意するまでもありません。

日本の発掘調査の原点、大森貝塚を車窓にみて、いよいよ西へ向かう汽車の旅の中で、弥生文化の研究史を学びます。**弥生式土器の発見されるまで、より古い石器をともなうもの、前期弥生式土器から水稲農業問題への着眼**と縄文式土器の型式の理解と弥生式土器の様式的な理解の違いを説明します。そこに森本六爾氏の壺＝貯蔵の形態と甕＝煮沸用の形態の示す弥生式土器の様式構造と「籾あととむすびついて、弥生式文化の水稲農耕生活が導きだされた」ことを。そして『日本原始農業』、『原始農業新論』の二冊をこの世に残したまま、むくわれることなしにこの世を去った「不遇の天才」の仕事を語り聞かせます。

登呂遺跡の見学に先だって、過去の大発掘唐古を語ります。水づかりの遺跡からでないと発見されない数々の木製農耕具。森本氏の死後わずか十カ月の差で、氏の想定したとおり、弥生式水稲農耕の生活が再現されました。

登呂の住居地区で、縄文時代の竪穴と比較した弥生時代の住居を考えます。炉の違いをめぐる問題、穀物の煮たきの火の重要性、屋外での炊事。建物の問題として、柱穴の礎盤《そばん》・棒杭壁や柵をめぐる生活の復原。たった一つすえられた石についても、子どもたちに仮説を出させて検討します。

家の重なりを例に、「考古学という学問は、ほんとうにしんちょうに、疑ううえにも疑っていかねばならない」ことを教えます。

水田地区で、登呂発掘のほんとうの意義は水田地域の発見であるといいます。柵列の時代を考えるために、「考古学上の比較研究はいつでも、まず同時性ということが第一に考えられなければならない」ことを注意し、田の畦畔の柵列での仕事量、その意味を考えさせます。

そして森林地区に、種子としてのもみをおさめる高床式の倉庫の問題、形の復原、共同で管理する倉の性格などを話し合います。

今後継続されていく発掘の新しい資料がでて、考えがあらためられていくことを強く期待しながら、考古学について、「なかなか苦しい学問ですよ。おもしろいなぁ、くらいでは、きっと途中で降参してしまうでしょう」と。「いろいろのことを勉強してみて、どうしてもこの学問よりほか、自分の生命はないと考えたらおやりなさい」

平板測量を習おう（『石器と土器の話』挿図、藤森みち子作図）

と、学問のきびしさをまたそれに立ち向かう者の心がまえを諭します。

大学の考古学教室の陳列室で、**弥生式土器のはじまり**、**中期の櫛目文土器**、**大量生産化された後期の土器**、そして**弥生式土器の東への道**が語られます。

均整のとれた美しい壺、「この形の流れるような美しさをごらんなさい。たしかに縄文式土器は、くどいほどはでな文様でかざられていました」「あんなヤボくささはなくなって、まるで作った人種がちがうほどに、あかぬけしているでしょう」。土器が回転しながらつくられる特徴と、壺のふたと結びつける孔の問題。回転のスピードが増していく段階での文様、櫛目文《くしめもん》。すばらしい施文技術のバラエティも、「土器が回転していさえすれば、どれも、むずかしい技術ではない」と弥生式土器の製作技術の本質を語ります。

そして後期の弥生式土器は「いままでみんなが勉強してきた土器のうちで、いちばん美しくない、つまらない土器群だろう」ということ、貯蔵形態だった壺が少なくなり、その背景は穀倉にとって変わること、共同で穀物をたくわえ、共同で耕作し、共同で分配した農耕社会を、歴史学のいう社会形態の原始共同体と呼んでいいかというむつかしい質問に答え、こうした先入観的なことばで表現するのはこれからの問題であり、考古学でいちばん大切なのは「考古学上の事実」で、それは「ぜったいに否定できない」ことであるという考古学的事実の優位性を説いています。

第二標本室でみる石器、森本さんの弥生農耕文化の一連の仕事の中で先生自身が一所懸命にやってみたという「石器の農耕的要素の発展」にかかわるものです。縄文式石斧との違いをあげさせて、もっとも大切なものはキズの多いことであることを再び注意します。「そのキズがなぜついたかを調べてみたら、その石器がどうつかわれたか想像がつく」。

先生はこわれた石斧ばかりを一所懸命集めて、図にかいて研究した結果、柄をつけたためのキズであることを理解したといいます。石斧頭部のキズ、刃部のキズ、その他の石器でも「キズやこわれめの力学的な調査」が、石器の柄のつけ方、つかい方を考える重要な手がかりであることを教えています。ただし、太形蛤刃石斧《ふとがたはまぐりばせきふ》の柄はその後そのものが発見されて、先生の復原とは残念ながら違っています。

工具として分化してきている石器のセットは、今の大工さんと同じ仕事ができる内容をもっていて、対象は木材の加工であり、開拓と建設を意味しています。石庖《いしぼう》丁《ちょう》のキズと使用法、石鏃・石槍の漁業や狩猟への役割、弥生式文化の拡張と戦闘のための武器としての役割を考えさせます。

弥生時代は**金属器の出現**の時代であり、その不足をおぎなったものとして石製木工具を考えます。その他の金属製品、銅鐸《どうたく》・銅剣《どうけん》・銅鉾《どうほこ》・銅戈《どうか》・銅鏃《どうぞく》などのあり方に、高い文化の受容の姿をみます。多くの未開民族の例にもれず、金属を「めずらしい貴重なものとして、実用をはなれた精神的なものとなる」ことを示します。

大学での見学を終え、南河内を舞台に古墳時代についての基礎を学びます。**大古墳群の驚異**で、**どうして古墳ができたか、前方後円墳と円墳、土師器と須恵器という名の土器、なぜ古墳を作らなくなったか**を。古墳で偶然にみつけた埴輪列を、単純に掘り出そうとする子どもたちにストップをかける。自分たちの勉強の程度を自覚させ、専門家の精密な研究調査にまかせること、「完全な調査や記録のできない遺跡に手を出すことは、ただ貴重な研究標本を破壊するだけで、なんの価値もない」という厳しい学問倫理を教えます。

最後の一章、**楽しいぼくらの研究室**では、自分たちの採集してきた遺物や発掘した資料を整理し、分担して報告書の作成を学びます。短い文章ですが、要を得て簡潔といいましょうか、楽しい雰囲気での整理が進んでいきます。土器の復原、石器や土器の実測と**「報告書の作成が終局の目的である」**ことを説いて、この本を終わっています。

藤森考古学の本質を知る古典

この書の再刊のことばにもあるように、「考古学を正しく学び、遺跡を正しく理解する」ために、「二十余年前の先輩たちの経路を、一度みていただきたい」という思いをこめて、だれにでもわかりやすい言葉と、自然に考古学の世界にみんなをひきこむような、楽しい場面や話をもりこんで、この本は構成されています。

そしてこの本の最大の特徴は、学者が子どもや一般の人々に知識を押しつけるのではなくて、いっしょに事実をたしかめ、その上で自由にものを考えることの大切さや、面白さを教えていることではないでしょうか。

藤森先生のものの教え方というのは、強烈な興味や印象を問題として投げかけておいて、後はじっくりとその本人に考えさせるというやり方でした。その点に関連して、私には一つの思い出があります。もう二十年以上も前のことでしょうか、私は石鏃や石槍の製作にあたって、最後の仕上げの技術ともいえる押圧剥離《おうあつはくり》の技術について、たいへん興味を抱いていました。ある日そのことを先生に話しますと、先生は「こんなのは焼け火ばしを使って、石器の表面にそれを押しあて、こうやって動かせば、バリバリッ、バリバリッと、わけもなく剥がれるんだよ」と、身ぶりよろしく話してくれました。その手の動きにあっけにとられながら、そんなバカなことがあるものかと思いつつ、その時は反論もできないままに、それ以来、私は石器の製作技術の研究をつづけながら、いつまでも先生の話が頭の中に残っていました。

でも最近、その奇想天外だとばかり思っていたアイディアにも、理由のあることを知りました。私はいますすめている石割り実験のためのガラス材を、オリンパスのカメラ用レンズ工場からわけてもらっています。坩堝《るつぼ》いっぱいに冷えかたまったガラス塊の分割には、金属ハンマーを使った小さな割りキズと、そのキズを中心にガスバーナーであたためる温度差を利用して、必要な大きさに割り取っていきます。その工場の総務課長升井順三さんの思い出話の中に、なんと焼け火ばしが出てくるではありませんか。ガスバーナーのなかった頃、焼け火ばしを使って、苦労しながらレンズ大のガラスに分割していたというのです。もちろんこれは押圧剥離とは関係のない技術です。

この先生の着想はレンズ作りには命をかけたほどの、先生の幼い頃からの友人である天文学者五味一明さんから、レンズ作りの話を通じてヒントを得たものと推測するのですが。大事なことは藤森先生という人は、それがどんなに考古学から遠い世界のことであれ、またどんな小さなことでも、自分の琴線に触れるものは大切に頭の中にしまいこみ、それをパッと新しい着想に結びつけることです。だからその時は信じられないようなことでも、先生の話はいつまでも心にやきつき、それがやがて新しい研究のきっかけになるのです。石器と火ばしの話はそうした一例といってよいかもしれません。

このような藤森先生の豊かな感受性、自由で独創的な発想にもとづく、いわば先見性ともいえる新しさが『石器と土器の話』の中にはいっぱいあります。そして同時に、多くの先輩の考古学者たちの業績や、自分自身の体験をふりかえりながら、現在の考古学を考えるための正しい言葉をいろいろと読むことができるところに、この本のもつ「新鮮さ」というものをいつでも感ずるのです。それが魅力です。

もし古典というものを、現代に通じた価値の定まった書物ということが許されるなら、『石器と土器の話』はまさに古典の名にふさわしい、藤森先生の考古学の本質を知る仕事ということができるのではないでしょうか。

縄文時代に詩をうたう書

『縄文式土器』（初刊、中央公論美術出版）は、先生が一九六七年に発作で倒れ、「オレからものを書くことを取りあげたら、それは死ねということだ」と駄々をこねて、入院した青木産院の病室で少しずつ書きためたものだといわれます。そのせいか先生自身は後に「あまり筆がのびなかった」と述べています。

そうしたこともあって、先生の著書としてはかなり固い内容となっていますが、それでも全巻を通じて先生特有の縄文式土器論が展開されています。それらの点については全集第十二巻の論文集の中で他の論文といっしょに扱われます。

ただここで、この本が出版された時、杉原荘介先生が贈った推せんの言葉があり、藤森先生の本の内容を簡潔にいいあらわしたとてもいい文章なので、それを紹介して、いまここでは解説に代えさせていただきます。

「考古学は歴史学であるだけではなく、またおおいに詩の世界でもあると思う。詩は人間のあるところに生まれ、その対象によって生き、輝き、かつみがかれる。藤森栄一氏が考古学の詩人であること、そしてこの本で扱われた対象が、世界の原始美術の粋とも称される縄文式土器であることは、そのような意味で誠につかわしいめぐり逢いであろう。

縄文式土器の中に人間を求め、縄文時代に詩をうたう著者として、藤森氏はまさに適切な学者である。

この書物に学問的な厳密さを求めることもさることながら、私も読者の一人として、縄文式土器の中に人間の言葉を求め、詩をうたう読者の心になりたいと思う」

8
実感として書かれた考古学の世界

樋口昇一

考古学の伝導者

私の本棚には、藤森栄一先生の本があまりない。実は先生が署名して贈ってくれた本でさえ、なくなっている。全集第一巻に収録されている『かもしかみち』などは、再版後も含めて五回以上買ったし、第二巻の『心の灯』は、なくなったので新しく購入したら、いつの間にか二冊となった記憶があり、いまあらためて本棚を捜してみたら一冊もないし、先生の著書はなんと半分にも満たない冊数しかない。

私の蔵書など貧しいものだが、故あって学生時代から誰にも開放し、貸し出しなど一切自由としている。しかし、藤森先生の著書のみが棚から消えていくのは理由がはっきりしている。私自身が、とくに一般の方や高校・大学で教えた学生のうち、入門書的に、あるいは趣味的に考古学の世界に興味をもった人々に、かならず藤森先生の著書を貸し出したり、記念に贈ったりしたからである。

私がどんな努力をし説明しても、納得してもらえないこの考古学の世界を、先生の著書で代弁してもらおうという、いささか虫のいい厚かましい手段に利用させてもらっているわけである。

先生の学問的な業績の数々については、いままでに出た全集の解説でもう十二分に語られており、屋上に屋を架す必要もないのでここでは省略し、純学問分野以外での先生の評価について私なりの感想を述べてみたい。

藤森先生には特定の〝藤森栄一ファン〟がいたことはよく知られている。しかし、そういう方々以外にも、もっと広くかつ深い読者層が存在していた。いわば考古学の世界を、町や村の隅々にまでじわじわと浸透させていった点である。きざな言い方をすれば〝考古学の伝道者〟的役割を果たしたといえよう。現在の考古学ブームの中、各地の発掘現場で働く一般の方々の中に、先生の著書に啓発され、考古学への意識を燃えさせられたという人が意外に多いことを経験している研究者も少なくないはずである。

全集の案内パンフレットに杉原荘介先生が書かれている一文がある。杉原先生がとある町の一杯飲み屋に出かけてみると、そのおかみが大の藤森ファンで、著書のほとんどを読破していたという有名なエピソードである。何が魅力かと問う杉原先生に「考古学というロマンに富んだ学問の世界のあることを知った。もし藤森先生がいなかったら、わたしたちは永久にそれを知らずに終わった。その意味で藤森先生は大恩人です」と答えたという。杉原先生は自分には大変きびしい答えだとし、「私にとって考えてもみなかった領域であり、驚嘆したことであった」と結び、この一文のタイトルを「藤森栄一君のもう一つの面」としている。

このおかみと同じような答えは、全集出版計画の打合会でみせていただいた、読者からの数々の手紙類にもあったし、私が大学の授業でよく取り上げた「縄文中期農耕論」に関したレポートにも、同じ主旨の感想がよく追記の形で書かれてあった。私たちの関係者の目に触れたものは、氷山の一角であり、その下に埋もれた無言の読者層を思わずにはおられない。

生命の営みを通して生まれた文章

昭和四十年代の後半、先生の『銅鐸』の一部が、高校の国語教科書に取り上げられたことを知る人は案外少ないのではないだろうか。筑摩書房発行の『現代国語乙』掲載の「鐸を追う少年」である。私自身勤務先の高校で同僚から教えられ、驚くとともに何か言いしれぬ嬉しさからすぐ先生に電話をしたことを想い出した。

高校の教科書であるから幾種類もあり、高校生すべてが学習するわけでないが、それでも万を越す高校生が先生の作品に接しているわけである。考古学の著作で、教科書に収録されたものが、戦前は別として戦後あったかどうか寡聞にして知らないが、この一事をもっても、先生の世界の広さをあらためて知ることができよう。

先生が亡くなられて六年もあとになるが、この教科書を使用する先生方に送られる補助教材的な「国語通信」二二〇号（一九七九年十月発行）に、「鐸を追う少年」を国語学習の上でいかに活用するかという、稲垣惣司という方の小論文があり、それに付記する形で稲垣氏が教材理解のために藤森先生にインタビューした相当長い記事がのっている（本書第I部に収録）。先生の亡くなる数カ月前である。その内容は大変興味深い部分（縄文中期農耕への出発点など）などもあるが、著作の文章で読む感じとはまた違った先生の〝なま〟の声が聞かれるようで、この機会に再読していたら、いまにも目の前にあの独特のポーズをした先生がぬうーと現われるような錯覚にとらわれてしまった。

この対談にも出てくるが、先生の学問への対し方、作品への想い入れは「……自分の学問が世に残ろうなどというおこがましいことは考えていないんだ。ただ、私という人間がね、一生懸命に一つのことをやったんだということだけが残ればいいんだというふうなことを書いているんですが、今でもそう思っているんですよ。……」という言葉に集約されていよう。もちろん、前段の「世に残る」云々は謙遜であって、研究者としては心に秘めた強い自負があったであろうが、先生の生涯を貫く生きざまが簡単明瞭に語られている。

稲垣惣司氏が先生の著作の一部を教科書の中で、何のために使ったかという点を次のように記している。

「……日本語のもつ表現上の力動感がどのようなものを生んできているか、生徒達個々人の年齢・生活環境・心情ともに近いところで、生命力豊かに表現されているもの—何よりも書き手の主張が生命の営みを通して脈々と流れてい、それが実感できるものとして『鐸を追う少年』を置くことにしたのである」

「鐸を追う少年」の場合は、この文中の「生徒達」でよいが、先生の全著作を対象とすると、「生徒達」をとってもよいし、「読者」と置きかえても、全体の文意は充分通じるものであろう。

先生がよく言われたように、考古学が唯物的な歴史であるため、どうしても証拠がなければ発言できず、発言したとしても、それは人間が作った「もの」をただ語り、解説するだけに終わる場合が多い。だから「もの」自体をよく知らない一般の人々は、この生硬な「何々式土

土器を見つめる藤森栄一

器」とか「何々型古墳」という名称に対し、その場だけは時代背景や現象を理解したとしても、その裏側に押し込められた歴史の主人公であるべき〝人間〟の本性を実感できないのではないか。

そうした学問の在り方に対し、先生の研究主眼や著作姿勢には、常に稲垣氏も述べているように、「もの」を書きながら「ひと」が可能な限りの線上で飛び回る舞台構成を用意している。「土器の背後に人間を見よ」という先生の恩師森本六爾氏の短い言葉に籠められた希いが、先生の歩みにはいつも足跡として残されていた。

あるベストセラー作家が、自作の執筆態度を問われて、「体験して書いたものではなく、実感して書く」と答えていたが、藤森先生御自身も、多分体験できない古代人の生きざまを〝実感しつつ〟書いた数少ない考古学者といってよいだろう。

全集第八巻に収録された内容は、『縄文の世界—古代の人と山河—』（一九六九年七月刊、講談社）と『縄文の八ヶ岳』（一九七三年七月刊、学生社）の二冊を主としているが、前者は全部をそのまま掲載、後者は一部（一信州人・神津家伝）を全集四巻へ移している。両著にはやや刊行年度に差があることと、内容的にも前者は縄文時代のいわば概説書であるのに、後者は考古学的随筆で、多少性格を異にするが、同じ縄文時代という面で共通するうえ、関連する部分も多いので第八巻に収録した。

先生の著作をいま私なりに分類してみると、個々の学術論文は別として、『井戸尻《いどじり》』・『縄文農耕』・『古墳の地域的研究』などの学術専門書、『かもしかみち』にはじまる考古学的エッセイ類、『森本六爾伝（二粒の籾）』・『旧石器の狩人』などのルポルタージュ風な人物評伝、『心の灯』・『考古学とともに』などの自伝類、『石器と土器の話』・『縄文式土器』や本巻収録の『縄文の世界』などの概説書類に大別できるだろう。

多方面にわたる先生の業績は、人によってその評価が違うが、『かもしかみち』にはじまるエッセイだけは常に高い評価を与えられている。また純学問的な『井戸尻』を中心とする縄文農耕論の諸篇は、先生の学界における位置を、賛否を問わず不動のものとしており、弥生文化研究者としての声価以上のものがある。私自身の好みもやはりエッセイ類や人物評伝にあるのだが、本巻担当という理由だけでなく、先生の業績の中での「考古学の普及・啓発」という点での概説書類の評価があまりにも無視されている点が残念でならない。エッセイ類と同列に扱われている面が強く感じられるが、むしろ完成されないうちに亡くなられてしまったとはいえ、先生の生涯で大きな目標の一つであったと思う「概説書」執筆が、考古学者としての先生の評価に大きく加点すべきではなかろうか。

生きる縄文人を描く概説書

『縄文の世界』は、「まえがき」にも述べている通り、全国を舞台とした縄文時代の概説書ではなく、地域を著者の故郷、中部高地に限定して執筆されている。もちろん、中部高地だけで縄文文化すべてを語り尽せるものでなく、「文中、あくまで正しい時代判定を踏みはずさず、そして懸命にイメージを正し、いやしくも学究者の自らに恥じることなきを期した」立場に立つ以上、当時最新の日本考古学界の諸成果を積極的に取り入れ、また時によっては全国的視野からの展望や提言を織り込み、日本全土の縄文文化にも普遍化できる内容を心がけている。

もう一つ本書で重要なのは、考古学的な遺跡・遺物の解説を主目的とした一般的概説書ではなく、「地域を中部高地に区切り、縄文時代というそれなりに完成した小世界を設定して、そこに苦闘した人々の哀歓を、その山河の変遷におりまぜて書いてみた」（傍点筆者）点であろう。「人々の哀歓」と「山河の変遷」が主テーマなのである。「土器型式や年代編年、石器の寸法など、どうだっていいじゃないか、……原始の日本人がどんないのちを燃やしたか」を知りたい一般の人々に、研究者としてぎりぎりの線まで妥協し、自分が実感できた縄文の世界を復原してみたかったのである。

一方、本書が書かれる当時の日本考古学界の現状に対し、先生が年来主張しつづけている〝脚のない古代史〟

でなく、脚をどっかりつけた人間が活躍する考古学をという希いをまず概説という形でぶつけ、緊急発掘だ、記録保存だと、時代の波に流されている専門家を任ずる研究者に問いかけたともいえよう。

　本書が世に出た一九六九（昭和四十四）年頃は、先生も最も油ののった五十歳代後半であり、大著『井戸尻』発刊後、しばらく随想風のものや伝記的な著述がつづいていたが、本書とともに『縄文式土器』（全集第七巻所収）を出版するなど、学術的な方面へも力を注いだ時期でもあり、その意欲のほどが「まえがき」のような発言となったのであろう。

『縄文の世界』は、旧石器時代後半から始まり、最後の縄文文化の終焉と弥生文化の黎明まで九章で構成されている。各時代の背景を実に上手に表現したタイトルが章・節ごとにつけられ、かつ小見出しも人を惹きつけるようなものが多く、先生の著作の多くがそうであるように、そのキャプションの巧みさに敬服させられる。

　冒頭の**赤土と火と獣**なども、一見これは何かなと読者を惹きつけておき、サブタイトルにあるように、縄文時代の前史でもある旧石器時代の人々を語りはじめる。最初にある「化者の爪」もそうで、奇妙な語感につられて読みはじめると、一人の没落士族の後裔と病のいえた先生の交流譚を軸に、考古学の舞台となる中部高地の地質学的な説明が、中に出てくる専門用語が全然気にならないような流麗な文章で綴られていく。実に見事なプロローグであり、小憎らしいまでの文章表現と自然描写であり、一編の小説を読みはじめた胸の高なりを感ずる程である。

　化石が何故諏訪の地に発見され伝承されてきたかを語りつつ、フォッサマグナや諏訪湖・中部高地の地誌を、古文書の記録やデイダラボッチ伝説などにみる民話の世界まで交えて解説し、人類が活躍する旧石器時代へと移っていく。本書が単なる概説書でないわけが、すでにこの一頁目から明瞭であろう。

　これから著者自身が関係した諏訪湖周辺の旧石器時代の遺物・遺構を記述するわけだが、「少年の持ってきた石片」「左利きのナイフ」「キリン先生」など、発見史にまつわるエピソードが所々に挿入されて読者の興味をいやがうえにも高めつつ、確かに随所に旧石器時代人が顔を出していく説明がつづく。現在、日本の旧石器時代の代表的石器となったナイフ形石器の項から、少々長くなるが引用してみよう。

「左刃のナイフは確かに左手で使われている。それは、右手が利手であるからである。利手はいつも主役である。

指は肉を啖うときもむろん主役である。獣から肉塊を毟ってくわえる。そして左手のナイフで、くわえただけ切りとるのである。……人々にとってはまず、くわえることによってだけ所有権が生じたのであろう。要するに、右手はもっとも利く利器であり、同時に武器でもあった。前期旧石器文化に属する石器、チョッパー・チョッピング・ツール、あるいは握槌《ハンドアックス》などという大形重量のある礫核石器は、すべてなお手に握る利器であった。腕の長さだけの加速度と石器端の尖り、それだけが武器で、野獣と闘うほかなかった」

ナイフ形石器一つをとっても、こんな説明をした概説書はないだろうし、その石器のもつ歴史性をも語る文章は、まさに実感として歴史と人間がそこに存在している。こうして、旧石器時代という石器を中心とした時代にも、遅々としてではあるが、人間が進歩していくさまを語っている。また引用を続ける。

「要するに、人々は哺乳動物（大型獣など）の死体掃除人として、野獣と野獣との間隔に、わずかにうごめいていた野獣にすぎなかった。………人々は極度に短命で、野獣の皮をひねもす噛み、皮下脂肪をさらして衣服にするために、奥歯は著しく消耗していた。そして歯の終わるときが、いのちの終わる時であった。飢えと寒さと、外敵と病と、………死はいたるところに立ちふさがっていた。イノシシやシカをとって生き抜くためには、もっと強力な武器が必要だった」

こうした先生一流の見事な表現は本書には随所に散見される。しかし、時にはこの項につづく、強力な武器の出現を扱う「石槍は臭い」「キリン先生」などの、研究史とエピソードをからめた部分は、旧石器時代末期の特異な神子柴《みこしば》文化を語ってはいるものの、やや面白すぎて主題が薄れてしまうきらいがないでもない。これは本書前半にも応々見あたることだが、私自身が研究者のはしくれであり、各々のエピソードや研究史を知っている感覚からの的はずれな感想かも知れない。一般読者としてみればかえって理解を深める一助ともなっており、こうして興味が持続されて、先へ先へと読み進んで行くのだろう。

次の**湖底の村**では、旧石器時代から新石器時代（縄文時代）への過渡期が、サブタイトルのように「土器と漁撈の発明」という視点から記述されている。

ここでもまず冒頭に、日本最初の細石器文化発見の地となった矢出川《やでがわ》遺跡でのエピソードが導入部となっている。吹雪の中で細石器を追い求める人々の真摯な姿が、ユーモラスな場面を交えて記述されている。そして細石器文化の歴史的位置を全国的立場から展望し、土器の出現や同時期にみられる愛媛県上黒岩《かみくろいわ》洞穴調査のビーナス像の意義、該期を特色づける洞穴遺跡での遺物の在り方、一転して長野県開田高原のオープンサイトにおける出土遺物と漁撈文化的色彩の強さなどを交錯させながら、この大きな転換期を記述し、大胆に洞穴＝冬型、オープンサイト＝夏型に対比させたり、投槍から弓矢の発生を伏線として、次に本項の主題ともいうべき諏訪湖底「曽根《そね》遺跡」へと移っていく。

先生の戦後学界復帰への記念すべき遺跡でもあり、またその後その保存対策に腐心したこの遺跡については、各書で語られているが相当の頁をさいている。湖底遺跡というその特異な性格から、明治後半期に全国的に脚光を浴びた曽根遺跡の、日本考古学黎明期に果たした学史的役割を生き生きと活写し、それが戦後再び注目される経緯を語りながら、曽根遺跡を特色づける爪形文土器や、多数の円脚・長脚・三角鏃などの出土から、弓矢と土器という縄文文化の指標となる遺物の出現を解説している。

放浪の山河からいよいよ本書のメインテーマである縄文文化へ全面的に入ってくる。ここではサブタイトルの「温暖な叢林にて」という自然環境の変化を主軸に、まだ歩きはじめたばかりの縄文早期人がどう対応したかを、遺跡の在り方を全国に例を求めて概観し、あわせて縄文土器の起源をめぐる昭和十年代、大戦直後、そして三十年代以降のC^{14}年代にまつわる各論争や学史を手際よく挿入し、定住しきれない早期人の動向を追いかけている。ようやく先生のペースに慣れた読者が、縄文世界を切り拓く人々の中に繰り広げられる生ぐさい、それでいて苦闘する研究者達の人間劇に共感を憶えさせられるところでもある。

底の平たい土器は、ほぼ縄文前期を扱っている。ここでもまず身近な諏訪湖の歴史というやや主題とはかけ離れたかにみえる挿話を導入部にもってきて、その実体を解剖しつつ、読者をやや戸惑わせておきながら、一方、湖とは対照的な霧ヶ峰高原や八島ヶ原湿原の地質学的研究の成果を対比させ、実は縄文時代の自然環境はこのように変化していますよ、人間だけでなくてね、と自然と人間の関係の重要さを強く印象づけてしまう。

こうした自然環境の変化—早期後半からはじまる全世界的規模の気候の温暖化が、縄文前期人にどんな転換をもたらしたか。ちょうど当時発掘調査され、先生自身も参加された長野県上伊那郡中越《なかごし》遺跡を例にとり、大集落の出現や、尖底から平底が一般化する土器の変化に焦点をあてて、その基盤がすでに人々の定住生活を許容するだけ進展していた事実を説いている。

現在からみても大枠では問題もなく、先生の鋭い全体像把握の的確さが目立っているが、しかし、本書執筆の段階では、まだ縄文前期の大集落遺跡、例えば諏訪郡阿《あ》久《きゅう》遺跡、福井県鳥浜《とりはま》貝塚といった縄文前期観に転換を迫るような新事実の発見がなく、先生御得意のエピソード挿入法も活用できず、やや平板な時代概観に終わっている。阿久・鳥浜などの遺構・遺物についての先生の鋭い解釈を望んだのは私一人ではあるまい。

本項では発表当時から問題点とされた部分がある。「炎暑からの逃走」のところで、縄文早期末に東海地方の貝塚文化が繁栄したが、それが前期に入ると主に土器の交流現象からみて、内陸—中部高地へ移動するという説明は、中越遺跡にみられた木島式土器の後裔ともいうべき中越式土器の卓越などを主要な根拠としており、一面では東海と天竜川上流域との関係をズバリついたといえるが、その後の彼我の発掘結果ではそう簡単に言い切れない事実もあり、興味があるだけに再検討を要するだろう。考古学的事実に立脚して、文化の交流現象を具体的に概観する難しさがここにもある。本書の中でもこの点は慎重であり、わずかにこの部分に大胆な解釈を加えたのは、何か心に期すものがあったのかも知れない。

最後にわずかであるが、当時まだあまり明確でなかったこの時期の生活内容にふれ、気候の温暖化に伴う植物性食料の存在を、乳棒状石斧《にゅうぼうじょうせきふ》や石皿《いしざら》などの遺物から予測し、特に諸磯《もろいそ》式文化における「竹細工」に注目している点は、後の鳥浜貝塚の発掘結果が見事に先生の先見の明を証明したといえよう。実はこの諸磯式文化こそが、次の縄文中期文化の母体ともなる文化内容をもっているからこそ、もう少し先生のつっ込んだ文章がほしかった。いずれにしろ、こうした縄文前期の全体像を説く中に、いくつかの次章への伏線が読者の興味をかりたてながら展開する点は、先生ならではの感を深くする。

躍動する中部高地縄文人の姿

実は前章まで、すなわち縄文前期までで本書の約半分が費されている（この解説もまた同じ状態であるが）。縄文時代全体からみれば、これからが先生十八番の「中期」になるので、やや長すぎたきらいがないでもない。だが多分、読者の多くはあまりそう感ぜずに一気に読み終えるのではないだろうか。それほどまでに、この前半はエピソードを交じえながら、自由闊達な文章に魅了されて、縄文の世界の扉が徐々に開かれるのをそれこそ実感しながら頁を操ってきたことだろう。

安定した村のくらし・縄文文化の華と咲いたとき・日本の最も豪華な土器・峠を降りた坂道の四章は、前期末から後期初頭まで、すなわち、縄文中期の発生から展開、そして収束までを画いた先生宿願の時代であり、内容的にも最も説得力がある部門である。その原典は大冊『井戸尻』であり、それに関する一連の報告、論文は先生の全著作中で最も多く、エッセイ類にも度々登場してくるので、もう周知の方々が多いだろう。あえて解説を加える必要もないであろうが、私なりに読者の便を考えて蛇足を加えてみよう。

安定した村のくらしは、縄文中期農耕論の背景とその前史を、八ヶ岳の裾野の自然描写を織り混ぜながら、とくにアマチュア考古学者として生涯を貫き通した尖石《とがりいし》遺跡の主—宮坂英弌《ふさかず》先生の苦悩と功績で綴り、縄文中期農耕論の出発点が、この大先輩の発想に負っている事実を明らかにしている。往々にして学者先生の世界では、弟子の手柄を我がことのように横取りして知らん顔をきめ込むというのに、先生はこうした先輩にだけでなく、自分を取り囲む名も知られない多くのアマチュア研究者の存在を顕彰しており、縄文中期農耕論が藤森個人の力でなく、土地にしがみついた多くの仲間の総力の結集の

たくさんの高校生・中学生をひきつれて、宮坂英弌の与助尾根（尖石）の調査を助けた藤森栄一
（前列の腰をおろす右側が宮坂英弌、後列右端が藤森栄一）

結果であることを常に発言している。先生の人柄であり、慕い寄る人々の多かった理由でもあるだろう。

後半からはいよいよ農耕論の具体的論述が始まる。農耕論にまつわる学史の整理、賛否両論の紹介が手際よく解説され、舞台がその中心地へ移り、井戸尻遺跡群の発掘調査の推移とその成果の概観が語られる。この辺はもう発掘の描写など実に躍動的であり、人々の動きが映像となって脳裡に浮かぶほどであり、一般読者など発掘とはこんな楽しいものなのかと思わずにいられないだろうし、楽しさだけでなく、自分自身が歴史の解明に一役買っているという満足感にもひたれるだろう。

縄文文化の華と咲いたときは農耕論の結晶でもある。多方面からのアプローチで、次第に中期文化の実相が一枚一枚はがされていくような説明が続く。研究者にとっては予備知識もあり、先生の他の学術論文なども読んでいるので、あまり感動しないところだが、一般読者にとっては、最も感動的に学問の世界に触れる部分であり、読み応えのある一章であろう。

先生が病気から回復され、はじめて遺跡に立った曽利《そり》遺跡の発掘風景から始まる。農耕論に衝撃的な影響を与えたパン状炭化物の発見とそれにまつわるエピソードが面白いし、それを出土した竪穴住居との関係から、一軒一食のパンを算出し、五―六人家族の縄文の家のあり方を明快に解くその筆法には納得せずにはいられないうまさがある。また、武藤雄六氏をはじめとする土地の人々の憑かれたような姿を髣髴とさせる場面などその熱気が誌面からただようようである。机の上だけで書かれた学者の文章とは似ても似つかぬ、現場に生きた実感があふれた部分であろう。

そういう導入部から次は当時の家や村がどう構成されたかを、検出された竪穴《たてあな》住居址から概観し、環状集落の実態を明らかにし、村の人口問題へも入っていく。だが、こうした村落を維持できる社会的背景を、狩猟・漁撈・採集といった自然経済状態の段階ではなく、積極的な生産活動―主に焼畑を中心とした農耕形態に求めていく。『井戸尻』の成果を要約したともいえる「井戸のまわりの四季」・「高原の野火」・「焼畑はどこまで古いか」・「信濃のイモ」の小項目は、まさに縄文中期人が八ヶ岳のあの広大な山麓を飛び回って生きているさまが活写されており、古代から現代までの例証があげられていても何ら違和感がない。発掘され陽の目をみた遺構・遺物が、現場で縄文時代へ復帰したと比喩してもよいのではないだろうか。

だが、こうした縄文人の生きざまだけが語られているわけではない。この項の最初には、文字のない原始時代の歴史叙述に当たって、その基準ともなるべき土器の重要性が、「井戸尻編年」という新しい言葉を生み出した経緯の中にやさしく解説されている。また土器と並んで大切な石器も、次の小項目「生産具の機能的変化」・「ヘンゴイモと石皿」で実例をもって説明されている。石鍬《いしぐわ》・石斧《せきふ》・石匙《いしさじ》・石皿《いしざら》・磨石《すりいし》・凹石《くぼみいし》などの生産用具が縄文中期農耕論の傍証資料としてどういう役割を果たしたかがよくわかる。

　しかし、頁数の先がつまってきたためか、この辺から次第に前半のような波長が薄れていく感がしないでもない。石器という生産用具だけにもう少し長めに解説してほしかった。次の「竪穴の家の中」でも住まいとそれに付属する石壇《せきだん》・石棒《せきぼう》や竪穴の変遷が簡単に記述されているが、むしろこの辺は、多少前後を入れかえて、全体の流れを理解しやすくする工夫が必要な気がする。というのは次章の**日本の最も豪華な土器**—**にくらしいほどのこの生活の余裕**—の導入部が、埋甕《うめがめ》や土偶《どぐう》といった精神生活に係わる部分だけに、望蜀の感はあるが、一工夫がほしかった。

　私達考古学研究者の多くは、遺物といえばどうしても「土器」を最初に取り扱ってしまう。時代判定の基準になるだけでなく、その変化を追う〝編年〟的作業に何かしら魅力を感じ、ついつい偏重しすぎるきらいがある。しかし、本書ではわざわざこの最も簡便に縄文中期文化の繁栄を象徴し、主役たりうるあの豪華な土器群を最後の章に置いているのは何故だろうか。もちろん、土器編年偏重の風潮を非難しつづけた先生ではあったが、土器のもつ文化史的価値を軽視したわけではなく、弥生研究者としての考え方や生産用具に重点を置く視点もあろう。しかし、綜合的にみれば「もの」を書く歴史でなく、「ひと」を主役とした歴史という意図が作用していたことは間違いなく、また次章への転換に土器の変化から入るのが最も理解しやすいという点も考慮されていたのだろう。

　いずれにしろ、この章の小項目〝中期縄文式土器の開花〟から始まる土器編は、文様・器形の変遷といった生硬な概説のみで終わらず、土器のもつ社会的側面や精神文化的背景の解説に意をもちいている点、例えば「豪放華麗な樽」・「精霊を迎える火」・「オコゲのついた土器」・「顔面把手に集約される理想」など、今までの類書にはたえてないユニークなキャプションをみても理解されるであろう。

峠を降りた坂道—**中期後半からの衰退**—は、まず前章最後の土器編をうけて、土器の変化から語られる。郵便切手にも使われた曽利遺跡出土の水煙状大渦巻把手付土器と仰々しく名付けられた土器が、実は縄文中期土器の最後の華であったことについて、中部高地のみでなく全国的傾向であることを指摘し、それが、自然環境の変化―気温の寒冷化などによる生活環境の転換期の表徴であったとしている。

その結果「日本海系の河川の水系では、もう盛んにサケ・マスが遡上しはじめて、それはそれなりに満たされた日々でもあっただろうが、太平洋水域では、かなり苦しい環境が展開しつつあった」と述べ、その克服の一つの方法として埋甕風習の隆盛化が再登場してくる。「……再び暖かい高原の稔りの日々がきてくれるように祈りつづけ……地母神の祭りが、もう村全体の祭りなど待っていられない。人々は自分の家の中に祭壇を設け、土偶を持ちこみ、埋甕に祈った」とする説明は、それなりの説得力はあるが、やや遺物・遺構の在り方からみると問題点がないでもない。埋甕風習の隆盛時は中部高地にあっても、それが遺跡の最も多かった時期にあたっていて、その直後に急激な人口減がはじまってくる点を考えると、ややズレが生じている。

縄文後期から顕著化する遺跡の低地進出は、当然漁撈生活への依存を増し、かつての高原・台地・山麓と低地の人口居住比は逆転し、過密と過疎が裏返しになったとする中部高地の様相、それに対して、太平洋側での大貝塚の出現と発展、製塩用土器と黒曜石の採掘をめぐる交易を説く本章の後半ではあるが、さしもの先生も、資料の少なさや頁数の関係で、筆力がにぶってきている。あの中期にみられた、ダイナミックな歴史叙述がやや平板

藤森栄一の没後30年、八ヶ岳山麓の中ッ原遺跡に、忽然と姿を現わした“仮面の女神”

に流れてしまっている感はいなめない。

最終章は**呪術と指導者—縄文世界への弔鐘—**という魅力的なタイトルである。ここでは終局を迎えようとする縄文文化を、遺物をして充分語らしめている。

自然環境の変化に対応すべく努力する縄文人が、次第に超自然力の加護を極端に求め続ける様相が、社会的背景としてよく描かれている。注口《ちゅうこう》土器や香炉形《こうろがた》土器の出現、精製・粗製が区分できる土器の在り方、石刀《せきとう》・石《せっ》剣《けん》・耳飾・貝輪など儀杖用遺物の多出が、供えられる人と献げる人の区別を生んでいく過程を短く圧縮された文章で記述されている。

採集経済の行きづまりが徐々に顕在化していく縄文世界の終わりを次のように語っている。

「こうして縄文文化の終焉期には、人口の減少と過疎地帯の続出ははっきりし、……食糧獲得のための場、つまり猟場のきびしい統制、縄張り領分の規制と防衛が焦眉の急となる……そこで……呪力が暴力と結び、神の意志を導く呪術師は、しだいに支配者として生まれかわって……縄文後・晩期の身体装飾具や儀具の数々は、そのまま、この縄文世界の落日という事実を象徴するものといえるだろう」

縄文中期文化の実態究明に生涯をかけた先生には、当然、それが何故このように衰微していかねばならないのかという命題に対して、先生なりの解答はあったろう。だがその構想が熟成していなかった上に、残り少ない頁数を考えて簡単な叙述で通すことで、次回作への自らの宿題を課したのだろう。

歴史叙述を求めた考古学の書

本書を最初に通読したとき、その原型が『石器と土器の話』（全集第七巻所収）の縄文時代にあることがすぐわかった。また先生が戦前・戦後発表された数多くの論文・報告・随筆などのエッセンスが集約された感じもした。

しかし、本書はその対象が一般読者であり、かつ単行本ということもあって、当然構想を新たに執筆準備に入ったと思う。〝人間〟を前面に押し出して、いわば人間くさい歴史を希う先生の心情は、各章で読者の琴線にふれさせ、やはり現在の考古学界では、類をみない独自の〝縄文世界〟を描いた概説書といってよいだろう。

ただ、素直な感想を述べるならば、本書が決して成功作だとは評価できない。前述したように、縄文時代全体のバランスがやや前半に片寄りすぎてしまった点、またその結果生じた縄文時代後半期、とくに後、晩期に対して先生らしい筆法を投入できなかった点などである。中盤まで続く躍動するような縄文人の動きが、まさに縄文時代の移りかわりと同じように静的な人間化していないだろうか。また、これは両刃の剣でもあるが、エピソードが多いと確かに読み易いが、時に主題を不鮮明にし、一方少ないと文章の流れが平板となってしまうという、観方による相違がでてこよう。

なお、時によっては個々の考古学的事実に対する解釈の相違もあって、何度か疑問符をつけたい部分もあった。しかし、新資料が続々発見される現在、先生がいっておられるように〝一線を越え〟るためには避けられない点であり、むしろそうした積極性が学問全体の進歩につながる起爆剤となろう。縄文中期農耕論が日本考古学界の中で果たしたように、いつでもパイオニアが背負う一種の勲章とみなければならない。

とりわけ本書で印象づけられるというよりは、もっと強烈に脳裡に響く点は、先生独特の〝風土と人間〟のからみ合いであろう。我々には見慣れている信州各地の自然と風土が、鮮明に描写され、その風土とそこに登場する人間が、縄文人であれ、現代人であれ、一つに同化してしまうような文章は、考古学者であると同時に、詩人であり、自然人としての確かな目と心をもった先生ならではの所業であろう。わざわざ、「縄文の世界」のサブタイトルに「古代の人と山河」とした所以がここにある。

また、自然や風土に対する限りない愛情が、人間にも向けられている点が私には忘れられない。とくに先生は、名利を求めず、コツコツと好きだからこそこの世界を離れられない無名の人々に、いつも温かい眼差しを送りつづけ、拾い上げてその功績をなにげなく語っていることである。本書にも二十人以上のそんな裏方的な人々が登場する。

たんなる興味をつなぐエピソードのためでなく、先生の本心はやはりアマチュア研究者の存在を軽視する中央アカデミズムに対する一種の警告であり、挑戦でもあったのではなかろうか。自分自身を故郷諏訪の地におき、常に中央学界に闘いを挑んだ先生ならではの生き方ではなかったろうか。それが思師森本六爾の生涯を画く『二粒の籾』(全集第五巻所収)や「一信州人」・「神津家伝」(全集第四巻所収)に至る反俗の人々を書いた作品、『旧石器の狩人』(全集第五巻所収)を代表作とする一連の発見史にまつわるノンフィクション作品の系譜となっている。先生が死の直前まで追い求めた対象が「木喰《もくじき》上人」であったのも当然であったような気がする。

本書を初めから「概説書」ときめつけて解説を加えてきたことに、反論される方もあるだろう。しかし私は、先生の業績の中で、こうした考古学の啓蒙的著作を高く評価したい。もちろん、啓蒙的なものならむしろ先生の『かもしかみち』にはじまるエッセイ類の方が有名であるが、「概説書」とは自から性格が違っている。本書は明らかに「概説書」を目標に執筆された、戦後における先生の試作第一号といえよう。「人間」を主人公とした考古学の世界の開拓であり、まず最も知悉した中部山地を舞台とし、縄文時代に限定して出発点とした。

現今のマスコミに考古学的話題ののらない日がない――といってもいい状況のとき、最も本当の考古学の世界を語り得る先生が、あと十年の生命をもちつづけ、「縄文の世界」のみでなく「考古学の世界」を執筆して下さったらと思うのは私一人ではあるまい。

つきせぬ縄文世界への思慕

本巻後半は、『縄文の八ヶ岳』十五編のうち、やや傾向の異なる三篇を他巻に移し、また、四巻から移動した分も含めて、残る同じテーマにほぼ統一できる十三編を収録してある。八ヶ岳周辺を舞台としていることと、縄文時代を取り扱ったという点である。原本では、縄文の旅・縄文の茶の間・縄文の書斎の三編に大別されており、純学問的論文である「乳棒状石斧論」を除くと、先生御得意の考古学的エッセイ類である。

「あとがき」にも記されているように、前年病気で倒れ、一九七一（昭和四十六）年冬を病院で過ごされたが、その時企画され、数篇の書き下しを加えて、数年間に各誌に発表されたものを一冊にまとめたものである。親友でもある主治医青木正博院長の「どうせ一度は死ぬからには、何もしないで寝ていて死ぬより、何にかして、それで死んだ方がいいんじゃないかな」という答えに力を得て、苦しかったが懸命に書いたという。

本書の出版された一九七三（昭和四十八）年は、再刊本を含めて五冊も単行本が出ている。病魔との闘いのあいまにこれだけの仕事をするのはどうみても無理である。もちろん、その間を縫うようにして、各地への調査旅行もしている。死を自から招いているような先生の生きざまである。当時長野県考古学会の会長であった先生は、媒酌人をつとめた会田進君の結婚式当日、会長職辞任と書くべきことの多いことを私に強く訴えられた。先生の病状の悪化をよく知らない私は、会長職留任と著作活動の一時中止を懇請した。前者は、しぶしぶ了承されたもののﾞ、後者については「オレに死ねっていうのけぇー」と淋しそうに言われた情景が今でも目に浮ぶ。

確かに〝書きたい〟という先生の慾望は、本書のどれをとっても感じられる。しかし、もう既に先生のこうした考古学的エッセイについては、これまでの全集各巻の解説に書き尽されており、私が下手な解説をする必要もないであろう。またやはりそうした体調の中での執筆のためか、多くはすでに発表された論文・報告・エッセイ類で語られたものが多く、私達のような研究者にとっては、素直に言って新たな先生の発見はなかった。とはいうものの、一般読者からみれば、八ヶ岳をめぐる縄文世界の素晴らしさ、それにまつわる数々のエピソードは、原始の姿を垣間みる想いがするであろう。

とくに本書の中心は、「縄文の茶の間」というタイトルにふさわしいバラエティーに富んだ内容が多く、短い文章に話題がつきない想いがするだろう。先生の好きだった〝道〟があり、民話・女性・火・蛇・絵等々、遺物を語りながらそこに時代を超えた〝人間〟が存在している語り口はさすがに先生ならではの感を深くして、なかなか本を閉じることができないであろう。中でも**クマが特別保護獣になる話**は最も短い文章だが、現代社会の矛盾を鋭くつき、人間にとって自然が如何に重要かを語っている。美ヶ原ビーナスラインをはじめとする遺跡や自然保護運動に異常なまでの執念を燃やした先生の一端がよくあらわれている。

9

高原に甦る執念の灯

武藤雄六

はじめに

一九七七（昭和五十二）年の暮れだったかある出版社から『藤森栄一著作集』発刊の話がもちあがり、その編集委員に加えられて会議がもたれた。そこでは企画についてかなり一方的なプランの説明がなされた。一瞬、とまどい、そのあとから云いしれぬ憤りのこみあげてくるのを押えきれなかった。

悪いくせで感情が先に突走ってしまった。先生の弟子は大勢いるのに、そのなかから一人として全集発刊という声の出ないうちに、他人にしてやられたのが本能的におもしろくなかったのかもしれない。その時点では、例によって押黙っていたが、会議のあとで爆発する羽目になった。俺は反対だ、まだその時期ではない、と。

それに、著作集を出したらそれですべてが終わりになるのだという一種の焦りのような感情と、その際には俺だってちったあ何か書きたいという、自惚れの気持ちさえあってのうえだったようである。今になって静かに考えてみて、奥様には大変申訳ないことをしたと思っている。とかく、子供というものは親の死後まで面倒をかけるもののようである。

年月の流れるのは早いもので、それから二年の歳月がたち、先生が他界してから五年にもなってしまった。こんどは、先生が生前に多くの出版をされた学生社から、全集刊行の別の企画がもちこまれた。前回、あれこれいちゃもんを付けた条件のほとんどが満たされたうえでの刊行である。当然のこととして無条件で受けるべき状態におかれていた。

しかし、いざふたを開けてみると『縄文農耕』の編集とその解説文を書けというのである。多くの弟子のなかで俺が最適任だとも付け加えている。これには困ってしまった。何はともあれ、先生の生前に最も意見の合わなかった分野なのだから。何とかしなくてはとあれこれ考え、迷い、苦しんだ後に「返上」することに決め、社に連絡したのだった。

数多い先生の著書のなかで、始めから終わりまで全部読んだのは『心の灯』(全集第二巻所収)と小説の『湖底』(全集第十三巻所収)だけだった。あとの多くは申訳ないが、例によって「見た」にすぎなかった。こんな状態のもとで編集はもちろん解説など書けるはずがないのである。そういうことは何をかくそう本人が一番良く知っている筈である。

ところが、世間というものは自分の思うように事が運ばないのが常のようで、本といえば漫画しか読んだことがないといくら力説しても、哀願してさえ曲げて許してもらえなかった。能力の無い者をいじめるのが余程おもしろいことのようである。

さて、つまらない愚痴や自分よがりの経過報告まがいの前文になってしまったが、服部久美さんの手助けと、戸沢充則先生のいろいろな示唆により、ようやく曲りなりにも編集ができて、解説という段取りにまでこぎつけることができた。

全集第九巻では、藤森栄一先生が『縄文農耕』(学生社刊、一九七〇年)と題して単行本にまとめられた諸論文を核にして、その他の縄文農耕に関係する論文や論考をなるべく挿入して編集した。したがって、この第九巻によって、藤森先生の縄文農耕論のすべてが理解できるものと信ずる。下手な解説など不必要なことは百も承知しているが、盛り込まれた内容が三十余年間に書かれた作品をほとんど訂正を加えることなく集成したので、その都度、目的によってかなりの文体の相違や、内容にも展開がみられる。そうした点について私なりの感想などを交えながら、先生の縄文農耕論の意義と問題点を多少とも明らかにしたいと思う。

井戸尻遺跡の試掘風景。うつむいて作業をしているのは武藤雄六

縄文農耕論とその基盤

最初に掲げた論文日本原始陸耕の諸問題は、戦後間もない一九五〇年、『歴史評論』に投稿した藤森先生の最初の縄文農耕に関する論文であった。そればかりでなくこの論文は、その後日本考古学界の最大の論争の一つとなる、縄文農耕論のきっかけをつくるという、学史的な意味をもち、また先生自身の縄文農耕に対する一連の論考は、すべてこの論文が基礎となっているのである。

まず、戦前、大阪や東京で森本六爾氏に考古学に対する頭脳訓練を受け、弥生時代の水稲農耕文化の研究に半生を捧げた先生は、戦後に帰郷し、改めて郷里である信州の縄文中期の文化に目を向けることとなった。そして、弥生時代の水稲農耕文化に対比してみて、それまで、狩猟生活による文化と信じられていた縄文中期の文化が、いっこうに狩猟的でないことに気付かれたのである。藤森先生の縄文中期農耕説のきっかけである。

これを期に、尖石《とがりいし》をはじめとする八ヶ岳山麓の代表的な縄文中期の遺跡において、その文化現象の吟味に没頭し、幾多の基礎資料を摘出したのである。

その第一は石鏃《せきぞく》であった。石鏃は狩猟生活の表徴であり、その多少は文化期の差より集落立地に関係があり、大集落に少なく小集落に多い。小集落で多量に出土する地点は製造跡とおもわれ、やや多い集落が消費地であると考えた。したがって、中期の大集落の形成されるのは、狩猟生活以外の原因を考えなければ理解できないという結論であった。

第二点は、打製石斧《せきふ》である。これには、大形扁平で刃に直角に着柄した石鍬《いしぐわ》・石鋤《いしすき》と、着柄せずに使われた握り槌とがある。この石鍬・石鋤が、石鏃と反比例して多量に登場するのが縄文中期であること。

第三点は、中期に爆発的に盛行する乳棒状石斧《にゆうぼうじようせきふ》がある。この石器の観察結果から木を切るものでなく、農耕具の一種である掘棒の先につけた石器と考えた。

第四点に石皿《いしざら》を、製粉・捏具《こねぐ》としてとらえ、石棒《せきぼう》の存在から、地母神《じぼしん》信仰の一表現として植物栽培の可能性を引出した。地母神信仰の証拠としては土偶《どぐう》も含めて考えている。

第五点は、火切用の凹石《くぼみいし》である。中期の大遺跡から発見される莫大な量の凹石から、多量な同時発火を必要とする焼畑農耕の存在を信ずるようになった。

以上、要約して五点にしぼられた文化遺物のあり方から、一つの生産形態として原始焼畑陸耕の存在を力説し、さらに、尖石をはじめとする大集落を、ユーラシア大陸の森林地帯に始まったハック陸耕に類似するものであると結論づけている。その後、文化遺物のなかに土器をはじめとする新資料が加わり、さらに改訂もなされていったが、農耕論の大綱は変わるところがなかった。土器については、石器の場合と同じく、弥生式土器の組合せが煮沸・貯蔵・供献の大きく三要素から成り立っている点に着目し、縄文中期のそれと比較して、その様式構造は基本的に同一であるという観点にたっていたのである。まさに、驚嘆に値する論拠であった。

なお、右の論文は一九五〇（昭和二十五）年に『歴史評論』に発表されて、広く学界の注目をひいたものであるが、実はその前々年（一九四八年）に先生は『夕刊信州』に「日本焼畑陸耕の諸問題」を、また前年（一九四九年）には『史実誌』に**縄文中期の集落立地**という小さなエッセイを書いている。その二つを基にして「日本原始陸耕の諸問題」が出されたのである。そのうち後者は、尖石遺跡を起点に、全国各地に展開する縄文中期の大規模な集落の存在理由を、原始陸耕と関連して追い求めようとした短篇である。

このように藤森先生の縄文農耕論の根底には、中期の大集落の発達、すなわち採集生活では支え切れない人口の増大という発想が最初からあった。しかしその考えはその後の集落遺跡の発掘調査例の増加とともに訂正を余儀なくされてくるわけであるが、ここにとりあげた**原始集落の考古学的研究**では、日本考古学における集落調査のはじまりから説きおこし、戦前の尖石遺跡の調査や戦後の大規模発掘にいたる経過や成果を論評する中で、自説の修正をおこなう一方、水野正好氏にはじまる「集落論」の擡頭に、今後の集落研究の方向をくみとろうとしている。以上、縄文中期の集落のあり方が、縄文中期農耕説唱導のかなり大きな要因であったという点をふまえて、先生の数少ない集落に関する論文をはじめにあげておくことにした。

こうした藤森先生の大胆な問題提起に対しては、当然のことながら、学界からはさまざまな意見が寄せられた。その多くはかなりきびしい批判といってよかった。人それぞれ、他人の論を批判したり論評を加え言葉尻を取ることは、いとも簡単にできるのであるが、いざ、自分がその立場に立たされると弱いものである。ましてや、新しいものを考え出すことなど並大抵のことでは出来ない。そうしたことからもこの論文での主張を基礎に、あとの半生を縄文中期農耕の存在にすべてを託して動ずることのなかった藤森先生の研究態度には、いまさらながら頭の下がる思いでいっぱいである。

土器編年から生活の復原へ

まったく興味を示さない人達は別として、一たび縄文式土器の魅力にとりつかれた人は、容易にその魔力から抜け出すことが出来ないものである。藤森先生とてその例外ではなかったはずで、晩年に書き綴られた数多くの論文に、必ずそのことが記されている。本書の原本となった『縄文農耕』でさえ、すぐれた一つの土器論であった。**縄文人と土器**から出発しているのだから。

一般的にいって、縄文式土器、特に中期の土器についての論評は、豪華絢爛だとか、自由奔放な造形であるとかに決ってしまっている。ところが、その実情はけっしてそんな言葉で言い表わせるものではない。それらの土器を作り、使用した人々の生活の血がしみこんでいるからである。ただ、見かけだけにとらわれて、真意をつかみ出そうとする努力が足りないからごく概念的な説明しかできないのだろう。

そこへいくと先生の場合は違っていた。たしかに、世間一般的な見方もあったろうが、考古学者としてまずなすべきこと、すなわち、基礎資料として土器型式の設定と編年の組立をである。その場合、八ヶ岳山麓の特に井《い》戸尻《どじり》遺跡群での資料を使い、それまで考えられなかった一生活単位内でのセットによる土器型式の設定と、竪穴《たてあな》住居址の重複による編年の組立てというまったく新しい方法を考案されたのである（**中期縄文土器とその文化、井戸尻文化**）。

この原理は、なんの学歴も持たない一地方の研究者の開発した方法であったためか、全国各地の考古学者から一斉攻撃の的にされ、いわゆる「井戸尻編年」といわれる成果については現在でも批判が続けられている。しかしわれわれは、何ら憚ることなく現在でもこの原理と、それによって生まれた成果を応用して事に対処している。八ヶ岳山麓という一地域の文化、すなわち「井戸尻文化」の動静を知るのに、「井戸尻編年」はきわめて有効なのである。

それから、土器で忘れてならないのに、煮沸・貯蔵・供献という容器の用途の三要素から派生する形態とその機能の分化をとらえるという観点である。それらから生産手段と生活文化の全体像を引出そうとした、藤森先生の努力と勘の抜群さにいまさらながら感服している。ただ、おしむらくは、外圧に抗しかねてか、その晩年では、最後のつめの段階で、少し弱気の虫にさいなまれてしまった感じがしないでもなかった。

用途を重視した土器論の発展

機能的に分化した土器のうち、まっ先にメスを入れたものに有孔鍔付《ゆうこうつばつき》土器がある。**中期縄文土器の貯蔵形態**（武藤共著）がそれである。この種の土器は他の一般的な土器と異なり、土器の胎土《たいど》の選定の過程から特別な注意が払われ、焼成後に内壁には生漆《うるし》が、外壁には丹《に》が塗布されるのが常であった。こうした防湿性と、鍔の上部にあけられた小孔による通気性と、蓋とを有するということから、藤森先生は種子類の貯蔵具説を主張され、論文はその主旨で発表された。

ところが、その論拠には一つの盲点がかくされていた。この種の土器にはたしかに二斗（約三六リットル）近くも入る容積を持つ物もあるが、そのほとんどは一斗（約一八リットル）も入らない小形品ばかりで、イモ類の種子貯蔵には極めて不適である。そればかりでなくイモ類の貯蔵は土中の方がはるかに適していたのである。この点、共同研究者の武藤とは意見が合わなかった。しかし、貯蔵形態であるという点は変わらず、農耕発生への証拠の一つに考えられていた。

有孔鍔付土器の次に登場するのが釣手《つりて》土器である。藤森先生の縄文式土器論のなかで最も優れていたのがこの**釣手土器論**である。釣手土器といわれるものはほとんど完形で発見されることから、その用途を的確に推定されると同時に、編年的にも不動の線を案出された。また、用途については、集落の中の特殊な家で「神を呼ぶ灯」として中期農耕肯定の資料としている。

三編の土器論の最後が**顔面把手付土器論**である。この場合、最も注意されなければならないのが、その用途についてであろう。藤森先生は顔面把手《がんめんとって》の付く土器が器形の面でキャリパー形を示し、縄文の地文が多く、上部に炭化した煮滓《にかす》が付着している点に着目し、これを蒸器と考えられた。そして土器の内側をむいた内向きの顔面は、器内から無限に湧出す食物に感謝して、満ち足りた喜びの表情を表わしている。この情景はやはり地母神信仰とむすびつく中期農耕肯定の一要因であると結んでいる。

以上三編の土器論を通じて言えることは、そのものの観察の点で最後の一押しが不足していたという一語につきると思われる。藤森先生の悪いくせは、勘もひらめきも良いのだが、文才が災いしてか、新しいことを発見するとことんまで資料をいじりまわさずにすぐ書いてしまうのがいけなかったようだ。原稿を書いているような

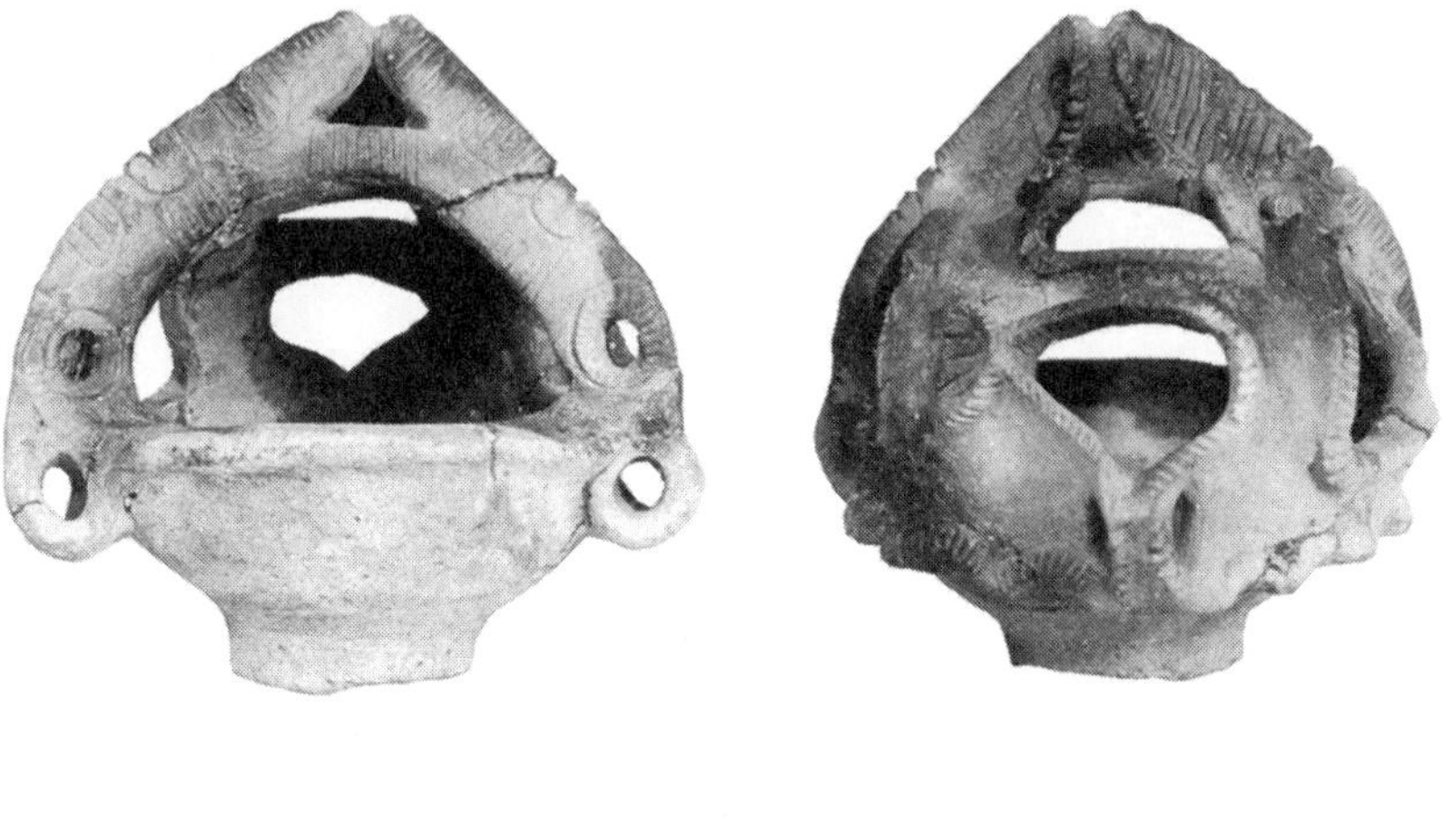

井戸尻遺跡3号住居址出土の釣手土器

時横合から、ちょっと「そこはこうしたらどうだろうか」なんて口出しすると「お前は黙ってろ」とかなり強引なところがあった。そこでこっちが押切っていれば、いまさら悪口など書かなくて済んだものをと後悔している。

石棒と呪性とお産から

縄文中期の文化を論ずるうえで欠くことのできないものに石棒と立石《りっせき》がある。これらは、いずれも中期の後半からその存在が顕著になるもので、呪術の世界といわれる縄文時代の生活文化解明のうえで注意されなければならない。中期後半の曽利《そり》期、特に曽利Ⅱ式期になると、住居の内でも炉の北側から北壁にかけての位置に据えられるようになる。また、屋外にも巨大な石棒や立石が特定の「場」に立てられ、呪術的な祭祀が屋内に入ったり、屋外の特定な場を得ていたことを証明する資料だとしておられる（**立石・石棒と特殊遺構**）。

それでは、石棒や立石は何に使われたのだろうか。やはり、その形から生産と、生殖を司る神であったのだろう。後期になると、立石は集団化して環状列石のようなものへ移行し生活立地に降ってしまう。石棒を祭る祭祀は道祖神や金精様として現在まで受継がれていると説く（**石棒と原始農業**）。

縄文時代の生活を考えるうえで最も困難なのは精神的な面、即ち呪性であろう。その証拠となるものは相当に古くから存在する。それらは例外なしに女性を表現しているのである。例へば、上黒岩《かみくろいわ》のビーナス像、全期を通じて発見される土偶などで、とりわけ中期のそれは、乳房・腹部を強調し、なかには女陰まで印刻するものがある。ところが、これらの土偶のほとんどが破損されているところから、生殺与奪の女神として地母神を考え、埋甕《うめがめ》から踏みつけられる精霊を引出すなどして縄文時代盛期から末期への呪性の変移を示し、中期農耕肯定の一証左としている（**縄文の呪性**）。

縄文人のお産。このエッセイは本書のなかで藤森先生の文才を発揮した最たる文章であろう。自らが入院した産婦人科医院で感じとった経験から、土偶などの実物資料を通して縄文人のお産の情景を描き出している。それに、最も得意とするマムシ恍惚《こうこつ》論を交えて、産屋のあり方を説明している。この章が先生の晩年の作とは考えられないほど、生気に満ちあふれているのが不思議なくらいである。

石器を通して見えるもの

生産用具としての石器は、藤森先生の農耕論のなかで土器よりも先に目に付けたものであった。したがって、そのとらえ方の基本を調べてみることにしよう。

生産用具としての石器は井戸尻遺跡の資料を使い、その下層である早期・前期の石器が狩猟的であるのに反し、上層の中期では石鍬やチョーナ刃の存在から農耕的であると結論した。その原理を応用して新道《あらみち》・狢沢《むじなざわ》期の石器がより中期的で、藤内《とうない》・井戸尻期に良好な資料が少ないとされた。その結論はいまでは訂正されるべきであるが、打製石斧が伐採具、石匙《いしさじ》が携行具、乳棒状石斧が掘棒という、石器に対する基本的なとらえ方の相違から来ているものであって、中期的石器の終末を考えるうえでの大きな誤算ともなったのである。

それでは各論に移るとしよう。まず**縄文中期における石匙の機能的変化**でとりあげられた石匙であるが、編年的な考察は中期の中葉期までは正しかったが、それ以後が不明瞭になったようである。しかし刃物としてのスクレイパーとは異なる機能的意義についてふれたことは、当時としては、評価すべき線であったろう。先生の存命中に、その機能分析が草掻き具であるという方向で完成していれば、今頃、縄文農耕の存否を論ずる必要がなかったのかも知れない。それほどに、石匙と呼ばれる石器は重要なものなのである。

さて、いよいよ問題の**乳棒状石斧論**に入ることにしよ

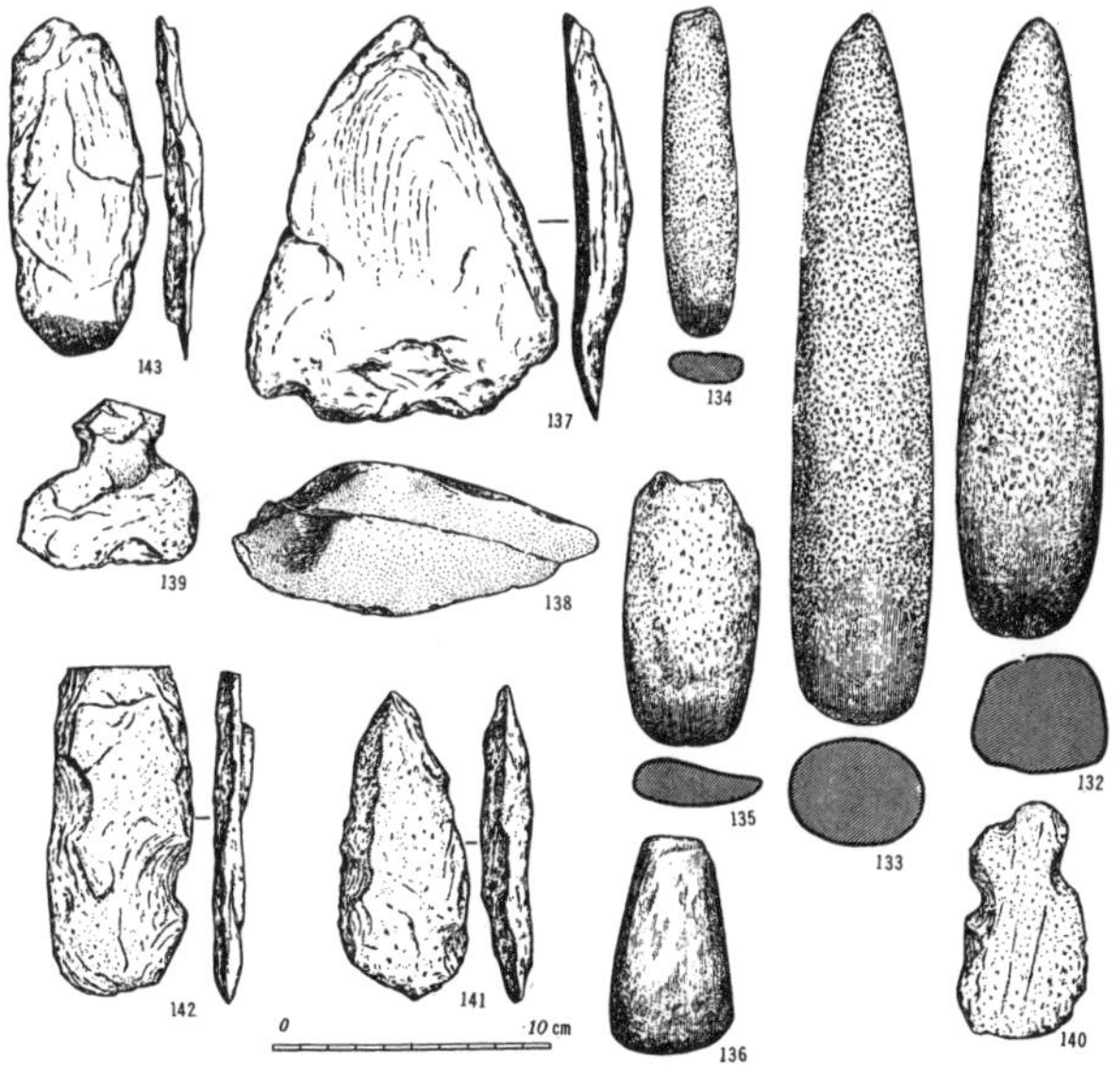

新道遺跡第1号住居址出土の石器群。右上4点が乳棒状石斧

う。最初の部分には問題はなかったのだが、終わりの二点に問題が残った。先生は新道一号址発見の乳棒状石斧が、掘棒の先に付けた石器であると考えた。その証拠は、刃先が丸くて鈍く、調整が雑であるうえに、縦方向の擦痕が見られるとしている。擦痕は土砂によってのみ可能だから土中に突込まれる道具、すなわち掘棒の先と考えたのだろう。

この思考の由来は、中期の農耕がイモ類を対象とした焼畑陸耕であり、その農具として掘棒を考えたからである。しかし、単なる掘棒の場合では何も付けないのが能率が良いし、だいいち掘棒の先にどのようにして着装するのだろうか。また調整の粗なのは、それなりの理由があるのだし、擦痕は刃が欠け、その破片で付くのだから縦方向に付いて当然である。したがって乳棒状石斧は木材の伐採以外に、その形状からしても考え及ぶ余地のないものである。さらに、焼畑の造成には木の伐採は必要不可欠の作業であることから、その伐採具に無理をして打製石斧を充当することなど、せっかくの縄文農耕論を自ら否定する行為でしかなかったようである。

第二点は、井戸尻期で掘棒から石鍬に農具が移行したとする見方である。この点も頭脳明晰の先生にしては、筋違角的な思考であった。そんな形跡はさっぱりないのだから。

とにかく不肖な弟子ではあるが、その一人として、この過ちだけは正しておきたかったので、敢て恩師の悪口をたたいた次第である。先生の存命中には、どうしても聞き入れてもらえなかったので、甚だ申訳ないが口論の続きだと思ってお許し願いたい。

縄文農耕論のすべて

縄文農耕に関する最初の論文を、戦後間もなく発表して以来、藤森先生の仕事は、前述のような土器や石器やその他の考古学的な資料について、農耕論の基礎固めをおこないながら、その時どきにかなり大胆な縄文農耕論を提出し、学界での論争を促すという過程で発展してきたものである。これから本書の生命ともいえる、先生の縄文農耕論そのものの論文をとりあげて、その内容を検討していくことにしよう。

まずはじめに、縄文農耕論についての研究史を扱った二つの論文がある。**縄文中期農耕論とその展開**は、後出の「縄文中期文化の構成」とともに、「日本石器時代研究の諸問題」という三回シリーズの論文として、雑誌『考古学研究』に発表したものである。ここでは、打製石斧を土掻具とみて農耕の存在を説いた大山柏氏の説と、それに対して「現在では縄文式に農作物の証拠がないのは著名の事実である」とする山内清男氏の反論という二つの見解を縄文農耕についての賛否両論の原型としてとらえ、とくに縄文式土器編年研究一遍倒だった時代の山内氏の反論が、縄文農耕論の鳴りをひそめさせた大きな原因だったと述べている。

それから中断の時期を経て、戦後先生は故郷の諏訪で研究をはじめるようになり、いわゆる勝坂式土器とその文化内容が、弥生式的であることに気づかれ、先生自身が最も積極的な縄文中期農耕説肯定論者へと入りこんでいく過程が述べられていく。

こうして展開された藤森先生の縄文農耕論に対して、学界では少数の肯定論もあったが、否定論の方が圧倒的に多く、かつ熾烈であった。その筆頭は何といっても芹沢長介氏である。先生は文中に芹沢氏の反論を、長文にわたって引用・紹介し、その要旨は、肯定論者からの資料が組織的な証明の方法をとっていない、肯定論の論法が非論理的ですべて不備であるという、いわば学問の手続き上の問題をより重大にとりあげているものだと要約した。そして「にも拘らず、皮肉にも、芹沢反論が出た昭和三十一年前後は、芹沢氏のいう学問以前の縄文農耕論が（学界で）花盛りの感を呈したのである。これは学問の行き方など、いちおう、しばらく措くとしても、まず発表しなければならない事実があったことを示すものだろう」と再反論している。

さらにその芹沢氏の反論は、日本考古学の「伝家の宝刀編年学の本命題否定論の根底が、（戦後）初めて歯に衣せずに現れたのである」と指摘している。

まさにこの時期の縄文農耕論は、肯定に有利な資料が蓄積されつつあったのに、あまりにも否定論が強く、事実とそのものすら無視され、肯定論は押しつぶされてしまったのが実情のようである。しかし先生も指摘しているように、こうした論争の間を縫って、いや論争に刺戟されるように、縄文時代にも農耕があったという考え方は、徐々にではあるが学界で主張されるようになり、とくに九州・西日本各地の、少なくとも縄文時代晩期にはなんらかの農耕が存在したと考える気運が上昇しはじめていた。当の芹沢氏自身も九州におけるアワ栽培の可能性を、間もなく説くにいたるのである。先生の言葉でいえば「地味で精緻な編年学の研究からいえば、取るに足らぬ思いつきなるものが契機となって、いま、ある物の観方が湧然として胎動していることを否定できない」といった状況だったのである。

『考古学研究』への三論文の発表を機にして、春成秀爾・赤松啓介・永峯光一氏らの批判が寄せられ、それに対する藤森先生の意見を述べた論文が**縄文中期農耕肯定論の現段階**である。主として農耕具等の石器の研究や石器の存在の仕方に対する評価の不備を指摘した春成氏の批判と、農耕の概念等の把握が不十分だとする赤松氏の批判に対しては、それらの批判の趣旨を率直に認め、今後の検討を約束した。

しかし、中部地方を中心とした中期縄文文化の繁栄というものは、せいぜい高級採集民の残した文化であるという内容をもつ永峯氏の批判については、そうした批判が事実によらない常識的な学説の引用にすぎないことを指摘し「現段階における常識的否定論というものは、考古学の場合いくつかの新しい発展にブレーキをかけてきたことを銘記すべきである」と強く反論した。そして中期縄文時代の人々が、植物を栽培することはあり得ないという一線を、かたくなに守ろうとする学界一般の奇妙なこだわりを、次のように皮肉っている。すなわち「考古学なる、偶然という埋没と、偶然という発掘の微妙な相関関係からなる資料学において、ないといいきることのむずかしさを知らないだろうか」と。

しかしいままで無視されがちだった縄文農耕論に、具体的な形での批判がなされたことの意義を、先生は高く評価している。「筆者は、いま主題の論議（縄文農耕論）については一応の反省期をむかえている。否定論も虚心にきくつもりである。前論の粗雑だった分については回もする。しかしもちろん肯定論は消えたのではない」ということの論文の結びの言葉は、縄文農耕論の新しい展開を期待する先生の執念でもあった。事実この論文を書いた前後から、先生は大著『井戸尻』をはじめ、以下にとりあげる多くの生彩ある縄文農耕論の論文・エッセイを矢つぎ早に発表するのである。

前述のように**縄文中期文化の構成**は、前二篇の論文の中間に執筆されたもので、春成氏等の批判はこの論文の内容にふれたものである。『考古学研究』に発表された当時の元の論文では、「その四十世紀のひらきを」という縄文時代の絶対年代についての学説の対立をとりあげた章と、「日本農耕起源論のはじめ」「勝坂式文化内容の不思議」という三つの章がふくまれているが、後二者についてはその後、先生自身が別の論文（縄文中期農耕論とその展開＝前出）に要約してつけ加えているのでそれにゆずり、前者については本全集では省略した。

したがって残りのこの論文の主題は、縄文中期文化の諸要素を列記して、それらが農耕文化的構成をなしていることを示し、それらの事実が栽培植物の発見のいかんにかかわらず、縄文中期には焼畑陸耕が存在したことを示すものだと論じたものとなっている。そして栽培植物としては、南方系のサトイモやヒエ・アワ・イネ等をあげているが、まだ決定的な出土例がないというのが、当時の実状であった。

以上のようにこの論文では、最初の「日本原始陸耕の諸問題」でとりあげた論拠に、さらにその後の知見を加えて、縄文中期農耕論のおさらいをしてみせたといってよい。

次の**縄文中期農耕論の可能性**は、藤森先生の編著になる井戸尻遺跡群の報告書『井戸尻』（中央公論美術出版刊）の、いわば結論の総括として執筆されたものである。学術報告書の一部ということもあったせいか、またこの直前に与えられた縄文農耕論への学界の具体的批判を考慮してか、混乱して縺《もつ》れた縄文中期農耕説を、潤葉樹林帯における植物性食物多用の文化であるという説に、いったんは後退させている気配がみえる。しかしそうした生活の中で使われた多量の打製石斧・石皿・凹石・蒸器としての土器等々が、農耕生活の証拠としても決して不思議でないことを強く示唆し、とくに有孔鍔付土器を種子の貯蔵具に見立てて、農耕肯定論への可能性を捨て去ってはいないのである。

こうした一種の後退は、藤森先生にとっては「押してだめなら引いてみろ」という心境であって、縄文農耕論の執念の火はそれを全く消すことはできなかった。右の論文から四年後に出版された『縄文の世界』（講談社）の中の一節からここに収録した**縄文の焼畑**（原題は「高原の野火」）は、潤葉樹林帯の生活の中で縄文人が日常的に体験したであろう高原の野火の中から、焼畑陸耕の発生を再現しようと試みたものである。そしてそこでは、当時先生が晩年の病身をむちうって、自ら踏査の足を運んだ信州秋山郷など、現代の焼畑山村の実態と、縄文時代のそれとを重ね合せて、縄文の焼畑をリアルに復原しようとしている。

こうして激しい意欲で縄文中期の焼畑陸耕の存在を追い求めてはいるが、その焼畑は穀物栽培のものではなく、「イモ系の焼畑」にまたあともどりしてしまっている。藤森先生の縄文農耕論はどうもイモにこだわりすぎていけない。それはともかく、酸性火山灰台地・潤葉樹林帯・野火という三条件の中に、原始的な焼畑による植物栽培が芽生えてきたと信ずると書くことによって、強烈な反対論の中で、なお縄文農耕の可能性を強く信じていたのである。

採集から原初農耕へは、右の論文と同じ年に発表されたもので、縄文文化の時代的な流れを簡潔に概説した論文である。短文であるが、日本の原始時代史の中で、縄文中期の農耕をどのように位置づけるべきかという、先生の考え方を要約的に知ることができる。

さて、縄文農耕論のしめくくりはどうだったろうか。死の直前に書かれた最後の縄文農耕に関する論文である**縄文中期植物栽培の起源**をみてみよう。その冒頭に「現段階における縄文中期の植物栽培存在の肯定資料を列記して、近い将来における新しい発見に期待したい」として、栗帯文化論以下、栽培植物の問題まで十八項目にわたって、その可能性としての肯定資料を列記している。その資料はいうまでもなく、本書全般にわたって論及してきた、つまりは、藤森先生の半生の研究の集積と、ほとんど一人対無数の論敵と対決した論争の集約とであった。

そして最後に、「今後、発掘によって栽培植物の遺体自身が出土するにしても、これはとうぜん植物学の仕事であり、われわれは、考古学を通じ、中部高地の中期縄文文化の構造を究明すべきで、その文化構造こそ、単なる植物嗜食の強い採集狩猟の文化とは、どうしても考えにくいという点にある」と結んで、その晩年では、一面、かなり弱気にもなっていたようであるが、しかし将来の研究への強い期待を示しているのである。

縄文農耕論の再出発と現状

藤森先生の没後、あたかも、ボスを失った野猿の群のごとくに、あとを引継ぐ者のないかにみられていた縄文農耕論も、最近になってようやく本姿を現わしてきた感じがする。

その本命はなんといってもアワの炭化種子の発見であった。その最初の発見がもたらされた一九七四(昭和四十九)年夏といえば、先生の亡くなられた翌年わずか半年後のことである。それも、お膝元の諏訪市は荒神山遺跡からであった。藤森栄一という人は、よくよくつきのない人であったのかもしれない。

それからというもの、原村の大石遺跡でも同じ炭化種子が発見され、同じ原村の上前屋根遺跡では自分たちの手で掘り出すことができたのである。はたして、八ヶ岳西南麓に謎を解く鍵が埋もれていたのである。しかも、それはイモなどではなくて、れっきとした穀物であった。もう、こうなったら後に引くわけにはいかない。それどころか引く必要は何一つみつからないのである。藤森先生の場合は教養もあり、文才もあったので、恨みや怒りを口に出したり文章に表わすことなど決してしなかった。そして縄文中期農耕説の、それこそ決定的ともいえる資料が発見された今、先生は墓場の蔭から、きっと孤独だった縄文農耕否定論者とのたたかいのあとをふりかえりながら、ひそかにほほえんでいるにちがいない。

さて私ごとであるが、一九七八(昭和五十三)年、藤森栄一賞受賞という青天の霹靂の如き、思いもよらない事件に襲われることになった。いくら冷静に考えてみても受賞する覚えのないのが不思議である。それも受賞の理由に縄文中期農耕説への貢献と将来への期待があげられていた。

その受賞式の日、嫌がるのに無理やり喋らされたのが「縄文農耕をめぐる最近の動向」であった。かなり思いのままを話したつもりである。ここにその内容を要約して紹介し、藤森先生によってひらかれた縄文農耕論の今後の展望を語ってみたい。

〈農耕論の推移〉 このことについては、すでに先生が詳細に述べられているので重複する点は極力さけていきたいと思う。まず、明治・大正から昭和の初期にかけての論文に目を通すと、すでに石器が農具である点に注目した大胆な考えや論考が登場していて、実に愉快なものである。そのまま進めば今頃は立派な農耕論が出来上っていただろうにと悔まれてならない。

戦後、系統的な農耕の歴史の研究を手掛けたのは木村靖二氏をおいて他にない。同氏はれっきとした農学者であるにもかかわらず、考古学者以上に考古資料を使いこなし、縄文時代の中期に原始農耕の始期を求めている。

最近では、やはり農学者の中尾佐助氏が世界的な視野で『栽培植物と農耕の起源』という大論文を発表された。同氏の場合は、考古学者のつまらぬ偏見が加わっていなかったので、実に見事に農耕の起源を描写している。まさに天啓ともいうべきものである。ただ、おしむらくは、日本の実際への配慮がいま少しほしかっただけである。

これら両氏のほかに、佐々木高明氏・上山春平氏らは、照葉樹林文化について優れた論考を発表している。以上の考古学以外の分野の積極性にくらべて、大げさないい方をすれば、駄目なのは考古学者だけということにもなりかねない。

〈野生植物性食糧〉 いわゆる採集によって得られる食糧である。これには、直接目で確かめて得られる、クリ・クルミ・ハシバミ・ドングリなどの堅果と、アケビ・山ブドウ・シラクチなどの漿果および各種の山菜類がある。土中から掘り出さないと利用できないものには、ヤムイモ・ユリ・クズ・カタクリなどがある。

これらのうち、土中から掘出す根菜類は、一度掘ると恢復するのに相当の年月が必要だし、第一、絶滅するかもしれない。栽培すれば別だが。堅果類ではクリが最も良好な食糧であるが、これとても年成りがあり、主食の座を占めるに相応しいものとは言い切れない。クルミやハシバミ類は副食の地位を保つ程度であるし、漿果類に至ってはオヤツ以外の何物でもない。そうした食料としての評価について不信をいだくのだったら実験してみると納得できるだろう。

このように、現在、我国で利用できる野生の植物性食糧には限りがあり、少なくとも主食の座を確実に占め得る物は無いはずである。どうすれば良いのだろうか。栽培する以外に主食とするに足る物を得る方法のないことぐらい、小学生でも理解できる。

〈栽培植物の条件〉 何の手もかけずに放置しても、毎年採集できる多年性の植物は容易に栽培化されないものである。そうした多年性の食糧が豊富に採集できる地帯では、いきおい農耕の発生がおくれてしまう。

そこで考えられるのが、一年性の植物ということになる。それも、一粒一粒では小さくて利用できないが、集めると立派な食糧に変わる物、即ち、イネ科植物の穎《えい》果である。

考えられる種類にシコクビエ・アワ・キビ・ヒエ・ムギ・モロコシなどがあり、イネ科植物以外では、ソバ・豆類および各種の野菜類などである。

また、粒が大きく一つでも利用できるものには、多年性のヤムイモ類・ユリ・ジャガイモ・サトイモ類などの根菜類があげられる。

そこで問題になるのが種子の確保＝貯蔵の必要に迫られることになるのである。

根菜類は、その生態上からも土中に貯蔵するのが最適であるから問題ないにしても、イネ科植物の種子などは非常に困る。およそ、これらの種子貯蔵に最も適した容器の条件としては、湿気と極度の乾燥を防ぎ、なお、適度の通気性を保ち、害虫や鼠などの侵入できない構造の物体が要求される。そんなものがある筈がないだろう……。ところがそれが立派に存在する。何だろうか。瓢《ひょう》簞《たん》である。

我国では、福井県の鳥浜貝塚で、すでに前期には瓢簞が確実に存在している。この事実は何を物語っているのだろうか。古くから、「瓢簞から駒が出る」という諺がある。それ、そのものであった。瓢簞があって駒が無いはずはない。もし、なければ見つけ方が悪いのだろう。

一つの証拠があったら、それに伴い、それに関連する事象の一つや二つ見つけ出さなければ話にもならない。これ以上、こまごま説明することもないだろう。

〈農耕と農業の考古学的な定義〉 およそ考古学という学問ほど奇妙なものはない。全く同じ事を考え研究して発表しても、それが素人であったり、学歴のない人間のしたのでは駄目で、また、学者の間でも、自分のものは正しく、他人のやったことは駄目だという。だからいつまでたっても先に進まないし、他の分野の人達に馬鹿にされてしまう。

植物栽培にしてもそうである。何か栽培したとでも言おうものなら、すぐ農耕はなかったとくる。完全に（例外もあるが）農業であるのに農耕社会だという始末で定義も一貫性もあったものではない。困った次第である。

そこで、我々は次のように原則的な定義を設定して考えることにしている。

(1) 栽培、個または集団状態の必要とする全食糧の三分の一にも満たない量しか生産できない。

(2) 農耕、三分の一以上で必要量までか、または必要物資確保に要する交換に必要な生産量を確保できるようになる。

(3) 農業、もちろん狩猟・採集も含めた必要以上に生

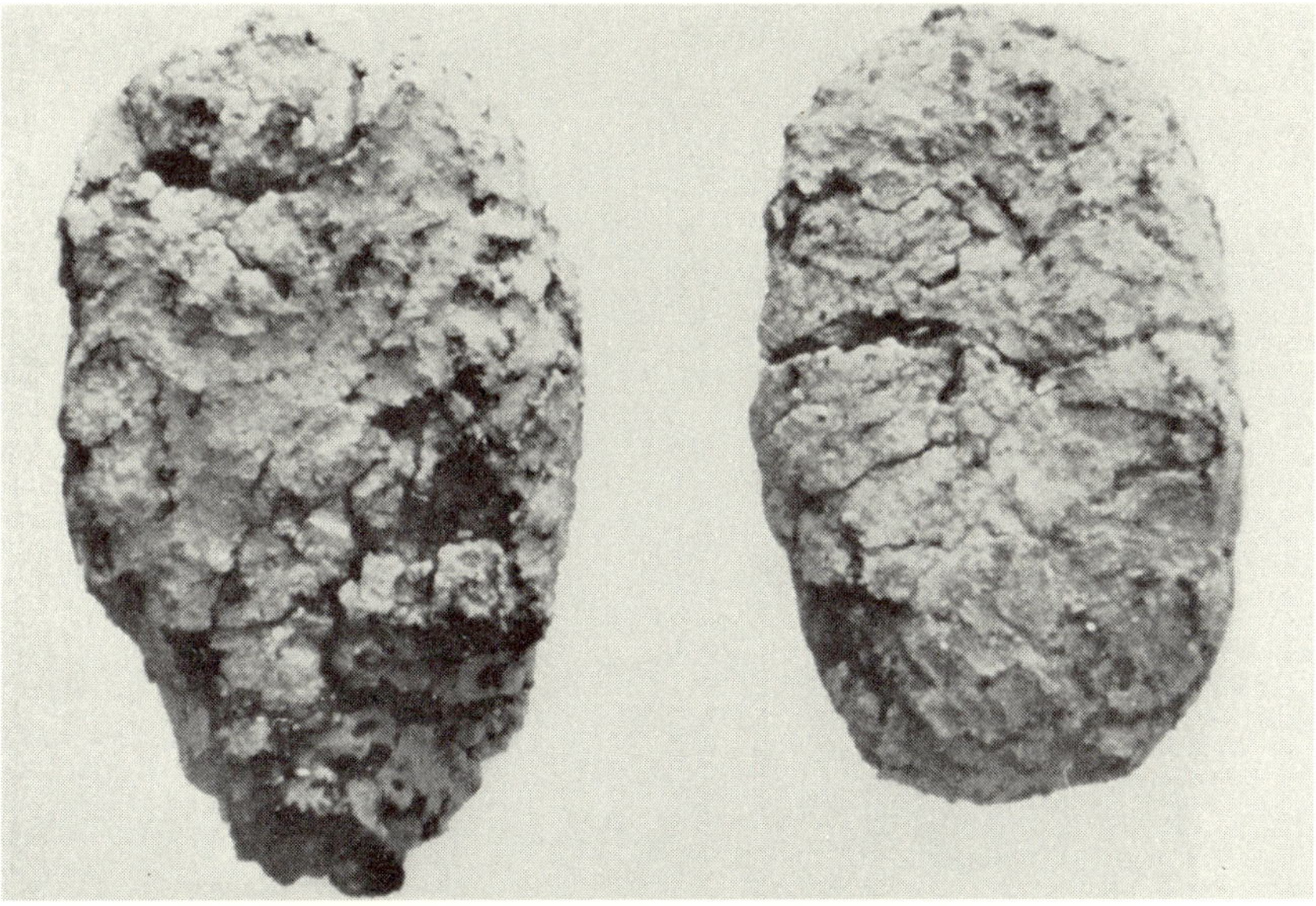

1961年に曽利遺跡から発見され、縄文農耕の新資料として藤森栄一が大きな期待を抱いて学界に発表した、コッペパン状の炭化物

産量が達し、他の集団または、その一部を養うことが可能となった状態をさす。

その場合、各段階において、栽培される植物を作物と呼び、それに使用するすべての道具類を農具と呼んでいる。また、栽培する場を畑《はたけ》または水田《みずばた》と称することにしている。

これらの三段階区分は、あくまで大要であって、その前段および内部においては、さらに細分し詳細な文化階層を設定しうるであろう。しかし、ここでは、それらを詳細に記述する紙数と、その場でないので省略し、とにかく、少なくとも弥生時代以後は農業であり、それ以前、即ち、縄文時代は栽培または農耕であるといえるのだということにとどめておきたい。

〈縄文農耕研究の現状〉　藤森先生の没後、寄りかかる大樹を根こそぎはぎ取られた形のわれわれは、一時、呆然自失の状態に陥ってしまった。しかし、何とか立上ることができた。それは、ひとえに先生がやり残しておいてくれた縄文農耕研究のおかげであった。

そこで私は、自分達の置かれた環境、立場に従って、身分相応の研究方法を開発採用したのである。即ち、農業の経験とその資料を最大限に生かすことであった。それに加えて、広く知識を他学会や海外に求め、それらを総合的に考古資料に結合させていくのである。したがって、現在進行形であり、逐次、改良・改変を加えてより完全なものに近づけていきたいと思っている。

したがって、これから述べる事項については極めて不完全な面も多く、改変することによって、何だ、あの時の発表はと、後に苦言を呈されるかもしれない。しかし、何事においてもそうした過程のあることは当然であろう。ここでは、研究の大要を項目別に列記して参考に供したい。

1　石器の製作と使用実験により、次の法則を発見することができた。

「すべての道具は、その材質のいかんを問わず、原則として同一作業の目的のためには同形になる」

この場合、勿論、その時点で最高の材料と最高の技術を駆使する。この基本原則を応用して縄文時代中期を主とした石器群を研究した結果、一部を除き、ほとんどの石器を理解することが可能となり、石器機能の分析が不足しているという批判については、大略解決することができ、名実ともに縄文中期の石器の多くを農具と呼べる状態になった。個々の農具については別の機会にゆずりたい。

2　井戸尻考古館の完成と同時に栽培実験を重ねるこ

とにより、これもやはり、

「同一作物の栽培には、土質・環境の差により多少の差があっても、同形の道具と管理が必要となる」という基本原則も発見できた。

3　栽培実験によっては、このほか、肥培管理の面で、灰の利用＝炉中に焼灰が残っていないこと、糞尿の利用＝ロームマウンドの存在と活用、作物別による畑の形態と規模、焼畑と管理畑＝小集落と少ない家財道具・集落と永住性のある家などの関係に手掛りがつかめた。

4　土器の機能研究により、従来の研究の分と合せ格段の進歩をきたした。

「煮沸による二次加熱→外壁上部に煤が付着→下胴部から底部が脆く赤変する→内壁につく炭化滓が調理されるものの種類により異った付きかたをする」という結果が得られた。

5　土器の「文様解読」という新しい技術の開発により、生産・生活・精神文化の解明に大きな光明を見出すことができた。

6　土器その他の遺物にみられる漆技術の存在から、その漆技術を開発した高度な文化が、すでに縄文前期には我国に渡来してきた事実を無視してはならない。

7　澱粉質食糧の多量摂取により、当然の結果として塩分の必要性が起こり＝、貝塚遺跡の発生→発達＝海産干物の製造と交易という現象が現われる。

8　植物性遺物の検出の重要性については改めて指摘するまでもないことだが、遺跡から発見される植物性の遺物は、余程の好条件に恵まれない限り完全に残らないものである。これらを、あらゆる科学的方法を駆使して発見することは不可欠の問題である。

9　前段に関連して衣服の研究を進めなければならない。これには、各種の繊維とそれを加工する紡錘車の研究はもとより、糸を編み織る技術の発見にも勉めなければならないだろう。

10　最後に、栽培作物種子の発見についてであるが、近年、縄文農耕の存在を確信するという意識的な調査によって、従来、検出不可能とされてきたこれらの種子が、炭化した状態で住居址から、また土器中からどんどん発見されはじめている。この事実は、馬鹿げたほど依怙地《いこじ》に、中部山地の縄文中期の文化を狩猟採集経済による文化だと主張し、藤森先生以来の事実を闇に葬ってきた日本の「自称」科学的考古学と、その信奉者たちに、大きな反省を求めることになるだろう。

縄文中期の農耕は、いまや存否を問題にする段階から、その実態を立証する段階になった。今後は、鎖国的な狭い考えを捨て、少なくとも旧石器時代の研究が周辺地域との関連で行われているくらいの視野にたって、国内は勿論のこと国外の資料にも目を向けて、研究を進めていくべきだと考えている。そうすれば、昨年から今年にかけて長野県ばかりでなく全国的に話題になった阿久遺跡の謎も、存外簡単に解けるかも知れない。

なお、右に列挙した内容の一部を、最近私たちが発表した報告書『曽利』の中で具体的に提示した。ご批判を仰ぎたい。

おわりに

藤森栄一全集の企画が本決定となり、各巻の編集と解説文の執筆分担が決ってからというもの、通読していなかった『縄文農耕』を読むことから始め、ああでもない、こうでも駄目だと思い悩んでいるうちに、〆切の時期が来てしまった。編集の方は何とかできたが、いざ解説文を書くとなると思うようにはいかない。考えていたことを悩んでいたことの半分も文章になって表われてこない。実力がないのだから仕方がないと言えばそれまでだが、読者の皆さんや、藤森栄一先生に申訳ない気持でいっぱいである。

それから、この原稿を書いている最中に、今まで縄文農耕について考えを一にしていると思っていた中央の有名な考古学者から、こっぴどいしっぺ返しを喰わされ、縄文農耕論の今後もなお反撃の厳しいことを思い知らされた。しかし、今となっては挫けるわけにも、尻尾を捲いて後退するわけにもいかない。そんなことにでもなったら、亡き藤森先生の恨みを晴らすどころか、顔向けもできなくなってしまう。とにかく前進するしか道がない。だが、縄文農耕の研究には反対者ばかりではない。我々の周囲には若い研究者が大勢いるし、今後とも、あとからあとから輩出することを信じている。そして、藤森先生がかつて論文の中で書いた次の言葉を、この解説文でもまた結びの言葉としたい。

「八ヶ岳の南麓には、まだたくさんの竪穴住居址や、それを湿らす沼沢地が眠っている。……もうすぐそこに原始農耕の実態があると信じて、つぎの発掘にとりかかるつもりである」

10 生活する古代人の追求

桐原　健

使ってキズついた石器を見つめる

若き日に森本六爾の学問に強い影響をうけ、東京考古学会の研究活動に深いかかわりをもっていた藤森栄一は、少なくとも戦前は弥生文化の研究者として、学界では知られていたはずである。藤森の弥生文化研究における数々の仕事の中で、きわだった特徴とすぐれた独創性をもつ学績としては、弥生時代石器の研究が挙げられる。最初の発表は一九三二（昭和七）年の岡谷・天王垣外《てんのうがいと》遺跡の石器報告だが、準備段階として少なくともその前、五年の年月があった。

弥生文化研究の中で、石器の存在がわかったのは、鳥居龍蔵による大和や河内の弥生遺跡踏査に依っていて、この文化が「固有日本人」の文化所産であると力説したのが一九三二年の『有史以前の日本』であり、一九二四年の『諏訪史』第一巻である。

この『諏訪史』第一巻が藤森の蔵書として納まったのが一九二六（大正十五）年、十五歳の時で、ちなみにこの年、八幡一郎は五つ違いの二十歳、森本六爾は更に三年年長の二十三歳だった。

大抵の人の考古学入門は石器から始まる。まず石鏃《せきぞく》であり、磨かれた定角式石斧の類だろう。藤森も似た様な階梯を辿ったが、ただ、彼の場合は、早くから弥生の石器に焦点を当てていたらしい節が見受けられる。おそらく、両角守一《もろずみ》・八幡一郎・森本六爾の影響の故だろう。

年譜によると、一九二七（昭和二）年、土錘の分布によって諏訪湖の水位変動を立証しようとした論文を、処女論文として発表したばかりの彼のところへ両角が突然訪問したとある。この時に本格的な考古学開眼がなされたことと思われるが、両角は弥生文化の研究者として当時夙に著名であり、一九二九（昭和四）年には「上代における鎌」を発表している。八幡は一九二八年に『南佐久郡の考古学的調査』の大冊を刊行、一九二九年から三四年まで弥生時代石器の報告を相次いで行っている。一九三〇年には『土器・石器』を出している。藤森は一九三〇年には森本六爾の知遇を受け、一九三一年には初めて諏訪中学の先輩である八幡と対面していて、彼の弥生石器研究は恵まれた環境の中で出発したものと言える。

両角も、八幡も、森本も、みな石器の背後に人間を見出そうと努めた研究者であって、徒らに石器の形態分類だけに終始してはいない。完形品よりも破損品を重視し、石質に、重量に、体部の擦痕に注意を払っている。「磨かれた石器の文化の中で書かれた歴史が受胎する――磨製石器の中に農業的な意味を抽出したい」という森本の言が、そのまま藤森の石器に対する研究態度を決めていった。

一九五〇（昭和二十五）年の『続石器と土器の話』（全集第七巻所収）の中で藤森は言っている。

「――石斧が実用品である以上、使ったんだから、とうぜんキズがついたわけですね。ですからそのキズがなぜついたか調べてみたら、その石器がどう使われたか想像がつくわけでしょう。こんなわかりきったことを調べてみようとした人が、いままであまりありませんでした。石斧はきれいに磨かれたまま、キズ一つないということはまずありません。ところが、人々はキズのないのを完全だといって珍重し、よろこんでいたのですから、石器の研究なんか進みっこありませんでした。私はキズのついた、またはこわれた石斧ばかりを一生懸命集めて、図にかいて研究してみました。ところがどうでしょう。この石斧、弥生式石斧のことがとてもはっきりわかってきました」

弥生式土器・石器との出合い

諏訪盆地の中でも、湖北の岡谷市には中期の弥生遺跡があり、磨製石斧や石庖丁《いしぼうちょう》も案外に多かった。一九三一（昭和六）年八月には天王垣外の小口伊乙宅出土石器を調査し、ここで具さに石器観察を行った。次いで一九三二（昭和七）年九月には三日間の北信濃旅行を行い、千曲川下流の中野市栗林や下水内郡豊田村替佐川久保の石器セット、飯山市外様小学校に保管されている、北沢量平の磨製石器コレクションを実見してきた。

執筆の準備は整った。同年九月二十二日の日記には「信濃弥生式文化相の研究資料編Ⅰを書き始める」と見えている。

この研究資料編Ⅰが同年十一月の『考古学』三―六・七合併号掲載の**諏訪天王垣外発掘の弥生式土器及び石器**で、この中では「（Ⅲ型石斧の）胴部表裏に見える二、三の敲撃による不規則な凹みはこの種の石斧の用途上、注意を要する」などと、先学の教示があったとはいえ、石斧の着柄痕をまず指摘している。

『諏訪史』第一巻では、弥生時代石器には石斧・石鏃・石庖丁・石剣《せっけん》があるというだけ。これが『南佐久郡の考古学的調査』になると「石器のうち、磨製石鏃は古式弥生式に伴うものなるか、磨製石斧のうちⅢ型、Ⅳ型は弥生式関係、石庖丁は一般に弥生式土器と伴出すると信ぜられる」と次第に明確化してきていて、藤森レポートはこれら先学の学績に立脚しているとは言いながら、天王垣外の石器観察は従前の比ではない。遺物の裏に人間を見る目が既に開眼していて、これは大変なことである。

それから、信濃・尾張・越後・武蔵・常陸の弥生遺跡

弥生文化研究の上で、藤森栄一が最も関心を抱いた磨製石斧の各種。
上：太形蛤刃、下左：扁平片刃、下右：柱状片刃石斧
（いずれも岡谷市内発見）

を集成し、石器の地方的消長をうかがっているのも彼ならではの操作で、僅か十一遺跡にすぎないとはいえ、表を使っての展開は当時としては新しい論述である。この結果、有角式石剣《ゆうかくしきせっけん》の分布が関東に限られていること、信濃の弥生石器研究に最も重要性を持つものは扁平片刃《へんぺいかたは》石斧とⅢ型石斧だということが明らかになった。

一九三三（昭和八）年二月の『考古学』四―二には**南信濃発見の一種の抉入を有する石器類**が掲載されている。抉入扁平片刃石斧一点、縊込石斧と仮称するところの普遍的ならざる三点の紹介で、縊込石斧と呼んだ石斧の側縁二個所に設けられた縊目《くくりめ》と、表裏共二個所に存する凹窩からはどうしても着柄が復原できず、掌で握るには効果的だと少々苦しい考察を述べている。

それはさておき、この稿で強調していることは、表題からはやや離れてしまっているが、Ⅲ型石斧――のちの太型蛤刃《ふとがたはまぐりば》石斧のことで、「弥生式の関係のない遺跡からは全然発見された例に接しない」、「信濃では閃緑岩《せんりょくがん》・斑糲岩《はんれいがん》系磨石斧＝弥生式磨石斧位に考えている」ということ、及び、同石斧を二分類していることである。これは『南佐久郡の考古学的調査』でも言い切れなかった発言で、同年十二月、『考古学』四―一〇の**諏訪湖附近の磨石鏃と第Ⅲ型石斧**の布石ともなっている。そして、同レポートでは、諏訪盆地のうち、八〇〇メートル以下の低地に多く分布し、時期的には新しい刷毛目の埴質土器に近いような――弥生後期の遺跡には発見のないことを付け加えている。

この「諏訪湖附近の磨石鏃と第Ⅲ型石斧」の内容は、同じ弥生式石器である二者のうち、磨製石鏃は九二〇から一〇〇〇メートルの八ヶ岳山麓に立地する縄文系遺跡に発見され、八〇〇メートル以下の諏訪湖盆の弥生遺跡にはⅢ型石斧が分布するということなのだが、実は、このレポートには彼の人生を決定づけた事柄が係っている。

一九三三（昭和八）年九月三十日に、森本六爾は東大人類学教室で開催された人類学会に招かれ、「低地性遺跡と農業」を講演した。藤森はこの日の情景を次の様に書き留めている。

「私はよれよれの袷衣《あわせ》一枚で、渋谷羽沢の森本さんの宅の門をまたいだ。ちょうど、氏は玄関をでるところで、これから人類学教室へいくから一緒にゆこうと、私が何一ついわないうちに連れだって通りへでた。――ステッキをあげてタクシーをとめ、浩然《こうぜん》と赤門と命じた。車のなかでは矢つぎばやに大和の低地遺跡と高地遺跡の対比、それから、古い平地の弥生式遺跡から、新しい高地弥生式遺跡へとしだいにはいあがっていく原始農業集落の様相を論じられるのだったが、突然の私には、まさに出合頭に機関銃でひっぱたかれるおもいがあった。――森本さんの話は上手ではなかった。弱いふくみ声で、黒板の大和盆地の略図をつつきながら、早口でのべたてる様はむしろ下手中の下手であった。がしかし長髪をかきあげつつ語る原始農業の問題は、最初何度も、すくなくも大和盆地における高地遺跡と低地遺跡の場合にのみと限定されて話されていたのであるが、しだいに自身も興奮してきて、私はこうしてお話しているうちに、しだいに私の所論の発展してきて止めることができないのを感じるというのであった。この話は、考古学者のなかにあってむしろ邪道視した反感のほか、大した共鳴はなかったようであったが、たしかにすくなくも二人はこの話に驚喜した。――いま一人は一番後席で、セル張りの下駄をいっぱいに足膏《あしあぶら》で滑らせながら、ついには爪を嚙んで乗りだしていた私であった。

――その時以来、深い懐疑におちて自から絶望を感じていた考古学にすばらしい生気を感じつつ、はげしく燃える新しい学問の方向を見出して、半生の動向を定める決心をしてしまった」(「あの頃の考古学」(全集第一巻)『かもしかみち』)

藤森は、この興奮を学問の形にして遺したかった。本レポートはそれから二十日のうちに書きあげられている。師である森本の学説を諏訪の地において立証させたかった。

この年の十一月に森本は『日本原始農業』を発行しているが、これには両角守一が「再び上代における鎌について」を寄せている。翌年三月には「稲と石庖丁」、十二月には「石庖丁の諸形態と分布」を森本は発表している。

森本六爾の遺志をついで

一九三五(昭和十)年から三六年にかけては、東京考古学会にとって大変な時だった。森本六爾はその年の十一月、ミツギ夫人に先立たれ、そして自らも一九三六年一月、鎌倉で没した。森本の遺志をついで、『考古学』の発行と『弥生式土器聚成図録』の完成に、坪井良平、小林行雄、杉原荘介らとともに、藤森も深くかかわることになった。

「昭和十年の夏になると、『考古学』の原稿は殆んど集まらなかった。おまけに森本さんは精も根も尽き果ててしまっていた。そこで私ひとりが雑誌一冊を全部受け持つことになった」(「あの頃の考古学」『かもしかみち』)。

残された『考古学』は第七巻の一・二合併号から始まった。翌一九三七年の八月号までは原稿集めが大変で、「七―七」などはまた一人で背負っている。執筆の材料は郷里の諏訪と、一九三二（昭和七）年のたった三日の北信濃旅行における神田五六採集の栗林石器や、千曲川の西岸に近接している替佐の丸山東左衛門所蔵石器、外様小学校所蔵北沢量平蒐集の石器コレクションだった。

『考古学』七巻七号の巻頭論文である**信濃の弥生式土器と弥生式石器**は、のちの中部高地の弥生文化研究者にとってのバイブル的な存在になるのだが、藤森にとっても期すべきものがあったことは、題名自身、森本の遺稿「弥生式石器と弥生式土器」の名を冠している点にうかがえる。既に森本・両角亡く、八幡も一九三四（昭和九）年以後は発言していない。石器研究を一人で担わなければならなくなった彼の、これは亡き師への中間報告である。

この稿で、藤森は、弥生人の生活に不可欠な斧としての第Ⅲ型石斧論を展開している。新しい名称は太型広刃石斧で、単なる形態論からの訣別であり、形態・重量・石質・色調・着柄痕・破損状態を通して、彼はその背後に鉄の斧の存在、鉄製木工具の存在を見通している。

なお、太型広刃石斧の名はこれだけで、以後は彼自身も使っていない。「太型広刃石斧が正しい。小林行雄が間違えて太型蛤刃石斧になってしまった」との昔語りを一九六三（昭和三十八）年十月の諏訪考古学研究所例会できいている。

弥生式遺跡出土の有孔石盤、弥生式末期における大型石錘、神田五六と連名の**弥生式遺跡出土の両頭石斧**は、鉄の得られぬとき、そこには石の鋭器があり、鉄の得易きとき、そこには石の鈍器のみあった資料の紹介として『考古学』七―七の前後に発表されたが、その集大成が翌一九三七年八月、『考古学』八―八の**千曲川下流長峰・高丘の弥生式石器**で、弥生式石器聚成図稿解説というサブタイトルが、端的にそれを証明している。

また、一九三七年・四〇年には**紀伊岩倉山銅鐸出土地の再調査**と**近江滋賀村の弥生式石器**、**周防の弥生式石器に就いて**を発表している。これらは中部高地以外での弥生石器研究だが、主旨は従来の考究線上にあるもので、「当時信濃地方の弥生式石器について、或る程度の概念を組み立てていた私は、これがよもや西日本のそれにまで通用する理念であろうとは夢にも思っていなかった」（周防の弥生式石器に就いて）と述べている。

「近江滋賀村の弥生式石器」は、現在の大津南滋賀で山寄りのところ。その頃、京都大学が伝大津宮と伝梵釈寺跡を発掘していた。

そこ――勧学堂付近は弥生中期の遺跡でもあって、太型蛤刃石斧、扁平片刃石斧、環石《かんせき》、鉄剣形石剣、磨製石鏃という良好な石器のセットが出土している。このうち、扁平片刃石斧は刃部が欠けて、使い古されていた。その鉋の表面には浅い横擦れ、裏面は深く縦横に強く擦れた凹痕が認められていて、藤森はここで柄着装を考えている。

岩倉山は弥生後期の遺跡で、そこからの信濃の中期弥生遺跡に見られた太型蛤刃石斧や石槌・片刃石斧・扁平片刃石斧の出土にとまどっている様で、僅かに型の乱れた半磨製石斧や粗い製作の石鏃、凹石状の石器、それから岩倉山と同様の高地性山頂遺跡出土の、棒状海礫の一端を打ち欠いただけの石器に、弥生後期に見られる石製鈍器としての性格を見出している。

なお、これは西日本における弥生高地性遺跡報告のはしりである。ここでは言及していないが、かかる高地における生活・生業には気がついていたらしい。

「周防の弥生式石器に就いて」は、一九四〇（昭和十五）年の山口高校郷土室収蔵遺物の報告で、ここでは特に太型蛤刃石斧と太型切刃石斧に注目している。太型蛤刃は刃と平行に着柄した割斧で、太型切刃は刃に直角に柄が着けられた土掘具、もしくは、原始的割斧だといっている。

ともに弥生石器だが、分布には偏りがあるらしく、対馬や五島・琉球においては切刃がもっぱら多く、蛤刃は反対に極めて少ないと言っている。

石器を通して見る弥生農耕社会

一九四二（昭和十七）年十一月十七日、三十一歳の彼に赤紙が来た。戦局は我に非で、生還し得たとしても、考古学者藤森栄一の復活はまずは望めないと考えた。僥倖にも入営時まで十六日間があった。かかる極限の時、人はどの様な生き方をするか。藤森は考古学者として燃えに燃えた。葦牙書房社主として三冊刊行、日本古代文化学会の編輯引継、そして、自分自身の研究の締め括りとして五本のレポートを執筆した。四本が縄文の報告、一本が弥生石器に関する論文で、『古代文化』一四―七にのった**弥生式文化に於ける摂津加茂の石器群の意義に就いて**である。

編輯後記には、「本稿は自分の遺稿としてもよいものだとの自信があると遠く戦線から手紙を寄せられている。原稿を拝見すると、藤森君の下書の半ばを令閨か令妹かが清書されている。未だ若い藤森君は考古学の論文をまとめて出陣された。成程、文は整っていない。しかし、脈々と打つ力強さを本稿を読みながら感ぜずにはいられない」とある。

　このレポートが藤森は遺書のつもりだった。一九三二（昭和七）年からの、石器研究の、これは総決算だった。

　加えて、彼はその補遺編を戦地で書いた。十二月二日、相模原東部五八八部隊入隊、その場にて外地行き決定、四日夜兵営出発、対馬海峡を越えて釜山、平壌、天津、南京、一九四三（昭和十八）年の正月は漢口で迎えた。以後、軍務の暇に、五月までかかって脱稿したのが四〇〇字詰原稿用紙二〇枚足らずの**日本石器時代に於ける器具の発展について**で、『古代文化』一四―一〇にのった。編輯者も出征してしまって、後藤守一が編輯後記を書いている。

「藤森君は多忙な第一線生活の暇を利用して寄稿されたものである。我が皇国の大飛躍をまざまざと体験している君が、その因って起って来た古代文化に思いを致す時、血潮のたぎるを抑えることが出来なかったのであろう。文はいかにも荒削りであるが、その荒削りの裡に強い力が充実している」

　戦時下のそらぞらしい文辞だが、厳しい検閲に備えての止むを得ぬ仕儀であった。両角・森本によって点された灯が、どうにもならない力で消されようとしている。アマチュアであるだけに、より純粋な考古学者である藤森の心情は、痛いほどに後藤にはわかっていた。

　森本の死後、藤森は九州を廻り、唐古池発掘に従事し、そして、大阪鉄工所の社員として三年間大阪に居住する。この間にたっぷり、畿内弥生中期の石器に触れることができ、考えは石器を出す遺跡の性格にまで及んでいった。小林行雄は一九六四（昭和三十九）年の『紫雲出《しうで》』の中で言っている。

「瀬戸内海地帯の弥生式時代中期の遺跡には、なぜ高地にあるものが多いのか。これは考古学者のみでなく、日本の歴史家にとってもきわめて興味のある問題であろう。

　私が、こういう問題に興味をいだくようになったのは、思いかえせばずいぶん古いことである。さきの戦争で若い生命をうばわれた江藤千万樹君や佐藤美津夫君が考古学者たらんとして勉学にいそしんでいた時代であった。

　いまは諏訪に戦病の身を養っている藤森栄一君も、大阪に住んで議論をたたかわしてくれた。そのころの、われわれの一つのテーマは、農耕社会であるべき弥生文化の生活において、漁撈集落の独立の傾向を認めることはできないであろうか、という問題であった。

瀬戸内海地帯の高地遺跡に、しばしば貝塚のあることを、そういう観点から解釈することはできないかと考えたのである」

摂津・加茂の遺跡は、明治末年から知られた畿内有数の弥生時代遺跡で、一九三六（昭和十一）年開館の宮川石器館には、宮川雄逸が大正初年より採集した同遺跡の土器、石器が収蔵されている。藤森がここの石器群を実調したのは一九三六年五月から一九四〇（昭和十五）年までの間なので、信濃と九州、瀬戸内海の石器とまわってきて、いよいよ畿内の弥生中期石器に取りついたという次第で、畿内第三様式の単純遺跡である加茂の石器に接して、大いに意欲を燃やした筈である。

まず、石質及び製法により、古銅安山岩（サヌカイト）＝打裂石器、閃緑岩＝研磨石器、泥板岩＝擦磨石器と分類した。このうち、サヌカイト製の打裂石器は唐古の発掘で存分にお目にかかった石鏃・石槍・石刃類で、それに加えて宮川石器館には万をもって数える膨大な原石・剝片・残核があった。閃緑岩製の石器は太型蛤刃石斧、泥板岩類は石庖丁や磨製石鏃に多用されていて、これは信濃以来のお付き合いである。石質に応じ、それぞれ異なった機能の石器群を製造していたということを藤森は弥生人と同様によく心得ていた。

形態及び機能による吟味として、木工具関係では太型蛤刃石斧は割斧《わりおの》、石槌は木工用の槌、扁平片刃石斧は手斧《ちょうな》、抉入片刃石斧は刳斧《えぐりおの》、小形な片刃石斧は鑿《のみ》・鑓《やり》鉇《がんな》、打石錐は捻錐・揉錐、打製刃器は小刀・引切具。武器としての石器の首位を占めるのは打石鏃、次いで石槍・石剣・磨石鏃。農具としては石庖丁。繰り返して言っているが、弥生石器の中から木工具としての石器をとり出したのはひとえに藤森の功績である。それから、これは信濃での時から注意されていたところだが、これら石製器具の盛行は畿内での場合、特に中期の比較的短い時期の一現象に限られているという指摘も重要で、これなど、当時、小林行雄や江藤千万樹達との討論の場に提出された論題だった。

「弥生式文化がその初期に於て既に相当鋭利な金属器、恐らくは鉄であろうが、この発展を疑うことが出来ない。……然るに中期に至って大和を中心核とした最も本格的な文化政治圏確立伸張期に当って、金属器は否定できないとしても、石製器具の爆発的な出現は何を意味するものであろうか。鉄を主とする金属器原料の産地的又は技術的な喪失及び衰退、金属器の爆発的な需要増加による入手難、今、吾々は様々な仮説を提出し得るのであるが、いづれ今後の研究によって闡明される日本歴史の一頁ともなるであろう」と言うのがこの時の結論だった。また、「実質的武器たる石製の鏃・槍等の極盛は、取りもなおさず大和文化の質実な武力を意味してあますところがないであろう」とも述べていて、これの真意は、「藤森栄一は前期の木製容器に較べて中期のものが拙劣であることを注目し、同時に、中期における石鏃の多量化を考慮して、鉄製品・鉄材の輸入が中期に入って一時途絶えた可能性をとき、同時に高地性遺跡が多量の石鏃・石槍を伴出することをあげて、この二つの傾向を一つの現象の二面とみて、倭国大乱の記事を想起している」(『紫雲出』)という小林行雄の言の通り、魏志倭人伝の世界に踏みこんでいた。

郷里、諏訪の土地と歴史

一九四六(昭和二十一)年六月十五日に、藤森は命を拾って大竹港に復員、郷里の諏訪に戻った。その冬は寒冷ジンマシンに悩まされたが、四七年の夏には登呂遺跡の大発掘で水田址を掘り、四八年には諏訪で大安寺、海戸、殿村の遺跡を発掘した。東京考古学会も四七年末に復興の件が議され、四八年の二月には機関誌『考古学集刊』発刊計画が練られている。五月十八日には同誌掲載原稿の**五島列島福江島の石器**を書き終えている。

資料は十年前の、「九州廻記」時の福江島女亀遺跡採集品で、一葉の挿図の中には太型蛤刃石斧・尖頭切刃石斧・扁平片刃石斧・柱状片刃石斧などの見馴れた実測図が入っている。一見、埋め草的な報告文やに思えるが、結びのところで、これらの石器が発見された女亀遺跡は、実は弥生遺跡ではなく、縄文の後・晩期遺跡だとした上で、彼は弥生文化の東シナ海末期新石器文化圏の中で生起したことを主張した。石器を通しての弥生文化研究は、遂に根幹的命題に到達した訳である。

この年七月、藤森は小・中学校生対象の『石器と土器の話』(全集第七巻所収)を書き、「諏訪考古学研究所」をひらいた。一九八九(昭和二十四)年になり、諏訪の高校生のうちに「史実会」が生まれ、ガリ版の『史実誌』が発行されている。一九五〇(昭和二十五)年六月発行の『史実誌』五号は『諏訪考古学』五号と改題になり八号まで続いた。

このガリ版考古学に、藤森は弥生石器のレポートを二編寄せている。**横道の弥生式土器と石器**では、弥生中期遺跡に見られる太型蛤刃石斧・石槌・柱状片刃石斧・庖丁形打石器を紹介していて、木工具たる磨石器は中部高地で発達しているが、その中で何故に柱状片刃石斧だけは乏しいのか、しかも乏しい数点の総てが諏訪湖岸に発見されているのは、この石器の用途に暗示を与えるとして、丸木舟建造の刳斧に擬している。また、打製石器の存在指摘は、次の伊那谷打石器の研究に繋がっていっている。

藤森の弥生石器レポートの最後に近いものが、次号の『諏訪考古学』下伊那特輯号にのせた**信濃北原遺跡出土石器の考古学的位置について**であり、同誌にのった松島透・戸沢充則の下伊那郡高森町北原遺跡報告のまえがき的なものである。一九四八（昭和二十三）年に松島が諏訪考古学研究所に持参した北原の石器に接して、段丘上の弥生遺跡から出土する石器様相を述べたものだが、その石器は機能的に分化した沢山の打製石器と磨製石鏃で、打製石器はいずれも農耕具的性格を持っていた。

「二十年近く弥生式文化に属する石器のレポートを発表しているが、それらはいづれも低湿地又は直ちにこれに臨んだ丘陵上の集落の遺品に限られていたため、広い洪積台地上の集落に於ける石器の在り方については全く知ることができなかったからである」とは言っているものの、瀬戸内の高地性遺跡をめぐり、唐古池で具さに弥生中期の打石器に接してきた彼にとって、それは面識のあるものだった。だが、諏訪湖北の天王垣外から出発して松本城山、北信濃の栗林や長峰と北廻り経路を辿っていた彼にとって、盲点を突かれた思いが込みあげてきたに相違ない。そう言えば、天王垣外に打製石器はあったのである。横道にも海戸にもそれはあった。ただ、見えなかっただけである。

磨製石鏃については正に二十年ぶりの再会だった。八ヶ岳山麓の磨製石鏃は、弥生の石器でありながら縄文遺跡から発見される説明のつかない資料だったが、北原はまぎれもない弥生中期遺跡で、しかも製造址なのである。森本六爾の提出した宿題「弥生の高地性・低地性遺跡の対比」は二十年目にできあがった。伊那谷の弥生石器考究は以来、松島透が受け継いでいく。藤森自身は八ヶ岳山麓の縄文中期遺跡にこの考えを適用させていく。一九四八年には縄文中期農耕の最初の原稿が用意されていた。

諏訪神社史から銅鐸へ

一九五三（昭和二十八）年十月三日、高血圧で倒れる。カムバックは一九五九（昭和三十四）年で、この間六年の空白が生じた。

復帰第一号は「諏訪湖底曽根の調査」（『信濃』Ⅲ一二―七）だったが、そのあと、どの様な事由でか諏訪神社研究にとりかかる。一九六〇（昭和三十五）年六月の、諏訪大社下社における宝刀盗難事件が契機となっての諏訪神社鉄鐸との再会、同年十月二十八日の塩尻柴宮銅鐸発見、六一年五月に依頼を受けた下諏訪町誌古代・上代編の執筆、九月の上社境内におけるフネ古墳の発見等、おそらくそれら総てに起因しているのだろうが、兎も角、今までの研究とは全く違ったジャンルである。

　文体も今迄のものとは違ってしまっている。これを掲載した『信濃』の編輯方針が一九六一（昭和三十六）年四月より、読み易い、一般史学大衆にもアッピールしていきたいということに変わったことも原因の一つだろうが、どうもそれだけではないらしい。考古学の究極は人間研究だ。「俺は古代のナマな人間を描きたい」とよく感慨をもらしていた。再起できたものの第二回の発作がいつ襲ってくるかわからない。焦燥の念に駆られるのも無理はない。一九六一年九月から六二年一ぱい、彼は九編の諏訪神社研究論文を発表している。一九六二年十月の研究所例会では「諏訪の上代史研究で諏訪神社をひけば何が残る。以前は、神社研究なんか、という気でいたが、今はこれなしには考えられない」と相当むきになった発言をしている。

　だが、この方面の研究も一九六三（昭和三十八）年の『下諏訪町誌』発刊で一応納まった。また、八ヶ岳西南麓での井戸尻遺跡がたいそうな問題になってきて、一九六五（昭和四十）年には何が何でも大部な研究報告を出さねばならなくなったことによる。

　ところが、全く突然に『銅鐸』問題が惹起した。諏訪神社研究レポートの中で、『信濃』のほぼ一冊分を占めている「鉄鐸」を引きのばして単行本にして欲しいという学生社、岩本守弘の来訪である。藤森は承諾し、翌六四年二月には四五〇枚を脱稿した。彼にとって単行本の発行ということは、『続石器と土器の話』が一九五〇（昭和二十五）年だから、もう十四年がたっている。

銅鐸の母胎となった「鉄鐸」とは、どの様なレポートなのだろうか。

　一九六一（昭和三十六）年四月に『信濃』の編輯が一志茂樹より塚田正朋に移った。その時の宣言が「学術誌としての性格や特色は保持しながらも、多少、形式や内容において固定化したカラを破っていきたい」ということで、これにより今まで投稿を控えていた人達の参加が見られた。藤森もその一人で、九月号には「南信濃の古瓦」を発表、十月号には「諏訪神社の柴舟」、十一月号は「売神祝印と上社御宝印」、十二月号「秋宮経蔵下の埋蔵金と経塚」、翌年二・三月号に「下社付近出土品の調査」と、それは塚田に言わせれば、今まで溜めていたものが堰をきって迸り出た様であったという。そして、四月号では一冊の六〇パーセントを占めて「鉄鐸——その古代史上の意義」が掲載された。

塚田は、今になっては、その月は原稿が少なかったから、などと言っているが、実際は藤森の連載には諸々より抵抗があった模様で、それを敢て一挙掲載に踏みきったのは塚田の識見である。「藤森氏の結論に対し、また、その立証方法等に対して、俄かに賛同しがたい点も多々あろうかと考えるが、そのイマジネイティブな推論には示唆されるものが多いと信ずる」というのが掲載した事由である。

「鉄鐸」の概要を述べると、諏訪神社には伝世している宝鈴（鉄鐸）があり、中世室町時代にあっては、多分に政策的意味をもった大御立座神事《おおみたてましのしんじ》の中の特に湛《たたえ》神事が重要な役割を持っていたらしいこと、と言うことから始まって、湛神事の執行される場は古い村にあり、縄文中期後半の遺跡が近傍に見られ、古牧とも縁があり、御左《みしゃ》口《ぐち》神と深い関係があるらしい。御左口神は、大御立座神事の頭役を決める御占神事を主掌する神で、ご神体には縄文遺物の石棒や石皿が多いなどと、記述は追跡的に発展していって、古い諏訪の氏族たちの縄文中期以来の地母神である御左口神祭祀に鉄鐸が係わっていることは、かなり強い可能性を持ってきたと小括している。

「鉄鐸調査行」という章は、鉄鐸そのものの調査報告で、小野神社・矢彦神社・諏訪神社鐸の数量・形状・寸法が報ぜられている。そして言わんとすることは、諏訪神社では鐸と杖が分離してしまっているが、小野神社では鉾のもとに麻幣と鐸とが懸垂されていて、原形は『古語拾遺』に言う着鐸の矛なのだ。鉄鐸の上部に閂を通して環をかけ、これに長い舌を垂らしている有様は、鉄と銅、鍛造と鋳造の違いはあるも、類似品は古式銅鐸か新しい小銅鐸なので、特に小銅鐸の出土している東海地方は、距離からいっても諏訪地方と強い土地感を持っていて、加えて柴宮銅鐸の発見によって、信濃にも銅鐸を表徴とする同じ祭政形態の生活共同体が存在していたと考えて差しつかえなく、それは鉄鐸を媒介とした御左口神信仰共同体が相当するのだ、という次第である。

次に、鉄鐸を作るには鉄鋌をまるめるのが一番容易で、その鉄鋌は朝鮮よりもたらされた。こうなると鉄鐸そのものも朝鮮よりの直接輸入と考えてもかまわないのだが、大陸の金属器に呪具的なものは見えないからこれは成り立たない。日本において、弥生前期は比較的鉄器の輸入は潤沢だったが、中期に至るとそれが途絶した傾向が見える。一度知ってしまっただけに鉄に対する畏敬の念は強く、鉄鐸の響を神との誓約の声と聞いた。かくて朝鮮の車鐸が周遠の地に伝わった時、銅鐸、ギリヤークのシャーマン鐸、鉄鐸に変貌し発展していった。

論旨の飛躍が見られるものの、一気に読了せずにはおられない魅力がこのレポートにはある。それはさておき、藤森は諏訪神社の鉄鐸を追求していって、遂に銅鐸に到達した。学生社から「鉄鐸をひき延ばせ」と言われた時、それならば銅鐸に真正面からとり組もうと考えたのは当然のなり行きだった。

銅鐸の謎を追う

『銅鐸』は、弥生時代遺物の銅鐸だけに係わる論考ではない。学生社の岩本守弘が書かせたかったもの、藤森自身書きたかったものは一人の人間が辿った真理探求の経過なので、考古学者でなくても、銅鐸でなくてもよかった。本当に銅鐸だけの論文ならば、実際に銅鐸を百個、二百個と手にとって調べてきたその道のエキスパートを選んでいる筈だった。正直なところ、藤森が実際に手にした銅鐸は、柴宮鐸くらいではなかったか。

もっとも、藤森が銅鐸について無縁だった訳ではない。一九三三（昭和八）年には**銅鐸面絵画の原始農業的要素**を『日本原始農業』に発表。四一年には藤井誠一と「紀伊岩倉山銅鐸出土地の再調査」、それから文中では触れてはいないが、一九四〇（昭和十五）年発表の「近江滋賀村の弥生式石器」も銅鐸に係っている。また、『銅鐸』の序で「銅鐸から、伝世する鉄鐸までにいたる、いわゆる鐸《さなぎ》に関するかぎり、最初の手引きの書として、まとまったもの、ということはできそうである。この中から、古代史に必要な見解が、一つでも拾われたら、これにこしたよろこびはない」と述べており、相当な自信のほどがうかがえる。

最初の章では「銅鐸発掘の謎」として、銅鐸という考古学遺物はどこから発見されるのか全く予測がつかないということ。未だかつて銅鐸を掘りに行くといってフィールドに立った研究者のいないこと。そして、また、銅鐸は古墳築造前に埋没されてしまっていて、古墳築造者はその埋没位置を知らなかったのではないかということを、一九六二（昭和三十七）年の近江国野洲郡小篠原における銅鐸大量発見に接していっている。ここで発見された二十三個の銅鐸重量は七十一貫、そして、ここには三角縁神獣鏡などを出土した古式古墳が築かれている。かかる権力者が生前、七十一貫の青銅メタルの埋納を知っていたら、ほおっておけるものなのか？　銅鐸埋没の事由について、新しい面からの解釈である。

それから、より重要な指摘は、崇福寺建立に当って銅

野洲・小篠原出土の銅鐸

鐸の発見された天智天皇七年のできごと。『古語拾遺』記載の鐸については今までも幾人かの論者が触れている。宮中祭祀の主導権を中臣氏に奪われた斜陽の司祭が斎部で、広成が万斛の思いをこめてこの書を記したことも知っている。だが、この様に見事な応用は、今迄の誰もが為すところではなかった。銅鐸についてのすばらしい導入である。

寺院建立に際して銅鐸が出た。渡来人も老人も誰もが知らない。当時の情勢からすれば一〇〇パーセント奇瑞・祥瑞のはずだが黙殺されてしまった。鐸というものの性格を鎌足は知っていたのではなかったか。斎部の家では鐸祭祀を知っていた。中臣家の長老鎌足が知らなかった訳はない。だが、彼は発言せず、記紀にも記載されていない。

「さまよう銅鐸の研究」は研究史で、藤森はここにたっぷりと頁数をとっている。「大事なのは研究結果ではない。そこまでの道程だ」と強調している以上、これは当然のことである。

この研究史の中に興味深いところがある。銅鐸研究の大きな壁は、実は梅原末治の大著『銅鐸の研究』の資料編・図録編だったということで、一九二七（昭和二）年以降、銅鐸についての百家争鳴は止んでしまった。確か

に、資料を整備した人の前で、思いつきなどは語れない。

これが考古学の限界なのだろうか。考古学の要諦はモノを通しての人間研究なのだが、そのモノがいくら完好であったとしても、単独出土の場合、手も足も出ないというものなのだろうか。赤松啓介は藤森の『銅鐸』書評で次の様なことを言っている。

「銅鐸とは何か。これほど不可解なものはあるまい。考古学に興味を持ち始めると、まづこの怪物を征服してやろうと意欲をもやすものだが、大概途中でもてあまし、〝永遠のナゾ〟などと投げ出してしまう。ところが、同じような経過を辿りながらもこの怪物と格闘し、一つの結論に到達したものがある。それが最近好評の『銅鐸』の著者、藤森栄一氏であった。銅鐸は日本考古学のナゾの一つといわれている。しかし、大体の年代と性格についてはもう戦前かなり煮えつまってきていた。別の見方からすれば、考古学として到達できる限界まできていたといってよい。藤森氏がその過程において研究の壁と感じているのは、実は考古学としての限界なのである」

「考古学が資料とする物質的遺物は、ごく僅かなものなので、これで古代社会の全容が明らかになる筈はなく、殊に銅鐸のような宗教的用具となれば、当時の人たちの宗教的心理、社会的観念、信仰的儀式などが残っていないかぎり、的確な推理はまづ不可能だろう。だから、銅鐸を日本考古学のナゾというのは、初めから不可能なことを〝可能〟視していたにすぎない」

梅原の『銅鐸の研究』の壁が乗り越えられた時、それは即ち、考古学の限界を越えたことになる。銅鐸なる金属性遺物は一部で銅剣や多鈕細文鏡を伴っているだけで、大部分は単独出土である。何と、考古学の限界を思い知らせる遺物であることか。肝心の製造年代、埋没年代についても定説を見ることはない。まさに「さまよう銅鐸の研究」である。

銅鐸と人間への執念

一九六四（昭和三十九）年の時点で藤森が掲げた銅鐸の問題点は、二十年近くたった現在、どのくらい解明されているものだろうか。原料については未確認。船載銅器のデポ址も、採銅址も未発見である。分布圏問題も同じく、九州からは横帯文の鋳型が発見されてしまっていて、こうなるとわかっているところは国産青銅器の性格――鳴音を発する共同体の祭器・宝器ということだけだろう。埋没の理由も未だ定まってはいない。

この中で、鋳型はあるが坩堝《るつぼ》はないという鋳造についての指摘は卓見である。銅鐸だけでなく、銅鉾・銅剣についても適用される問題で、藤森は備え付けの炉であろうとし、民俗学・神話学を援用して、一般農村から離れた隠れ里の様なところに銅鐸鋳造の工房集落を考え、数少ない山中の秘密な鋳造所で、天目一箇神の様な呪者が鋳銅に当たっていたかもしれないとまで想像している。この考えは谷川健一が継承して『青銅の神の足跡』となった。

鉄鐸との出合いについては先に述べた。鉄鐸は現在のところ、古墳中に副葬品として発見されているのが上限で、平安時代の土壙墓中より出土したのが下限である。奈良時代の人々は、「佐那伎」と呼んでいた。銅鐸も既に奈良時代には用途はわからなくて銅製の鐸と記されている。そこで、鐸の側から銅鐸の本質に迫ろうとする。だが、記紀や『古語拾遺』の鐸記事は着鐸の矛や置目老嫗だけなので、鐸自体の仔細はわかっていない。藤森は伝世している諏訪神社や小野神社の鐸に着目し、性格を知ろうとした。『諏訪大明神画詞』により、大御立座神事・湛神事へと推察は進んでいく。

ところで、この様な考究方法は、従来、考古学の邪道として正統派の許さないところだった。彼の前に大場磐雄が『銅鐸私考』で古代氏族の側から銅鐸をとりあげているが、学界は黙殺するだけで終わっている。

確かに、考古学の常道からすれば、モノによらないかかる態度は不可である。しかし、考古学・民俗学・神話学・文献史学を打って一丸とする古代学ならば、この研究方法は別に異とするには当たらない。

室町時代の諏訪神社大御立座神事にあって、神使は内県・小県・外県という神社の領域に巡行していく。そし

銅鐸を調べる藤森栄一

て、湛なる場で祭事を執行するが、それは神と人との約束、大祝が郷民に課す賦役と貢納を誓約させる神事で、神使が奉持していた宝鈴（鉄鐸）はその際に鳴らされたということである。

そして、銅鐸にも同様な用途・性格があるならば、それを物語り得るものは銅鐸絵画だけしかない。絵画のある銅鐸は全体の一割程度だが、画題は当然に銅鐸の機能、銅鐸祭祀にふさわしいものが選ばれる。

絵画の解釈は様々だが、藤森は流水文・連続渦文・双頭渦文を水、四区・六区に画した格子目文を水田の畦畔と理解し、流水文の間に配された様々な画題を水の輪廻で説明しようとした。蜻蛉は空、猿は梢を示し、そこから豊かな水の流れが始まって最後は海に至っている。その間には鹿が遊び、鷺・魚・舟がいる。水辺の水稲農耕生活者の水への祈念が刻されているという次第である。

それから、銅鐸の絵画解説で、もう一つ、すばらしい発想がある。袈裟襷《けさだすき》文《もん》銅鐸の四区画・六区画につき藤森は両面なら八コマ・十二コマのカンバスと視た。そこには既に鹿や鷺が陽鋳されている場合もあるが、大部分は鋳造後、塗料をもって絵画が描かれていたのではなかったのかと言うのである。それを証明するのが徳島県牛島鐸と大英博物館蔵二号鐸のあり方で、牛島鐸は十二面がすべて抜かれ、大英博蔵二号鐸は片面下四区画が打ち抜かれている。そこにはおそらく、銅鐸の呪性が籠められたある種の絵画が存在したに相違なく、これをただのメタルとして廃棄・埋没する際には絵を打ち抜いて呪性を消さねばならなかった。――もっとも、牛島鐸も大英博蔵二号鐸のも切りとられたところの錆が新しいということで不発に終わってしまったが、魅力のある考察であることには変わりはない。

いささか余談に走るが、一九六〇（昭和三十五）年に塩尻、柴宮鐸が発見された時、取りあげた作業員は銅鐸の何たるかを知らなかったが、彼等は、そのカンバスに絵が描いてないものかと、縄をたばねて洗ってみたという。

『銅鐸』は一九六四（昭和三十九）年秋に「毎日出版文化賞」を得た。

その後、神戸の桜ヶ丘銅鐸を見学し、浜松の佐鳴湖に銅鐸鋳造地を求めに出かけて行った。レポートも幾つか書いた。

そしてまた、藤森には新しい調査・研究が幾つもあった。井戸尻の調査はまだ続いていたし、一九六五（昭和四十）年には松本諏訪地区新産都市区域内埋蔵文化財分布調査があり、海戸《かいと》の発掘があった。旧御射山《みさやま》の保護運動、それに一九七〇（昭和四十五）年から始まる中央高速道西宮線にかかる遺跡の保護対策等々。それに追い打ちをかける様な第二・第三の高血圧の発作が彼の持ち時間を容赦なく短縮させていく。

藤森の逝去後、いろいろな発見が続いた。銅鐸で言えば大阪府茨木市東奈良からの銅鐸鋳型の発見、鋳型は後に唐古からも九州の福岡からも発見された。毀された銅鐸も見出されたし、鋳造実験も行われ、それらは藤森の提案を不発に終わらせもしたし、或いは成程と手を打たせたこともあった。だが、藤森の『銅鐸』がそれによって無価値になったとは誰も思わない。

藤森は「『鉄鐸──その古代史上の意義──』という長い論文を書いたとき、その論旨はともかくとして、一つの考古学的な考察が、苦しみながら伸びていく経過を、かなりプライベイトな部分にわたって出してみた。というのは、私にとって、その学問的結末より、むしろその経過の方が、本当は可愛いかったからである」といっている。芸術家などとは違って、研究者の学績というものは、新しいより秀れた研究により潰され消えていく。それは研究者の宿命なので、結果だけ見ればどうにもならない。しかし、重要なのはその過程、生き方の中にある。後に続く者の中に、藤森はいつまでも生きている。

11 考古学と古代史の結合を求めて

宮坂光昭

はじめに

敗戦の年、高校生だった私は、同じ年代の他のだれにも負けないほど強く、藤森栄一先生の『かもしかみち』に誘われて考古学の道に踏みこんだ。そしてただむしょうに土器や石器を拾っては、箱に並べて楽しんでいたある時、藤森先生の最初の著書であるという『信濃諏訪地方古墳の地域的研究』（伊藤書店、一九四四年刊）を手にした。

もともと論文集であったその本は、考古学の勉強をはじめたばかりの高校生の私にはむずかしすぎた。しかしその中の一節、「武蔵の空から甲斐の空へ、ちょうど秋の空の赤トンボのようにフトと浮かんで飛んで来た東京・富山行きの定期飛行機が、富士川の水源を釜無山の幽谷に捨てて、甲斐盆地の空から、行方の空いっぱいに立ちはだかる赤黝い国境の山々の気流を避けるために、大きく前後に揺れつつ、ぐっといっぱいに高度を取るとき、視界の彼方にはて限りもなく広がった煙霧の裡の、その遙けき幾山河の茫邈たる起伏と、大地の皺が山脈の襴となって波打つ国原の怪異なる相貌は、地の極みの恐れにも似た旅人の、太古の民以来の心に迫った大自然の驚きを掻き立てずにはおかない。信濃の国の南端諏訪である」という、まことにはりつめた文体ではじまる「立地の把握」の章の文章は諏訪で生まれ、そこで育ち、あまり諏訪をはなれたことのない、幼い私の心を完全にとらえてしまった。

高校を卒業した私は、国鉄に勤務するという生活環境のため、容易にフィールドをもてないようになり、高校時代にとりつかれた考古学への夢を、わずかに本を読んだり、学校や役場に旧蔵されている資料を探訪したりしてなぐさめていた。そんな時、改めて藤森先生のあの古墳群の論文を通して、その土地の特性や環境とのかかわりの中で、末期古墳群の性格を把握し、それを残した集団のあり方を明らかにすることによって、文献史料のほとんどない時代の古代史を復元するという方法に、これからの自分の研究の方向が見出せるものと信ずるようになった。

そうした私の希望を、藤森先生はたいへん喜んで、早速、私を古墳の発掘にひき出してくれた。先生に従って調査した最初の古墳は、諏訪市四賀の「まわり場古墳」で、一九五五（昭和三十）年の春のことだった。それはまさに、先生が病みついた身体で故郷の諏訪に帰りつき、病気と戦後の社会や経済の混乱の中で、最も苦境の日々を送っていた「春愁の暦」（全集第一巻所収）から、ようやく脱け出そうとしていた頃に当たる。しかし先生はその前年の秋、高血圧症で倒れ、古墳の調査にあたられた時は、まだ後遺症の右半身不随の状態が完全になおってはいなかったのである。

まわり場古墳の調査が着々と進んで、いよいよ横穴式石室の天井石がとりはずされた。するとその時、久しぶりの古墳の発掘に心がはずんでいたのだろうか、先生は二メートルもある高さの側壁の上から飛びこんだのだ。ハッと思う間もなく、バランスを失った先生は石室の中に倒れこんでしまい、そのまま腰骨骨折で再び夏まで病床の身となった。

そんなアクシデントがあって、私にとって最初の古墳の発掘、それも藤森先生の助手のつもりの発掘が、全く自分の責任にかかってきたのだった。いまになって考えてみれば、この先生の事故は、私を積極的に古墳の研究に踏み切らせる契機になったといえるかもしれない。その後の先生は、諏訪考古学研究所が関係する古墳の調査は、必ずといってよいほど私をひっぱり出し、先生と共同で、あるいは先生に代って私が担当することが多かった。

こうしていつの間にか、私は諏訪考古学研究所の仲間たちの中で、古墳の「専門家」などといわれるようになってしまったが、そうしていただいた藤森先生の期待に、まだ十分に応えられるような研究の成果を示せずにいることを、いまは亡き先生に申訳ないことと詫びたいほどである。

古い研究の新しさということ

「古墳研究への序章」として、**高松塚とその周辺**と**論文へのつきせぬ思い**の二編を、まず巻頭にかかげた。藤森先生は死の直前に、旧著『信濃諏訪地方古墳の地域的研究』の再刊を希望され、永井出版企画がそれに応じて出版の準備に入ったが、実際に刊行されたのは、先生の死後二カ月後だった。ここに巻頭を飾る二編は、その『古墳の地域的研究』のために書かれた序文とあとがきである。その意味では、藤森先生の遺稿ともいえるものである。

極彩色の壁画で飾られた高松塚古墳の発見は、世紀の大発見と騒がれたものであるが、藤森先生もひそかにその発見に強い興味を抱いていた（「高松塚の密閉」）。やがて朝日新聞の後藤襄さんのさそいをうけて一九七三（昭和四十八）年二月の寒い季節に、先生はみち子夫人同伴で久しぶりの古都の旅を楽しみながら、高松塚を視察している（「ある噴火口」『朝日新聞』一九七三年二月）。

こうした経緯の後に書かれた「高松塚とその周辺」には、示唆にとんだ三つの指摘がある。その一つは、高松塚築造の時期は大化改新後、すなわち薄葬令後であるという点である。すなわち、薄葬令の規制に合わせるために外見をたたき締めて小さく見せるようにし、内部に超豪華な壁画で飾ったのはそのためであるという。

第二には、被葬者は大化薄葬令を発布した立場にいた人、あるいはそれに近い人であるべきであり、おそらく天武、持統帝の血縁者であろうとしたこと。

第三には、これが最も先生のいいたかったことであるが、石室内壁に塗ってある漆喰の存在に注意をはらい、同様な漆喰塗り石室はまだ多くあるはずであり、それには壁画がある可能性が多い。そして漆喰塗りの石室をもつ古墳を地域的に把握していけば、そこには古代国家の中核となった部族の存在を浮びあがらせることになるだろうという着想に、最後の生命を燃えつきさせるほどに興奮していた。

奈良国立文化財研究所長であった坪井清足氏に、盛んに漆喰塗り古墳の所在を問い合せ、坪井氏もそれに熱心に応じていた。そうした資料をいじりまわしながら、ある時は雄弁に語りつづけ、ある時は沈思するあの当時の

1973年２月、病身をおして高松塚古墳を訪れた藤森栄一。この年の暮、世を去った

先生の姿をいまでも思いうかべることができる。

それは終末期の古墳群の地域性をとらえ、その背後にある氏族、部族などの集団に迫るという、四十年前の、信濃の山地で行った先生の古墳群研究の方法が、古代国家の中枢の地である畿内でも十分に生かされるのだという期待と自信が、先生の胸のうちにあったからだと考えられる。「古墳の地域的研究の旧稿を集め上梓にあたり、旧稿必ずしも死文でないことの証に、最近の古墳群についての見解を序としたわけである」という、この「高松塚とその周辺」と題するエッセイの結びの言葉が、先生の自信のほどを如実に物語っている。

「論文へのつきせぬ思い」は、藤森先生が生涯に書きのこされた、古墳の研究論文への簡潔な解説であると同時に、古墳、およびその時代の資料については、いわばアウトサイダーのような研究の道を歩んできた、藤森先生の古墳研究の経歴書であるともいえる。しかしそうした先生の独自な研究の歩みの中に残された仕事について、いまなお新鮮な響きをもつ古墳研究の方法や、遺跡（古墳）、遺物についての先見的な着想の数々を発見することができる。次節以下で具体的にとりあげていきたいと思う。

なお私事にわたることであるが、この文章の最後に、先生は「宮坂君の檄にこたえて」『古墳の地域的研究』の出版を企画されたと書かれている。私たち仲間が先生の還暦記念論文集の企画を立てながら、不発に終わってしまったことをかばっての言葉であるが、思えば死の一カ月前のこの先生の一文は、私にとっては先生の「遺言」以上に重い、しかし温かい言葉であったと、いつまでもその感激は忘れられない。

古墳群の地域的研究の真髄

信濃諏訪地方古墳の地域的研究と、その補彙として書かれた**古墳群の特性について**は、いうまでもなく、藤森先生の研究を特色づける、地域研究としての古墳群の研究、すなわち「古墳群の地域的研究」の中核をなす論文である。そしてそれはまた、先生の生涯を通じての幅広い多彩な研究の中でも、記念碑的な意義をもつ論文でもある。

この論文で先生がめざしたものは「その地域に対立する各墳墓立地の環境について、墳墓構築の相異を理解し、その副葬品の対象的相異によって、生活背景の個性を指摘し、重ねてその不可離な聚落立地を関連せしめて、上代末的様相、実年代では奈良期中後期の地方生活形態、文化様相の一端を考古学的方法により綜合的に闡明」(「信濃諏訪地方古墳の地域的研究」)しようとしたところにあり、言葉をかえていえば「末期の群集墳を追求していけば、地域によってはその氏族ないし部族的な傾向を指摘することができ得る。それは、これが誰だと強弁することより古代史研究の上では重要だという主旨である」(「高松塚とその周辺」)という点である。

そうした観点からおこなわれた、先生の古墳群の地域的研究が、学史上どのような意義をもつものであったかを、敗戦前の古墳研究の動向の中で位置づけてみたい。

戦前の研究は当時の社会的状況の中で、さまざまな制約を受けていた。宮内省を主とした国家権力の管理のもとで、古墳の計画的な発掘調査はほとんど行われず、偶然に小規模・部分的な発掘があったり、とくに地方では過去の破壊や盗掘による出土品が、わずかに研究の対象にされるにすぎないという状態であった。そのため、石室・周溝・墳形など古墳全体にかかわる調査研究はきわめて遅れていた。ことに古墳の編年研究は天皇陵に比定された数多い古墳の研究非対象化も原因となって、著しくおくれることになった。このことは当時研究が進展した縄文式土器編年研究などとくらべて対照的であり、古代国家成立の事情と直接かかわりの深い古墳時代研究の宿命といえるかもしれない。

したがって、その頃の古墳時代研究は遺物に主流がおかれていた。梅原末治博士に代表される古墳副葬の中国鏡の研究は精細を極めたが、それにもとづく年代論には種々の問題や限界があり、その点をめぐって学界中央の多くの学者が論争を展開した。

前方後円墳の墳形分類にもとづく相対的編年研究も、浜田耕作、後藤守一博士らによって試みられ（後藤博士による前・中・後期の時期区分など）たが、前述のように古墳に対する計画的、総合的調査が不足していた段階では、一定程度以上の成果を生み出すことはむずかしかった。

このような古墳研究にかせられていた制約の中では、また多かれ少なかれ考古学研究者自身も皇国史観を身につけ、それを完全に拭い切れないでいた学史的状況の中では、アカデミックな研究の主流は、古墳研究を通じて日本古代史の真実に迫るという目的を、避けて通ることを余儀なくされていたとみなければならない。

アカデミズムにおけるこのような古墳研究の流れの中で、昭和十年代になると在野の地域研究者たちは、ひとつの正しい研究の方向を志向していた。兵庫県加古川流域の古墳群と遺跡群を統一的にとらえて、古代社会の実態に迫ろうという研究を進めていた栗山一夫氏の仕事と、そしてそれとほぼ同じ時期に長野県諏訪盆地の末期古墳群のあり方を通じて、古代氏族の性格を摘出しようとした藤森先生の仕事、すなわち本巻の中心をなす「信濃諏訪地方古墳の地域的研究」がそれである。このような一地域における古墳群の総合的把握をめざした研究を、最近、大塚初重氏は「まさに暁天に星を見る思い」とも「今日でもなお高く評価すべき視点を含んでいる」とも述べている（『日本考古学を学ぶ』3、有斐閣、一九七九）。

とはいっても、藤森先生の論文はいまから四十年も前に書かれたものである。全体として古墳時代研究がさまざまな状況の下で停滞し、特定遺物に限られた部分的な事象の研究が中心であったという学史的水準の中では、先生の研究も資料的な限界や、資料操作の上での欠点も指摘される。それはこの論文が発表された当時にすでに気づかれていたことであるが、例えば、古墳の被葬者あるいは古墳を作った「氏族」の集落が具体的に追求されていないとか、古墳出土の土器の分析が不十分であるとか、古墳群の年代（編年）についての検討がなされていないなどといった点である。

こうした批判に応えるように、藤森先生は「補彙1」として**古墳群の特性について**を書き、とくに土師器《はじき》の問題としては「補彙2」の**信濃下蟹河原における土師器の一様式**を、さらに関連する研究として、**「天手抉《あまのたくじり》」の発展経過について**と**石製坩《かん》について**などの論文を矢つぎ早に発表している。これら一連の論文は、当時、体系的な土師器の編年研究を、関東を中心としてはじめていた杉原荘介氏の業績と並んで、土師器研究の先駆的な業績に数えられてもよいものだと考えるのであるが、藤森先生のこうした精力的な仕事を生み出す原動力となったのは、杉原氏をはじめ、小林行雄・丸茂武重・神林淳雄氏など、東京考古学会という在野の学会に集っていた、いわば同世代の仲間ともいえる人々の力が大きかったと、藤森先生は回想している（「論文へのつきせぬ思い」）。これらの人々は従来の古墳研究の停滞をうちやぶる一つの新しい試みとして、先生の論文をいちように好意的に評価し、その上で、先にあげたような問題の指摘をそれぞれに行ったのであった。戦前の重苦しい社会的背景の中で、在野の若手研究者の清新な学問への情熱と友情を垣間《かいま》見る思いがする。

なお当時、先生の論文を「激賞」した一人の学者として、後藤守一博士がいたことも忘れてはならない。先述したように、後藤博士は帝室博物館（現東京国立博物館）に拠って、いわゆるアカデミックな古墳研究を推進し、また学界を担っていた権威の一人であった。その後藤博士は、藤森先生が出征した後、一連の論文をまとめて、『信濃諏訪地方における古墳群の地域的研究』という単行書にまとめ、戦争が本格化してきびしい事情の中で、伊藤書店から出版する労をとられている。藤森先生にとっては処女出版の著書であるが、それよりもその研究が、当時の古墳研究の中で占めた位置をはかる一つの事実として重要だと思う。

記述は前後するが、戦後、諏訪盆地ではフネ古墳・片山古墳という、粘土槨《かく》をもつ古い形の古墳が発見され、従来の古墳についても編年的な検討が加えられるなど、藤森先生が論文を発表された当時の、奈良時代あるいはそれに近い末期古墳群の存在だけが特徴とされるといったような、諏訪地方の古墳時代観にも変化がみられるようになった。しかしそれでもなお、一地域を単位とした古墳群の総合的把握という、藤森先生の古墳研究の方法と視点は、現在においてもいささかもゆるがない方向性を示しているし、副葬馬具などに示された卓抜な見解は、いまも十分に継承されるべき水準を示しているとみられるのである。

先にも述べたように、最初の論文「考古学上よりしたる古墳墓立地の観方――信濃諏訪地方古墳の地域的研究」が発表された後、先生は論文に対する批判に応えるようにいくつかの論文を書いた。そしてそれとは別に、先生は「信濃上代文化の地域的研究」の起草を構想し、さらに「私は同じ諏訪地方において残された湖西北辺地域においても、たとえば土武《とむ》の郷及び岡屋の牧を中心とした、また諏訪神社のいま一つの神族金刺氏の故地で神社の所在地下諏訪を中心とせる、おのおの古墳墓立地の新しい観方の仕事を続け、遅れても今後一、二年の準備によって、その結果を発表する機運になることと思う」(「古墳群の特性について」)と、それ以後の研究への希望を述べている。しかしその希望は当時は果たされることなく、戦後になってから、後述の「下諏訪町の古墳」「岡谷市コウモリ塚古墳」・「信濃上代文化の考古学的試論」などの仕事に、その意図をうかがうことができる。

「信濃諏訪地方古墳の地域的研究」が発表されたのは、一九三九(昭和十四)年、藤森先生二十八歳のことである。前年に古墳の調査が機縁となってみち子夫人と結婚し、間もなく故郷を出て大阪から東京へと転々と居を移して、東京考古学会の会務や『考古学』の編集を担当し、「あらゆる職業を体験する」ような生活苦を味わいながら、考古学に青春の血を燃え立たせていた時期である。その頃のことは『かもしかみち以後』(全集第一巻所収)や『藤森栄一の日記』(全集第十五巻所収)にくわしいが、その時期に中断した古墳研究について、いかに強い想いをいだいていたかは、先生が生前の最後の仕事として論文集『古墳の地域的研究』(永井出版企画)をまとめ、それが死後二カ月たって公刊されたという、なにか偶然とはいい切れない因縁の中に示されているように思える。

先生の青春を飾ったこの論文は、おそらく先生にとっては、生涯の考古学の仕事を通じての、一つの大事な柱をなすものであったにちがいない。

古墳を掘る

「古墳の発掘と調査」の章には、藤森先生が関係された、具体的な古墳調査の報告五編を集めた。

普門寺古岩久保岩窟遺跡は、一九三五(昭和十)年に発行された『四賀村史蹟踏査要項』に記載されているものである。この頃先生は諏訪中学校の三年生、考古学の最初の師となった地域研究者両角守一氏に従って、いやむしろ職業人として忙しかった両角氏の尖兵となって、藤原寛人(のちの作家新田次郎)氏などを部員として持っていた諏訪中学校地歴部をひきい、諏訪郡内から長野県下まで調査の足をのばしていた。

そうした中で古岩久保岩窟は一九二七（昭和二）年に藤森先生等が発見し、一九三〇（昭和五）年にかけて数回にわたって発掘が行われたのである。新田氏は後に「彼が東大の考古学教室の雑誌に書いた四賀村普門寺の山奥の洞穴なんかね、あれが彼の最初の公式論文ですね」（座談会「人間藤森栄一を語る」一九七八）と語っているが、実際には両角守一氏が『人類学雑誌』第四三巻一号に正式の報告書を発表し、藤森先生の最初の本格的な遺跡調査となった古岩久保岩窟の記録は、自分の名を「藤森栄一氏」と第三人称で書いた、この短い遺跡紹介文だけが残されている（後に『洞穴遺跡調査会会報』六号、一九六三年に、「長野県諏訪市古岩窪岩蔭」という概報をのせている）。

それらによると先生は古岩久保岩窟を古墳時代初期の祭祀遺跡と考え、両角氏は信仰関係者の墳墓説を述べているが、いずれにせよ、その年代観にしても、性格づけにしても再検討が必要なことはいうまでもない。ただこの時期、先生は石製模造品出土地の探索に熱中し、雨境峠や大門峠、霧ヶ峰などを何度も踏査し、現立科町の与三塚・鳴岩祭祀遺跡で、多数の滑石製模造品を発見している。それらの成果については、戦後の著書『古道』（全集第三巻所収）の中の「峠の神」の中に生かされ、古岩久保の資料もその一環として扱われている。そして最近の千曲川流域地方における鳥羽山洞穴や岩谷堂洞穴などの調査の結果、古墳時代中期に属する、洞穴利用の風葬墓の存在が明らかとなり、古岩久保岩窟もその類例のひとつとして、改めて強い関心をひくのである。

下諏訪町の古墳は、一九六三（昭和三十八）年に刊行された『下諏訪町誌』上巻に書かれている「考古学上よりみたる下諏訪町」の中の、該当部分を抜粋して収録したものである。それとは別に先生はその町誌に「諏訪神社の考古学的研究」という一五二頁にわたる論文を書いており、先のものと合せて実に三五〇頁に近い原稿をこの町誌に執筆していることになる。「考古学が多すぎる」と町当局から文句が出たという後日譚のある論文であるが、この大量の原稿を、先生は前年の一九六二年に実地踏査を含む準備をはじめてから、わずか一年足らずのうちに活字にしたことになる。

この頃先生はようやく戦後の混迷期から脱し、健康も回復されて、学界への復帰（一九五九年の考古学協会総会での曽根遺跡の発表や、翌年の井戸尻遺跡群での発掘担当など）も果たされて、晩年の大活躍がはじまろうとしていた時であった。筆勢止まるを知らずという、藤森先生の本領が再起して、あの三五〇頁に達する町誌の考古学編

フネ古墳調査の様子（1959年）

が完成したのである。

とくに古墳時代については、戦前に先生がやりのこした「信濃諏訪地方古墳の地域的研究」の結論という意気ごみがあった。その問題意識は古墳（あるいは考古学的事象全般）と、諏訪神社下社との関連に迫るという目的に発展し、本巻には集録できなかったが「諏訪神社の考古学的研究」という、科学的でユニークな神社史研究の分野を開拓することになったのである。

諏訪上社フネ古墳と**諏訪市大熊片山古墳**という二つの報告論文は、それまで諏訪盆地の古墳文化はその大半が七世紀代から八世紀初めに営まれた、いわゆる末期古墳群によって代表されるといった古墳の年代観を一挙に五世紀代にまでさかのぼることを明らかにした重要な資料の提示であった。しかしこの新発見によって先生の「信濃諏訪地方古墳群の地域的研究」の体系が根本的にくつがえされたわけではない。むしろフネ古墳発見の意義を積極的に評価し、「いずれにしろ、本古墳の存在の意義は、将来諏訪神社、いや信濃上代史の上に大きな問題を残すことであろう」と報文の結びとして述べている。

フネ古墳の発見後、先生もそして先生といっしょに仕事を進めてきた私たちの眼も、フネ古墳が発見され、諏訪神社上社が古くから拠点をおく西山（諏訪盆地の西壁をなす赤石山系守屋山々麓一帯）に熱くそそがれた。おそらくフネ古墳一基だけではないだろう、まだ別の重要な古墳が必ず眠っているにちがいないとばかりに、藤森先生は自分で毎月一回市民を集めて開講していた「諏訪考古学友の会」で熱弁をふるった。そしてフネ古墳の報告が発表されてから二、三年後、その「市民講座」の熱心な聴講生の一人だった後藤孔老人が、先生の期待に応える資料をもちこんだのである。

それはフネ古墳のあった場所からわずかの距離をへだてて西に並ぶ、西山の山麓の孤立した丘陵の頂部で、耕作中に勾玉《まがたま》が出土したという情報であった。私や中村竜雄さんが現場に急行してしらべてみると、錆びた鉄の刀もたくさん出たということがわかった。こうして大熊片山古墳は発見され、調査が行われることになったのである。

大熊片山古墳の調査は、フネ古墳ではあまり十分でなかった古墳の構造を、ある程度まで実証することに成功した。それは孤立した高い丘陵先端部（山頂）に、墓域を画して二基の粘土槨《かく》あるいは土壙を並列させ、墳丘は認められず、むしろその形は方形周溝墓に近い特殊古墳というべきものであった。副葬品の特徴は五〜六世紀の古墳出土品に対比すべき様相を示していた。この大熊片山古墳の発見を端緒として、さらに近接する丘陵頂部には、狐塚古墳・神宮寺片山古墳の存在が明らかになり、諏訪盆地最古の古墳群が、諏訪神社上社の本拠の地である西山に形成されていた状況が確実に把握されるにいたったのである。

藤森先生はこうした考古学的発見と、諏訪神社をめぐる古代伝承との結合に強い関心を示し、在地の守矢神長官と外来の大祝諏訪氏との関係を、「山上墓と山麓墓の比較において、いよいよ現実性を感じさせるものがある」と報文に記している。そしてより具体的に、フネ古墳の主は弥生時代以来この地に勢力を保ち、諏訪から上伊那にかけて祭政圏を築きあげた、在地の氏族である守矢神長職の夫婦墓であると考えるにいたっている（『新信濃風土記』全集第九巻所収）。この点については私も、フネ・片山古墳に近い場所を占める小丸山古墳の研究に関連して、先生の考えを補強する意見を述べたことがある。

いずれにしてもフネ・片山古墳の発見と調査を通して、また藤森先生独特の銅鐸や鉄鐸の理解をふまえて、先生の諏訪神社に対する考古学的関心はいちだんとその深みを増していくのである。

岡谷市コウモリ塚古墳は一九六七（昭和四十二）年に

長野県考古学会を中心として組織された、新産都市等地域内埋蔵文化財緊急分布調査団の団長として、藤森先生や私が担当して行った調査の報告書である。そうした調査の動機だけでなく、先生には「古墳の地域的研究」の一連の構想の中で、それまで残されてきた最後の地域である諏訪湖北地域の古墳群を研究する、絶好のチャンスでもあったのである。

コウモリ塚古墳は湖北最大級の横穴式石室をもつ円墳であるが、その石室は明治以前から既に開口し、かなり多量の馬具などの遺物が出土していた。よもやもう残存遺物はないだろうと、石室内の徹底的な底ざらいが行われたが、金銅製金具で飾られた漆塗りの鞍や鉄製壺鐙《あぶみ》など、いままで周辺の群小の古墳から発見されていたような、飾られぬ実用的馬具とは及びもつかない立派な馬装具一式が発見されるにいたったのである。

先生はそのコウモリ塚古墳の報告書の中にとくに「諏訪湖北古墳の概要」という一章を設け、「古墳群の立地」や「湖北古墳におけるコウモリ塚の位置」を論じている。そのいおうとするところは、古代の牧を支えた氏族と湖北古墳群の密接なつながりという点であった。すなわち報告書の結びの言葉として書かれた、「湖北の地は、後、平安時代の文献に現われる岡ノ屋牧に比定するものと信じられている。この地の古墳が粗末ながら、実用馬具を副葬品として、特に重視していることは、やがてその経済的専業態勢の確立してくる前提を意味するものであろう。その意味でもコウモリ塚は、湖北諸古墳群のうちでも、最も馬牧の確立した時期に近いものであろう」という結論がそれに当る。

このように、戦後を主とする藤森先生の古墳調査は、戦前に先生が確立した、古墳群の地域的研究というテーマで貫ぬかれた観点で行われていることがわかる。それはまた、考古学と古代史との結合、すなわち科学的な古代史（諏訪神社史）の確立を追求する、藤森先生の学問観の表現でもあったといえる。

独創性に富む遺物の解釈

藤森先生の古墳時代に関する研究論文や報告書は、他の縄文・弥生時代などにくらべて決して多いとはいえない。しかし先述したように、戦前の考古学史の状況の中で、自らの学問観と方法（古墳群の地域的研究という）を通じて開拓した古墳研究であってみれば、数少ない仕事の中味には、それぞれ独自でユニークなものがみられる。

注意すべき祝部土器と鉄製頭椎式柄頭の新発見の二編

は、先生が中学校を卒業したその年に、『信濃考古学会誌』に載せたものである。在学中にすでに「有史以前における土錘の分布と諏訪湖」や「隆平永宝を伴う一種の骨壺について」などの論文を『校友会誌』などに発表し、両角守一氏に師事して各地の遺跡調査などに活躍していた〝考古少年藤森栄一〟は、中学校の志望調査票に「自分の生活目的は考古学研究にある。道程はいかにあれ、その終局において帰するところは一つである」と、考古学に対する不退転の意志を示していた。しかし商家の長男という事情が大学への進学を許さず、独学独歩の苦難の道を歩むことになった経過などは、『かもしかみち』（全集第一巻所収）や『心の灯』（全集第二巻所収）などの先生の著書にくわしい。

独学の道を歩み出した先生にとって、学界の雑誌に論文や報告を書くことだけが、焼きつくような考古学へのあこがれの心を慰める唯一の手段だったのだろう。卒業した年とその翌年（一九二九・三〇年）の二年間に、実に十五編の論文・報告を、『信濃考古学会誌』『史前学雑誌』『考古学』などに発表している。こうして両角守一氏はもとより、氏を通じて八幡一郎氏や森本六爾氏などの先輩学者に存在を知られるようになったのである。とくに一九三〇（昭和五）年に『考古学』第一巻二号に掲載された「隆平永宝を伴出せる蔵骨器」は、森本氏の絶讃を受け、執筆・掲載までのやりとりを通じて、藤森先生と森本氏＝東京考古学会との出会いを決定的なものにした。

話が少しわきにそれたが、先にあげた二つの論文は、そうした時期に書かれたもので、いずれも短報の類に属するものである。しかし鉄製頭椎式柄頭はその当時少くとも長野県下では未発見の資料であり、それに注目した先生の眼は、中学卒業直後の「幼い」研究者のものとは思えない。

信濃下蟹河原における土師器の一様式は、先にも触れたように、一九三九（昭和十四）年に発表した論文「信濃諏訪地方古墳の地域的研究」への批判の一つに応える研究として、ちょうど当時、矢嶋数由氏が調査した、一戸の竪穴住居内にほぼ完全組合せで遺存した土師器を検討した成果である。そしてその様式観を「目下の処、型式的に下蟹河原《しもかにがわら》式をもって関東の前野町《ママ》期の土器に比肩すべき土師器最古の型式資料として提出することに躊躇しないのである」（同論文より引用）と述べたことは、まだようやく杉原荘介氏が関東地方において、土師器編年の体系作りに着手したばかりの研究史の段階において、まさに慧眼であったといわなければならない。

その杉原氏は藤森先生の死後そのことを回想して「藤森君て奴は偉いところがある。下蟹河原のあの土器の観方は、古式土師器について先見的なものだ」と語っておられる。なお**下蟹河原遺跡出土の土器**は、右のような評価をもとに、杉原氏等が編集した『土師式土器集成Ⅰ』に、土師器の標式資料として収録されることとなった時に、その解説として藤森先生が執筆したものである。

石製坩について・「天手抉」の発展経過についての二論文も、古墳とその副葬品、とりわけ土器との関係に深い関心をもって行われた研究の成果である。先生の古墳群の研究に強い関心を示した神林淳雄氏が、「まったくアマチュアには門戸を閉していた上野帝室博物館」の資料を、先生に自由に開放するという好意が完成したものである。

石製坩は豪族の祭祀器具として作られ、古墳に副葬される特殊な遺物である。一方、土製手捏の模型土器は弥生時代から出現するが、この方は各家々の祭りの道具として使われ、古墳時代の前半まで続き、その後は時代が降って神社なり祭礼の場所にのみ残されるという経過を示した。そうした祭りの遺物の消長の背後に、またそれらの遺物（とりわけ土器）の検討を通して、古墳と集落を結びつけ、日本古代史の流れをとらえようとする展望

下蟹河原の土師器埋没状態のスケッチ図
戦前のこの時代、一竪穴単位の土器をセットで扱った報告は他にあまり例がない

を与えているのである。四十年後のいまでも、新鮮な問題提起として受けとめることができる。

茶臼山遺跡出土の土器は、先に紹介した『土師式土器集成Ⅱ』のための解説原稿であるが、それとは別に、先生は戦前の論文「古墳群の特性について」(前出)の中で、諏訪湖東岸丘陵上にある茶臼山古墳群を、土師器生産の窯業集団のものと推定していた。戦後、一九五二(昭和二十七)年に茶臼山旧石器時代遺跡が発見され、その調査過程で偶然にも一括出土した茶臼山遺跡の土師器は、一つの小さな墓にきわめて多数の土師器が埋葬されているという事実をはじめて明らかにしたもので、各地で群をなす小古墳が、たとえば土師器生産というような特別な専業集団と強いかかわりがあるという、藤森先生の従来からの考え方を証明する一つの資料ともなった。

川岸村三沢鬼戸埴輪窯址は一九五六(昭和三十一)年に行った川岸村史編纂会の調査の報告である。須恵器と埴輪を焼いた二基の登り窯の発見は、当時、県下では稀な資料であったが、須恵器《すえき》の年代については奈良中期以後と、いまにして妥当性のある結論を導き、埴輪についてはその焼成の状態や土質の比較研究を積極的に行い、それが使われた古墳、すなわち搬出先は天竜川の舟便を用いて、下流の伊那松島の王墓であろうと推定している。

鬼戸窯址にまつわる右のような問題は、まだ完全に解決しつくされたとはいえないが、諏訪地方における古代窯業工人集団の政治的・経済的背景をふくめ、古代社会における政治・経済・文化圏やその交流に迫る問題提起の意義は大きかった。高校三年の末頃で、先生の助手として川岸村史編纂の仕事に加わっていた戸沢充則さんなどは、先生の仮説の面白さにひきこまれて、何度も伊那地方の古墳に足をのばし、埴輪の破片をひろい集めたといっている。

古墳群と地域古代史

「信濃の古墳文化」の章には、藤森先生の古墳研究の核を作った諏訪盆地をはなれ、長野県あるいは中部高地全体を対象として扱った、いわば概論・総論的な作品を集めた。いずれも晩年に近くなって書かれた論文である。なお本巻に収録したもの以外に、「甲斐の黒駒と望月の牧」「須波神の国と古東山道」(ともに全集第三巻『古道』所収)など、概論的なすぐれた論文がある。

中部高地の古墳は、一九六六(昭和四十一)年に発行された『日本の考古学Ⅳ』(河出書房)に掲載されたもので、長野・山梨両県下の古墳を集大成し、主要な古墳と各地域・各時期の古墳文化の特徴や問題点を概観的に解説することを主な内容として書かれている。記述の行間には、先生らしい古墳文化の観方がしばしば読みとれるが、講座形式の編纂書という制約もあって、十分な古墳文化論の展開はできなかった。

先生にとっても、むしろ後につづく諸論文の基礎資料編であったというべきか。

信濃の古墳文化には大きくみて二つの中心地がある。一つは千曲川流域、とくに善光寺平の有力な前期古墳を含む古墳文化であり、他の一つは天竜川流域、とくに伊那谷南部における中・後期の大前方後円墳多数をもつ古墳文化である。

将軍塚と信濃国造・信濃のケルンという二編は善光寺平を中心とする北信濃の古墳文化を論じている。そこには将軍塚と名のつくいくつかの前期的な特徴をもつ前方後円墳が存在し、信濃では最も古くから古代政治権力が顕現している。副葬品に多くの銅鏡をもつなど、大和の中央政権との結びつきの強さも暗示させる。藤森先生はそうした北信濃の古墳のあり方を、弥生時代以後、豊かな水稲経済圏を発達させた千曲川流域の農耕社会の伝統をうけて、信濃国造の氏族が成立していく過程としてとらえようとしている。

そして「信濃のケルン」では、北信濃に特有の積石塚《つみいしづか》古墳の性格を、そうした大和政権とのつながりの多い氏族が、朝鮮半島高句麗からの渡来人を多量に受け入れた結果と見て、それがやがて牧馬による経済力の蓄積を基盤に、善光寺の創建にもつながるのだという、北信濃古代史の大きな流れを描いてみせる。一方、南信濃ではどうであったろうか。

天竜川の中流域の古墳は桐原健さんと共著の『信濃考古学散歩』に書かれたもので、遺跡の見学案内書のような内容を主としているため、必ずしも十分に論考をつくしてはいないが、そこでの古墳の分布が古代東山道の拠点をたどること、とくにも飯田市付近を中心に幾多の前方後円墳を形成する竜西の諸古墳群は、分布の密度・規模の大きさ、副葬品の優秀さなどからいって、信濃の馬匹文化の都への中継基地、逆にいえば都から信濃・東山道への、古墳文化・中央文化の入口にあたる拠点であると性格づけている。

信濃の地は古代東国随一の馬の生産地として、後世には多くの官・私牧が置かれる。天竜川中流域に爆発的な発達を示す六〜七世紀の古墳文化は、信濃一円にわたる古代馬匹文化の、まさに表徴的な事象としてとらえられるというのが、先生の持論なのである。

こうした藤森先生の構想する信濃の古代史は、北信濃の在地的伝統的政治権力を基盤とする古墳群と、南信濃の経済的・馬匹文化的政治勢力を基礎とする古墳群の消長を通じて、具体的な姿が示されるということに、構想の支柱がおかれることになった。**信濃上代文化の考古学的試論**は、そのような構想でまとめられた、先生の古墳時代研究のいわば総論といってもよい論文である。この論文の内容の個々については、先生の文章をじっくりと読んでいただければよいことだし、いままでの解説の中でも部分的には触れてきたので再述はしない。

ただ一つだけ感想として述べたいことは、この論文だけでなく、いくつかの先生の仕事に接して改めて知ることは、古墳研究に対する藤森先生の方法や視点が、戦前から通じて最後まで一貫しているということである。古墳時代研究の基礎資料の一つである土師器や須恵器の編年は、長野県ではまだ十分に確立されたとはいえない。その他の個別資料の研究でも、まだまだやるべきことはたくさんある。だからといっていつまでもそのことにこだわっていたのでは、古代史の復原はけっして出来はしない。

古墳時代の歴史叙述の方法の一つは、短時間に一地域に生起した古墳群の性格に地理的・歴史的環境を加味して、その古墳群を残した集団＝氏族を摘出する。それによってその氏族の生業・生産の基盤をなすものを復原し、一方、断片的とはいえ史料をもつ古代史の側からのアプローチもはかれば、生き生きとした古代社会・文化の叙述が可能だという信念が、藤森先生の古墳研究の方法の根底にあったのである。

学ぶべき研究の姿勢

私は生前の藤森先生に指導されて古墳の研究に入った。そして戦後の先生の古墳時代関係の仕事は、ほとんどといってよいほどいっしょにさせていただいた。今度この解説のために先生の論文を読みなおし、改めてその古墳研究の上に残された、先生の学問の深さと大きさを認識しなおす点が少なくなかった。とくに実に多くのいろいろな資料のどれ一つについても、注意と関心をそらさなかった点、またたくさんの土地をよく知っているという点が、先生の論文をいきいきとした記述にしているのだと思う。

その点について一九六五（昭和四十）年から三年間、『信濃考古』（長野県考古学会連絡誌）に若い研究者に向けて、先生は「考古随想」を連載したが、その中のいくつかにこんな言葉がある。

「私たちの若い頃には思いもかけないような好条件の発掘を、今の若い皆さんはやっている。あてもないのに人の集めたセコハン資料などを見て歩く人などいるだろうか。けれど自分の袋の中にためたたくさんのパズル、その鍵をさがしてさまようというロマンチシズムというものは、すべて学問のエネルギー源なのである」。そして「もっと、若い頃、歩いておけばよかった」と述懐する。

しかし先生は実によく歩き、ほんとによくなんでも見、それをパズルに組み立てる素晴らしい構想力をもっていた。

「最近では資料が放っておかれるケースは、長野県に限ってはほとんど皆無で、発見されると直ちに最高の形式で報告されるのが通例である。したがって装備不完全な旅行者が下手な実測や撮影をして歩くより、印刷されたレポートをみれば十分ということになる。ということになれば私たちは何を見てまわればいいのか」「一応はみんなは地形とか環境とかいうおきまりの項目を設けて地形図をみながら、地理学用語をはめこんでいるが、自分で実際に感じたものではないので、一向に本質をつかんでいない」

「そこで感じたことは、長野県の優れた考古学データを組み立てて、この上に風土性を加味することで立派な研究ができる時期にきているということである」

すなわち先生は言葉や文章の上でなく、自分の目でたしかめ、自分の心に感じたものを大切にして、遺跡や遺物に血の通った生命を与えることを知っていたのである。

歩くこと、見ること、感ずることをよくした上に、考古学と古代史の結合を目的とした藤森先生の古墳研究だからこそ、私たちにとってはこれからも、多くの学ぶべきものがあるのだと信ずるのである。

12 生きた縄文人を掘り出す研究の軌跡

戸沢充則

多彩な研究の実績

先ごろ出版された『縄文文化の研究10　縄文時代研究史』（雄山閣、一九八四年）の中の、「縄文時代研究史上における人物論」に、藤森栄一先生はエドワード・S・モース以下、学史に残る代表的な縄文文化研究者二十四人の一人としてとりあげられた。またすでに新刊予告の出ている、同じ出版社の『弥生文化の研究』でも、学史を飾る十五人の研究者の一人としてあげられている。

そのように縄文文化や弥生文化の研究者としてばかりでなく、古墳時代に関する研究にしても、『古墳の地域的研究』（全集第十一巻所収）に集大成された業績の中には、古墳群のとらえ方や土師器《はじき》の編年等についての先駆的な内容をもつ重要な論文があるし、さらに新しい歴史考古学の分野でも、一連の諏訪神社の考古学的検討に関する論文（全集第十四巻所収）や、奈良時代の火葬骨壺の研究などに数多くの重要な仕事を残している。

そうした中にあって、『かもしかみち』をはじめ多くの著書にまとめられた、いわば「考古学エッセイ」ともいうべき作品は、他の学者には決して真似のできない「藤森考古学」の真髄として、広く世に知られている。

こうしてみると、藤森栄一という考古学者はきわめて幅の広い、そして多彩な研究活動をおこなってきた学者であるということに改めて驚くのであるが、同時に先生の生涯の業績を通じて、いったいなにがいわば「ライフワーク」といえるのだろうかというとまどいも覚える。藤森先生に限らず、私たちの先輩である明治生まれの考古学者には、いまのように、あの先生は縄文が専門だとか、ましてや「土器屋さん」「石器屋さん」だなどといった、専門分野が極端に狭い学者はほとんどいなかったといってもよい。

それにしても藤森先生の残した仕事はすべての分野にわたって、一つの独特な輝きをもち、また「藤森考古学」ともいうべき一貫した「哲学」と「筋みち」を備えている。その基盤をなすものは、だれでもが藤森先生の考古学を評して言うように、先生の学問が「人間臭い」学問であり、いつでも生きた原始・古代人を背後に、あるいは前面に意識した考古学の研究であったということにある。

ところで本巻は藤森先生の仕事の中で、縄文時代と一部分は先土器時代(旧石器時代)に関係する、論文・報告書等を中心にしてまとめたものである。いまそれらの作品を通じて、前述したような「人間臭い」先生の研究の軌跡を検証しようとするわけであるが、この巻に所収する論文や報告書だけが、藤森先生の縄文文化研究のすべてでないことはいうまでもない。というのは、改めて紹介するまでもなく、「藤森栄一」といえば「縄文農耕」とすぐイメージが結びつくように、先生の戦後の後半生の最大の業績は、長野県八ヶ岳山麓の縄文中期文化を舞台に展開された、縄文農耕論に関する仕事である。それは全集の第九巻としてすでにまとめられている。

また『石器と土器の話』(全集第七巻)、『縄文の八ヶ岳』(同第八巻)に集められた啓蒙的な著作や、数多くの縄文文化を素材としたエッセイがある。さらに本全集には集録できなかった大著『井戸尻』(一部は第九巻に収載)や、これもかなり莫大な『下諏訪町誌』の原始、古代編の論文などがある。

そうした論文やエッセイ(主として戦後の作品)を除いた本巻の作品群は、藤森先生の多彩な研究や著作の中では、比較的目立たない、いうなれば地味な面を示している。しかし、本巻巻頭に掲載した、中学三年生(十五歳)の年の執筆である処女論文から、巻末の座談会の発言などにいたるまで、生活苦や病苦をまじえた変転きわまりない研究生活の中で積み重ねられた縄文文化の研究についての仕事は、藤森先生の考古学とつねにともにあった研究のテーマであり、その時々での流れの強弱はあっても、先生の考古学に活力を与えるかくれた動脈であったはずである。

実は、そうした藤森先生の縄文文化研究の特徴を、この解説の冒頭にふれた『縄文文化の研究10　縄文時代研究史』の中に、私が「藤森栄一論」と題して執筆した。「縄文農耕論」の学史的評価などにも言及したその拙論をまずここで紹介して、藤森先生の縄文文化研究の全体像を明らかにしておきたい。

縄文文化研究史上の藤森栄一

その生涯と研究

藤森栄一は一九一一（明治四十四）年、長野県上諏訪町（現諏訪市）に、書籍・文具を商う博信堂の長男として生まれた。一九二四（大正十三）年に県立諏訪中学校に入学したが、すでにその前から生家に保存されていた石鏃《せきぞく》などに接し、考古学には異常な興味を抱いていた。中学三年の時には早くも、処女論文「有史以前に於ける土錘《どすい》の分布と諏訪湖」で、考古資料を自然あるいは地理・風土と結びつけて解釈するという、その後の藤森の研究の特色を示唆する論文を書いた。中学教師であった地理学者三沢勝衛の「風土地理学」の影響が強かったと、藤森自身が後に書いている。

そしてその頃、藤森は「自分の生活目的は考古学研究にある。道程は如何にあれ、その終局において帰するところは一つである」と中学校の志望調査に記したが、それは商家の長男として生まれ、上級学校への進学をあきらめざるを得なかった上でなお考古学への強い志を表明したものである。その決意どおり、中学を卒業した藤森は家業のかたわら、ほとんどくまなく諏訪郡中の遺跡を歩き、その足は機会をみつけては長野県各地に及んだ。

そしてその間、一九二九（昭和四）年に『信濃考古学会誌』に掲載された「鉄製頭椎式柄頭の新発見」という短報をはじめとして、学界誌への活発な投稿をはじめる。一九三〇（昭和五）年の『史前学雑誌』二巻一号に発表した「彫刻を有する石製品」「磨製丁字形石器」という二つの資料報告が、縄文時代に関する藤森の最初の報文であり、そして中央の学界誌へのはじめての登場である。十九歳であった。

その直後、藤森は森本六爾との運命的な出会いをし、森本の死後ついに故郷をとび出して、大阪と東京で終戦まで主として東京考古学会に拠った中央での活動をすることになる。その一九三五（昭和十）年まで諏訪にあった時の研究が、藤森の縄文研究のいわば第一期に当たるわけであるが、二十歳代の前半の彼の仕事は、一九三四（昭和九）年に『人類学雑誌』に発表した「信濃上諏訪町踊場《おどりば》の土器」に示されるように、一つは縄文時代前期末から中期初頭にかけての土器の研究であり、また『考古学』六巻十号を埋めた「東日本海系石器文化の輪廓」以下三編の論文に表徴されるような、縄文文化の石器に対する深い関心であった。

　大阪（後に東京）に出た藤森は、それ以前からの森本や東京考古学会の研究主題にも影響されて、弥生時代あるいは古墳時代の研究に主眼がおかれる。在郷中の一九三二（昭和七）年に『考古学』に発表した「諏訪天王垣《てんのうかい》外《と》発掘の弥生式土器及び石器」は、藤森の弥生時代に関する最初の本格的論文であるが、それにつづくいくつかの論文は同じ頃書かれた上記の縄文時代関係のものにくらべても、はるかに力作が並んでいる。そしてその傾向は大阪・東京で活躍する間もつづき、戦前の藤森栄一は弥生時代を専門とする研究者として印象づけられていたのである。しかし東日本の縄文文化について知る数少ない東京考古学会同人として、その機関誌『考古学』（後に『古代文化』）に藤森は多くの論文や資料紹介を書きつづけた。また押型文土器の標式遺跡として著名な、和歌山県高山寺貝塚の調査と報告書の作成に、藤森が陰の力になって貢献したといったような事例は、他にもいくつかあるらしい。

諏訪中学校生時代に処女論文を発表していた藤森栄一

　この時期の縄文時代に関する仕事は、弥生時代や古墳時代の研究（「信濃諏訪地方古墳の地域的研究」も一九三八、九年にかけてのこの時期の労作の一つである）にくらべて、なにかサイド・ワークのような感を拭えないが、しかし森本以来の弥生文化研究の学風、すなわち文化構造を明らかにするための遺跡、遺物の研究を重視する立場は、生来の学問観に結びついてより確固なものとなり、当時隆盛をほこった編年学とは異なる研究への志向が芽生えていく。この頃、折にふれて書いたエッセイの中には、縄文時代の人々が自然と歴史の間に息づいている姿を美事に描いた文章の数々がある。珠玉の考古学エッセイ集と称され、戦後多くの若者の心をとらえた『かもしかみち』（全集第一巻所収）は、前述のような「藤森考古学」の原点を示したものといってよい。

敗戦を迎えた一九四六（昭和二十一）年六月、藤森栄一は南方の戦地で冒されたマラリアのため、満身創痍の病身を負って故郷の信州諏訪に引き揚げた。激しく動いていた学界への復帰もかなわず、病苦と闘いながら諏訪考古学研究所という私設の研究所を開いて、そこに集る若い考古ボーイ達を見守りまた指導しながら、わずかに遺跡の調査を続けていた。縄文志向の強い考古ボーイたちは、中期初頭の標式遺跡となった梨久保遺跡を掘り、押型文土器文化の代表的遺跡としていま知られる樋沢遺跡や細久保遺跡等々多くの遺跡を掘って、当時、山内清男らが最後の仕上げとして意気ごんでいた、縄文土器編年研究に貢献する業績をあげた。それらの成果は一九五六（昭和三十一）年に出版された『日本考古学講座三縄文文化』に、「各地の縄文式土器――中部」という論文で、藤森の名によって発表された。

しかし藤森が故郷に帰って見つづけていたものは、そうした土器の編年や個別の現象としての縄文時代の研究ではなく、縄文文化全体の構造にかかわる研究であり、縄文時代人がそこに残した生活そのものを明らかにすることであった。弥生文化とは質的にちがっていても縄文文化にも、森本六爾からひきついだ研究の視点と方法を生かすことができないのかという強い希望だった。そして一九四九（昭和二十四）年に「原始焼畑陸耕の諸問題」という小論を、『夕刊信州』に掲載したのを端緒として、戦後の藤森栄一の、いや彼の生涯のもっとも活力に満ちた研究テーマとなる「縄文農耕論」の研究が、奔流のような勢いで開始されたのである。

藤森が世を去った一九七三（昭和四十八）年の翌年、諏訪市荒神山遺跡で、はじめて具体的な資料として栽培植物の炭化種子が発見された。生前の藤森が夢にまで見た資料である。その後、「縄文農耕論」はその存否をめぐってよりも、その評価をめぐって考古学界全体の重要な研究課題となって現在にいたっている。そして何よりも大切なことは、「縄文農耕論」を契機として、文化の構造、縄文人の生活の実態を明らかにしようという研究が、それまでの編年至上主義の縄文文化研究の伝統を破って、いまや学界に定着しつつあることである。その意義などについては、全集九巻の『縄文農耕』の解説で、武藤雄六さんが詳しく論じている。

藤森栄一が縄文時代研究史の一齣を飾る人物と評価されるなら、その最大の遺産は上記のような、人間がそこに息づいている研究の方向を実践した点にあるといわなければならない。

中期初頭縄文土器論

戦前のとくに一九三〇（昭和五）年から一九三五（昭和十）年にいたる間の、藤森栄一の縄文時代の研究で著しいものの一つは、縄文前期末から中期初頭にかけての土器の研究である。

一九三四年には先に文献をあげた踊場遺跡の土器の報告をはじめとして、いずれも短報ではあるが「信濃西筑摩郡井出の頭の土器」（『史前学雑誌』六―五）、「信濃下水内郡鳴沢頭の土器及び石鋸」（同前六―六）を報告し、さらに翌一九三五年には「北陸における縄文土器の一型式」（『考古学』六―二）、「諸磯《もろいそ》式土器の竹管《ちくかん》施文《せもん》と浮線文の問題」（『考古学評論』一―二）、「古式縄文土器の終末と厚手土器の進展」（同前）というかなり長文の三編の論文を発表している。そしてこれらの報告・論文が発表される以前の一九三〇年には、藤森の最初の本格的な報告論文といってもよい「玦状耳飾を出せる諸磯式遺跡一・二」（『信濃考古学会誌』二―一・二）があるが、以上あげたいずれもが、前期末、中期初頭の時期に関係するものであるのは、偶然という要素もあったとはいえ、きわめて興味深い点である。

踊場遺跡が藤森の生家に近く、中学二年生の時に工事で出土した土器を自ら意識的に採集した最初の考古資料ということで、藤森の関心をつないだのであろうが、その後、周辺の遺跡から関連の資料を集め、文献によって全国的に類似資料の比較を試み、「文様帯系統論」に近い口縁部の文様を集成して図式化するような観察を加えた上で、「踊場式土器」の設定をしたこの報文は、関東や東北地方の研究の中心地で、ようやく縄文式土器の編年の体系が形をなそうとしていた時期の、地方における、そして若手の研究者の仕事としては出色のものであったろうと思われる。藤森の郷土の先輩八幡一郎の紹介があったとはいえ、『人類学雑誌』がそれを掲載するだけの価値は十分にあったのである。

「踊場式」の名は現在でも残っているが、しかし資料に対する誤認や、なによりも不十分な資料による分析だったため、当時とは内容をかなり修正されている。学史的にいえば、神奈川県十三菩提遺跡の資料報告が甲野勇によってなされたわずか後のことであるので、おそらく中期初頭縄文式土器に関する最初の型式設定といえるのではなかろうか。

藤森の研究の一つの特徴は踊場式土器を設定したから、それでその問題は片づいたとしない所である。先にあげた『考古学評論』の二編の論文は、藤森の考古資料に対する観方のすぐれた点を如実に示すものといえる。その『考古学評論』は「日本先史土器論」と表題をつけ、巻頭に小林行雄の「弥生式土器の様式構造」という、日本の型式論学説史の上で不巧の名を残す重要な論文を載せた論文集である。藤森の論文「古式縄文式土器の終末と厚手土器の進展」は小林論文に次いで掲載されている。弥生式土器の様式論に対する縄文式土器の型式論の気構えであろう。

しかし、それはきわめて論理的に理路整然とした小林論文とは対照的に、きわめて感性的で散文的な論文であって、残念ながらその時点でも縄文式土器の型式学を理論的に明らかにしたものとはいえない。だが藤森は土器の型式の異同を地域的なひろがりの関係でとらえる必要を説き、それと時間の変遷を加味することによって、縄文人たちの歴史的な動態が明らかにされるという研究の方向性を、さまざまな文章表現で語っている。そしてただ一つ、論文の題名で明らかなように、縄文時代の前期と中期の間には、土器の型式変化で表徴されるように、あるいはそれ以上に大きな縄文時代史上の変革期があることを予想し、自らが長く関心を寄せている踊場式土器など一連の土器を「鵺《ヌエ》の土器」と位置づけて、その変化の時期の動きを探る一つのキーポイントになるということを示唆した。

いまでこそ中期初頭という用語は、縄文時代研究の中で一般に使われるが（藤森はその段階ではそうした用語自体は使っていないが）、その概念は単なる土器の問題ではなく、土器の背後にある文化の問題として、すでに半世紀近くも前に藤森が指摘していたということは記憶されてよい。

中期初頭の土器についての「型式学」は、もう一つの論文「諸磯式土器の竹管施文と浮線文の問題」でより実践的に具現している。藤森は前期末の諸礒式土器の型式学上の特徴を竹管施文であると改めて確認し、踊場式等中期初頭の土器はその伝統を強くひきつぐものとしてとらえた。しかし中期の勝坂式に至っては、「自由奔放な」浮線文・隆起線文が特徴となり、用器画からフリーハンドの文様へと、大きな型式学上の変化があることを重視しようとしている。

以上のような藤森のとらえ方は、戦後の編年研究の中で微細にわたる土器の細分がおこなわれ、前期から中期の土器への型式変化が、きわめて連続して切れ目がないものであるとみられるようになった。筆者自身も竹管文の一つの要素としての平行沈線文の変化について、二本の線としての平行線から、連続する複数の平行線文、あるいは半隆起線文を経て、さらにそこに浮線文が加わって、隆起線文に変化するという図式的な説明をしたことがある。藤森の論文の応用であったが、しかし土器の型式的連続性と文化の変化とは必ずしも一致し、並行的である必要はない。土器の型式変化は質量の関係でいえば量の問題であり、生活や文化の変化は質の問題である。藤森は常にその質の変化、すなわち文化・歴史の変化をのぞき見ようとしていたのである。

その意味で藤森の戦前に残したわずかな業績ともいえる縄文中期初頭の土器論は、たしかに戦後になって藤森の主要な業績となる「縄文中期農耕説」を予感していたし、また最近の「動態論的研究」などと呼ばれている新しい土器研究の動向を、すでに半世紀近く前に予見していたともいえるのである。それは当然のことながら、当時関東を中心に進行していた編年学派の土器研究とは、その学問的な観点においてかなり大きなちがいがあったものとみなければならない。

石器への強い関心

藤森栄一の縄文時代に関する論文・報告などの文献は、戦後の主に「縄文農耕論」にかかわるものを除いて、現在までにリストアップされている数は約三十編である。そのうち十二編が石器に関したものであり、そのほか土器をふくめてのものや遺跡を扱ったものの中でも、石器についての記述は常にかなりの分量を占め、かつ内容的にも興味深いものが多い。こうした石器に対する藤森の強い関心は弥生文化の研究についてもいえることで、むしろ弥生式土器に関しては、せいぜい信濃という一地域を対象とした、その様式設定と編年の先駆的な業績が印象に残るだけで、藤森の弥生文化研究の真価は石器についての研究にあったといえるほどである。この点については、全集第十巻『銅鐸・弥生の時代』の桐原健さんの解説が、的確な評価を与えている。

土器の編年研究ばかりが偏重され、石器など縄文時代人の生産・生活に直接かかわり合いの強い遺物の研究が、おろそかにされているという赤木清の問題提起を受けて、学史に著名な「ひだびと論争」がおこったのは一九三六（昭和十一）年のことである。その前年の一九三五年の『考古学』六巻十号に、藤森は縄文時代の石器に関する三編の論文を発表した。巻頭を飾った「東日本海系石器文化の輪廓」はそれらのメインをなす論文である。

本文の冒頭には六つの章の内容が次のように要約されて示されている。すなわち、（一）尚、生活の一部分に過ぎなかった土器と、而も、真剣な生活の問題であった石器の場合。（二）特殊な片刃――寒地の狩猟生活に於ける一つの必要の流れ。（三）北から来た高度の文化、擦切操作の分布。（四）その文化圏の外縁に於ける石鋸の変転。（五）第二圏、中央山岳地帯に於ける石器文化の末端。（六）緩衝地帯に於ける特異な接触現象。以上の六つの問題点の中に、藤森が石器の研究を通じて何を求めようとしているのかを垣間見ることができる。

まず（一）では、「今や貝塚の土器による編年の確立に成功した学界の主力は、石器をもこれに伴わせるために様々な努力を試み出されてよい」と、暗に編年研究の動向を批判し、「真剣な生活の問題であった石器」研究の必要を説く。「ひだびと論争」の赤木と同様な問題提起であった。そしてさらに石器は「生活の手段の変化せぬ限り、土器の変遷とは全く無関心に存続し得たと同時に、逆の場合は余りにも突然な改廃も行われ得た」と、石器の変化のもつ本質的な意義を強調する。これらの点は藤森の石器に対する認識というに止まらず、縄文文化研究の、いや考古学の目的についての一つの学問観の発露でもあったのである。

（二）では、石箆《いしべら》に加えて藤森が石爪と呼ぶ磨製石器を、東北から北陸に及ぶ分布とシベリア・樺太など北方アジアにおける類例を比較して、雪の多い寒冷地帯における特別な狩猟生活の様態と、それをもった文化圏（東日本海系石器文化）の成立を予想する。これらの石器が丸ノミの機能をもつと考え、シベリヤの同種の石器と比較した観点は、戦後の先土器文化あるいは「草創期」の研究における問題意識とくらべても、なお新鮮さをもつ。ただし大陸文化優位の文化伝播論的発言と、時間軸を無視した文化停滞論的発想はあまりにも感性的であった。

（三）（四）では、やはり北方アジア的な文化要素としての擦切技術、その用具としての石鋸《いしのこ》を通して、またその変形としてとらえた石冠《せっかん》の分布と時間的関係から、東北アジア的な「高度」の文化を受け入れた「東日本海系石器文化第一圏」とその周辺の「第二圏」との文化の動態を考えようとした。

（五）は、「東日本海系石器文化圏」の縄文文化の発達した中で、飛騨や越中、さらに信濃の一部を含めて、そこに「とうに忘れ去られるべき文化の古い姿が平然として存続し得た」という言葉で、石器の変化という考古学的事象が示す背景を説明しようとした。しかしこの仮説自体は「ミネルヴァ論争」における喜田貞吉の仮説（東北や中部山地では縄文文化が歴史時代まで残存したという説）同様、そのままでは認められないことはいうまでもない。

（六）では、（五）で触れられた問題を、さらに磨製石鏃や石庖丁などをとりあげて、ついに縄文・弥生両文化の接触現象にまで論を発展させていった。こうした考え方は藤森のみならず、森本六爾をはじめ当時の弥生文化研究者の中にはしばしば根強くあった。関東地方の弥生式土器研究の中で「接触様式」を認めようという学説は、戦後までひきつがれたことがそれをもの語っている。そしてその考え方と方法論が、いわゆる「編年学派」といわれる研究者から最も強く批判されたのである。

藤森の縄文時代の研究には、編年研究と一線を置こうという意識の強いあまり、基礎的な考古資料の年代観の上で甘さをもつという限界があった。しかしそれを捨象してもなお、文化や生活の問題に迫ろうという意思をもつことは、当時の学界と社会の情況の下では必要なことなのであったろう。

仮説はそれが誤りなれば修正されればよいのであって、そのための論争と検証こそ必要なはずである。石器研究を強く志向した藤森は、赤木等と同様に縄文時代の研究を、そこに人間が生き、文化が動き、歴史が創造されていく世界が復元される研究として脱皮させようという情熱に燃えていたのにちがいないのである。

縄文農耕論と地域研究

はじめの「その生涯」の中でも書いたように、藤森栄一の縄文時代研究史に残る最大の業績は「縄文中期農耕説」の提唱と、その実証のための数々の調査、研究である。とくにそうした研究の主要フィールドとなった八ヶ岳西南麓、とりわけその南麓を占める井戸尻遺跡群を中心とした研究は、土器石器はいうに及ばず、住居・集落から信仰や自然環境や民俗などを含む、およそ考古学的分析に耐えるすべての資料にわたり、包括的・総合的なものとして行われた。

そうした研究の詳細については、藤森のよき共同研究者である武藤雄六が全集第九巻『縄文農耕』の解説で記述しているし、筆者も「縄文農耕論」（『日本考古学を学ぶ（2）』）や、『縄文文化の研究2　生業』の「縄文農耕」で、その研究史や現状の問題点、さらに学史的意義などについて触れているので、ここでは再論しない。ただここで、縄文時代研究史における藤森栄一の現在的な位置づけということで、藤森の最大の業績である「縄文農耕論」の意義を改めて述べるならば、冒頭にも書いたことだが、この「縄文農耕論」とその実証のためのさまざまな実践的な研究を通じて、縄文時代研究に確かにいままでとはちがった新風が吹き込んだということである。

長いこと年代の尺度として、その細分編年の資料として扱われてきた土器が、その機能や用途、それに関連して製作技術が問題とされるようになったし、型式学的な比較でも単なる時間的新旧ではなく、地域間の交流やその背景を含めた、土器型式の動態が研究されるようになった。「山内型式学」の遺産といわれる「文様帯系統論」の方法を駆使して、上記のような新しい土器論は、いま縄文中期の土器について最も活発に研究が進められている。

生産や生活用具としての石器に対する関心が強くもたれるようになったのも、「縄文農耕論」にかかわる石器研究が大きな刺激になった。土偶や顔面把手付土器や釣手土器、土器面に飾られた蛇体文《じゃたいもん》、さらに石棒、石柱や埋甕《うめがめ》、そしてそれらの住居や集落内におけるあり方を含めて、縄文人の信仰が最も積極的に論じられたのも、「縄文農耕論」に関係してである。

集落や遺跡群の研究も八ヶ岳西南麓の豊富な縄文中期の遺跡を対象として、まず内容の深化がはかられたし、その大規模で数の多い集落の存在が、藤森をして単なる狩猟・採集の段階の文化では解釈できないとして、原始農耕存在の仮説を生んだ。

最近は日本考古学の分野で生業ないしは環境についての研究の実績が著しい。いまや「縄文農耕」の評価もその生業論の中の一つとして位置づけられようとしているが、貝塚の出土品をもとにした漁撈活動の復元など、従来から一部で行われていた研究の規模をこえて、自然環境や生産用具の分析などを含めた生業研究が定着したのは最近のことであり、それにも「縄文農耕論」は大きな促進剤の役割を果たしたはずである。もちろんそうした従来の編年研究を主流とした縄文時代の研究の枠を打ち破ったのが、ひとり「縄文農耕論」でも、藤森栄一だけでもないことは事実であろう。しかしまだ記憶に新しい学史の中で、「縄文農耕論」を唱えた藤森に対して「本気でやっているとは思えない」と嘲笑し、それに応えるように藤森が「いつまで編年をやるか」と怒りをこめて叫んだことも事実なのである。

その藤森栄一が世を去って十年、いまや縄文時代の研究が大きく方向を転換しつつあることもまた事実である。それはまさに藤森が生涯をかけて志向しつづけてきた、文化の構造としての縄文時代の研究に向けてである。そうした新しい研究の方向を、いま私たちは確かな展望をもった方法論的な体系にまとめなくてはいけない。個別土器論でも集落論でもその他さまざまな既製の理論・方法論でもない、総合的な研究の方法が理論的に組み立てられるべきである。

藤森栄一は「縄文農耕論」の実践的研究を通じて、また戦前の労作『信濃諏訪地方古墳の地域的研究』などによって、地域を単位としたあらゆる考古学的事象の総合的研究の有効性を示した。私はその「地域研究」のあり方に、今後の縄文時代研究の一つの可能性を見出せるものと確信している。もしそうだとすると、これも藤森栄一が学史の中に残した最重要な遺産の一つであるといわなければならない。

歴史叙述につながるものの観方

前章の縄文化研究史上の「藤森栄一論」では扱われていない、本巻所収の諸論文について、以下、簡単な解題をしておく。

「原始時代史の試み」としてまとめたもののうち、**大化以前の歴史と考古学**はおそらく戦後初めて、日本通史に登場した考古学者による原始・古代史の歴史叙述の一つではないかと思う。河出書房が出した全八冊の『日本歴史講座』の第二巻にのった。この論文の原稿の清書などを、当時高校三年生の考古ボーイだった私がやったことをよく覚えている。そしてそのかなりの部分が、マラリヤですっかり身体を悪くして病床にいた藤森先生の口述を筆記したものであることも。敗戦直後の逼塞状態の中にあった先生は、この講座の執筆者に加えられたことをたいへん喜んで、論調には病気中とは思えないはりがある。

出版の企画にも加わり、藤森先生の推薦者でもあった和島誠一先生と、後に私が大学生になって、横浜市の南堀貝塚ではじめて話をする機会を得た時、「あの病身と状況で、藤森さんがあれだけの歴史叙述をしてくれるとは。実は失礼だけれどはじめはとても駄目だろうとあきらめていた」という述懐をもらされたのをいまでもまざまざと記憶している。なんのことかよくわからなかったが、私が「歴史叙述」という言葉をはじめて直接聞いたのはその時だったように思う。

〝原始〟の時代区分・日本石器時代研究の諸問題は、いずれも先土器時代の研究をめぐる学界の動向（混乱）を批判的に観察して、歴史学であるべき考古学の進むべき方向に期待をこめた論評である。後者の第二部は、

茶臼山遺跡を掘る藤森栄一と神村透（左）、そしてまだ高校生の松沢亜生（1952年）

「縄文中期文化の構成」と題して書かれたもので、全集第九巻に収録してある。

縄文文化の研究について、藤森先生はその編年研究への偏向に対して一貫して強い批判を加えてきた。**縄文式土器研究の歴史**は先生の死後に残されていた未完成の作品である。一九四七（昭和二十二）年の日付が原稿に書き加えられている。私も縄文文化研究の学史に関する小論を、ずっと後になって何回か書くことになったが、藤森先生の未完のこの研究史は、研究の流れを的確にとらえている。そして結論まで書かれてあったとすれば、当然、「いつまで編年をやるか」（全集第十五巻所収）にいきついていた筈である。

信濃の黎明は、後半生を故郷の信濃にフィールドを求めた研究活動に恵念し、その結実としてまとめた、一つのすぐれた考古地域史の歴史叙述である。この後半「信濃国の成立」（塚田正朋氏共筆）が続くが、本巻では割愛した。

先土器時代の研究は、戦後考古学の新しい研究分野である。藤森先生も一九五二（昭和二十七）年発見の学史的な遺跡、諏訪市茶臼山遺跡調査の当事者の一人であるが、なぜか先土器文化研究には深入りしなかった。**諏訪市茶臼山遺跡**は、日本考古学協会の一九五三年度総会の研究発表要旨であるが、東京でのこの研究発表の当日、軽い発作で倒れて研究発表そのものは取り止めたといういきさつがある。そして藤森先生がかかわった先土器時代遺跡の報告書は、その後いずれも先生の若い弟子たちとの共筆で発表された。そのうちの二編(一部省略)を本巻に納めた。

先の「日本石器時代研究の諸問題」の中でも批判しているように、難しいテクニカル・タームが氾濫し、学閥がそれに混乱を加えるような、戦国時代の如き研究の状況は、先生には批判の対象であっても、身を入れる世界として魅力を感じさせなかったにちがいない。むしろそうした学界の状況や学史を、客観的な眼でみつめた『旧石器の狩人』(全集第五巻所収)のような名著が書かれていることからもそれがわかる。因みにそうした先生の批判のような事実はその後の先土器文化研究の一種の停滞をひきおこしている。

なお、**北越後村杉出土の瀝青質石器に就て**は、岩宿発見以前の先土器時代の石器の報告例としてしばしばとりあげられたことがある。先生は「巨大な細石器風な石器」であり、他の縄文遺跡にはみられないなどと説明しているが、その存在意義について、頁岩多出地帯での特殊なあらわれ方であると、強引とも思える評価を下してしまっている。こうした点は、先生の考古学上の論文などにときどきみられる論理の飛躍とも、解釈のしすぎともいえる欠点であるが、ユニークさを生む原因でもある。

それに対して、諏訪湖底の曽根遺跡は藤森先生が生涯をかけて、強い関心を抱きつづけた遺跡である。というよりは不思議な因縁に結ばれている。幼い日、先生にひそかな考古学の世界への好奇心を燃え立たせたのは、生家の薄暗い土蔵で見た曽根の石鏃であり、死の寸前まで好んでながめた場所は、湖岸からみた曽根のあるあたりの諏訪湖の風景だったという。一九五三(昭和二十八)年、最初の高血圧症で倒れ、その恢復のあと晩年の激しく旺盛な研究と著作の時期を迎えるのだが、病後の復帰のきっかけとなったのが、**諏訪湖底曽根の調査**であった。何千という莫大な数の小さな石鏃や剥片を、まだ半身不随の後遺症が残る手で、たどたどしく分類している光景が目に浮ぶような痛々しさが、遺物の観察や記述の文体にもうかがえる論文であるが、明治時代以来数々の話題を投げかけてきた曽根遺跡について、いまにして最も完全なレポートとなっている。

処女論文**有史以前に於ける土錘の分布と諏訪湖**がそうであったように、人文と自然を総合的にとらえる視点は、藤森先生の考古学の一つの特色である。**考古学的資料よ**

りみた沖積世における諏訪湖の水位変動は、そうした方法論の最も具体的な実践であろう。『地学雑誌』という自然科学の専門誌への寄稿であったため、実証的な記述のあいまいさや、自然科学的論理の矛盾などを指摘されて、先生の原稿にしては珍しく、二〜三回の改稿・訂正を編集者から求められ、「自然科学の世界は考古学とはやはりちがうなあ。まいったよ」と、当時話していたのを覚えている。

曽根遺跡調査を終え諏訪湖畔にたたずむ藤森栄一

先生はかなりはり切って書いておられたようだが、もう一つ実証性に欠けるところがあるため、私は考古学協会の研究発表をきいても、論文を見てもあまり感心しなかった。むしろ前後して書いた「湖の大きかった時と小さかった時」（全集第四巻所収）などのような、自由なエッセイの中に、人と湖水の歴史が織りなす面白さがあると思った。とはいっても、事実、諏訪湖は変化しているのであり、その都度、原始・古代人の生活を微妙に変えたことはあり得るのである。今後の一つの研究課題であろう。

縄文の遺跡・遺物、とくに中期初頭の土器や石器の研究の内容と特徴については、前節に紹介した「藤森栄一論」に解説したのでここでは再論しない。ただ戦前のものの中に、例えば**山国飾玉襍記**のような、短編の資料報告が目立って多いのが特徴である。これはその頃、個人の力でといってもよい努力で、月刊発行を続けていた東京考古学会の『考古学』『古代文化』の編者（森本六爾氏他）への、情報・資料、そして原稿提供を通じての必死の協力のあらわれでもあった。しかしたった一個の土器や石器の資料紹介でも、何があった、これが発見されたというだけの内容に終わらず、そこに少しでもその資料のもつ価値評価や意義づけを加えようとしているところに、たとえ短報といえども内容的に光るものがある。そうした積み重ねが、「中期初頭縄文土器論」や「石器への関心」の主要な論考にみられる問題意識につながっているのは見逃せない。

なお、**北信濃縄文式文化資料**以下の三つの報告は、他の一つの弥生時代に関する論文とともに、一九四二（昭和十七）年秋に召集令状を受けとった後、十日足らずの日数で書きあげたものである。〝燃える考古学者〟藤森先生の面目をよくあらわしている。

その縄文時代観と学問観

全十五巻にわたった藤森栄一先生の全集も、この巻が最終の刊行となる。各巻の編集担当者が口をそろえていい、また他の多くの人々がそう認めているように、藤森先生の考古学の特徴は、死んだ土器や石器の研究ではなく、考古資料として残された遺跡・遺物の中に、生きた人間を見出すという研究をめざしたものであった。

一世紀にわたる学史を通じて、徹底した実証主義的なものの観方を、異常なほどの頑固さで学風として受けついできた日本の考古学界では、藤森風な考古学は敬遠され、ある時は邪道だとして排されてきた。たしかに発想に走りすぎて、事実の実証や分析に不十分な点は、本巻に収載した二、三の論文でも指摘できる。

しかし考古学者が目に見えるものだけを相手にものを言い、陰にかくされているその何十倍もの原始・古代人の生活の真実に、全く心を配らないとしたら、土器は年代を測る物指だけで終わり、石器は珍奇な博物館の飾り物にすぎなくなるだろう。藤森先生はそれをおそれ、考古資料に生命を与えるために、その資料の生きた解釈を促すようなさまざまな仮説や問題の提起を行ってきた。

本巻の巻末に一部を掲載した**座談会・縄文時代の考古学**では、前半に尖底土器の可搬性、後半に縄文農耕という、よく知られた藤森先生の仮説をめぐる議論を紹介した。だいたい学界の著名な学者の座談会で、こうした問題がかなりの長時間、全体の中の大きなスペースをさいてとり上げられるということも、メンバーに加わっている藤森先生の問題提起がきわめて興味深く魅力的だからだと思う。

それにしてもその後半、縄文農耕をめぐる議論を終わって、先生はいったい何を感じ、何を思ったであろうか。その結末はまさに日本考古学の実証主義的な伝統と、人間の歴史を求める「藤森考古学」の息づまるようなやりとりであり、アカデミズムと在野の学者の間にずっとあった、古い時代の宿命的な対立の再現であった。おそらく先生は、自らの生涯をかけた考古学の高く厚い壁に一種の悲哀を覚えたのではなかったろうか。この座談会の先生の最後の発言は、途中で中断されたまま終わっているのも、なにか表徴的なものがある。

その座談会が実際に行われた年月はよくわからないが、推測ではほぼ同じ頃だろうか、藤森先生が会長を務めておられた長野県考古学会が、伊那谷の中越遺跡のある宮田村で研究集会をひらいた。県内ばかりでなく全国からも多数の縄文研究者が参集して、縄文早期から前期にかけての変革期の様相を探る、たいへん意欲的なシンポジュームが行われた。その大会の途中、先生は何度目かの高血圧の発作で倒れ、入院した青木医院で主治医の青木正博院長に、これ以上ものを書くなら命は保証できないと宣告される。

それでも病床に原稿用紙を運ばせて書いたのが**中越《なかごし》遺跡拝見記**である。その内容には、あれだけの興味深い問題をかかえた中越遺跡の、すぐれた多くの資料を前にして、なお研究者が土器の編年や細かな事実経過にこだわり、大胆に問題の核心に迫ろうとしないことに対する、もどかしさや不満のありったけをぶちまけようとする激しさが感じられる。

もう十分に自らの死を意識したその時点で、生涯を通じて軌跡を描いてきた生《せい》ある考古学への強いのぞみが、そして生きた縄文人への愛着が、なお止むに止まれぬ叫びとなったものと思われる。

藤森栄一先生が世を去って早くも十三回忌を迎えたこの頃、先生の晩年に近い年齢に達した私の耳には、いまもなお「考古学は生きた人間の学問なんだよ」という叫び声が、はっきりと聞えるような気がするのである。

13 藤森栄一の文学とその世界

野本三吉

『小説　宗門帳』に出合った感動

ぼくが、はじめて『小説　宗門帳』を手にした時の感動は、今も鮮明に残っている。

その頃、ぼくは教師を辞し、日本列島を放浪していた時で、東京・山谷の小さな簡易宿泊所にねぐらを置いて、土建作業に毎朝、地下足袋をはいて出かけていたのだった。

昭和四十年代の中頃で、高度経済政策にかげりは見えたとはいえ、まだ日雇仕事は、かなりある頃であった。ビルの新築や解体作業、校舎建設や、米軍内の草刈りまで、日によって作業はちがったけれど、その中で、実にたくさんの男たちとぼくは出会った。ほとんど話もせず、無精ヒゲの先を汗で光らせながら、黙々と仕事をし、帰りに焼酎をゴクゴクとノドをならしながらのみほし、淋しげに肩を落して帰ってゆく初老の男もいれば、クリカラモンモンの入れ墨の見事な腕をまくりあげて、冗談を言いながら仕事をする青年もいた。

そうした日常の中で、いつか親しくなる仲間ができて、お互いの部屋（ドヤ）で語り合うようにもなったのだが、その中に長野県出身の長髪で伏し眼がちの青年K君がいた。

K君は、繊細な神経の持主で政治活動にも参加していたが、挫折感も強く、一時は死も決意したという青年であった。

その夜、汗くさいドヤの布団の上でアグラをかきながら、イカの干物をつまみ、K君と飲みながら話していると、K君は、ふところから大事そうに一冊の本をとり出し、表紙を撫でながら、ぼくに渡してくれたのである。

「俺、凄い本読みましたよ。この本読んで、俺、希望がでてきたんスよ。この本書いた人、長野の人です。俺と同じ出身の人です。

俺、やっぱり長野へ帰って百姓やることにしました。これ、是非、読んでください」

それが、『小説　宗門帳』であった。出版社は学生社。難しい考古学の本、民俗学の本を専門に出しているところである。小説とは書いてあるけれど、きっと難解な学術論文だとぼくは思った。翌日、気になるので仕事に行く時、バックに押しこんで出、その日の仕事が終わり賃金（デズラ）をポケットにねじこみ、山谷の大衆食堂の隅っこで、この『宗門帳』を読みはじめたのだった。

時間が気になり、その後、喫茶店を二つほどハシゴして、夜おそくに読了した。

そして、最後のページに、

『小説　宗門帳』（学生社、1969年）

「ジローの唄は〃詩人の魂〃にかわった。
〈遙かな昔に、
去りし人の唄
その人の面影も知らずに
唄われるうたよ
今日も街に
流れていく〉
紅茶がはこばれてきた。
二人はまだだまって、瞳をみつめあっていた。
レモンの香りが立った。
杉本の瞳がだんだんかすんできた」

と書かれてあるのを読みながら、ぼくの両眼からも、ボタボタと小気味よい涙がこぼれてきた。あたたかな涙が、ほおを伝って、テーブルの上におちてゆくのに、不思議なほどぼくの心は澄んでいるのだった。

「結局、生きているっていうことは、こういうことなんだ……」と、ぼくはつぶやいていたような気がする。まだ、未知の藤森栄一さんの体温が、ぼくにも伝わってくるように思え、しばらくは、じっと椅子によりかかり、冷たくなったコーヒーをユックリと飲んだ、あの時の感動は、今もぼくには鮮明である。

それというのも、教師を辞してからのぼくの生活は、それまで知っていたつもりになっていた人間というものを根底からくつがえすようなものばかりで、かなり開き直って生きはじめていた時であり、いのちというもの、歴史というものが見えにくくなっていたのであった。

教師をやめてからの数年間は、放浪とはいってもアテがあるわけではなく、一人ぼっちの孤独感の中で身悶えする日々が多く、同じような生活を送っていた年老いた日雇労働者が路上で亡くなったりすると、いい知れぬ無常感にさいなまれ、眠れぬ日がつづいたものであった。

片一方に安定し、豊かな生活があり、そして、もう一方では、暗く淋しい人生がある。

しかも、その底辺の生活も人々の思いも、歴史の中にすくい上げられることがない。

同じ人間なのに、いや、もっと言えば、苦しみの中に身を置いているからこそ、こんなにも心やさしく、そしてお人好しの人たちの生きてきた軌跡が、歴史の上から消し去られるなんて、どうしても許せない。

そうした苛立ちとくやしさが、ぼくの体内に渦巻き、結局、ぼくもそうした一人として地上から消されてゆく無念さがあったのだった。『宗門帳』は、そうしたぼくの内部にむかって、「人間は、もっと〱深いものだョ、君一代のものではなく、人間の執念や情念というものは、ずっと深く、歴史の底流として流れ、しかも、現在は踏みにじられているが、忘れ去られようとしている人々の生きざまこそが、本当の生きものの歴史じゃあないかね」と呼びかけているようであった。

K君が、田舎に残してきた両親や祖父母のことに思いをはせ、故郷に戻り、無名の百姓として生きようと決意した意味が、ぼくにもよくわかってくるのだった。そして、ぼく自身にとっても、それまで考古学者の一人であった藤森さんが、もっとちがった存在として見えるようになってきたのだった。

それからぼくは、藤森栄一という活字のついた本や文章をむさぼり読むようになった。

そして数年後、ぼくは、横浜の寿町にある簡易宿泊所の生活相談員という仕事を与えられ、そこでドヤに生活する人々と十年余、生活を共にすることになるのである。

その中で、底辺に生活する人々の生活と実態を、人間の生きざまとして書き残したいと思うようになったのだった。そして、それは『裸足の原始人たち―寿町の子ども』『いのちの群れ』『風の自叙伝』『個人誌・生活者』などの形でまとめることができたのだった。

そして、それらの作業には、どこかで藤森さんの影響が強く浸みこんでいることを、ずっとぼくは感じつづけていた。

しかも、余談になるけれど、藤森栄一さんの一周忌の法要に、妻と一緒に参加し、夜遅く自宅に戻ったところに電話があり、それが角川書店の第一回日本ノンフィクション賞受賞の知らせであったという偶然もあり、ぼくのかってな思い込みではあるが、藤森さんのあたたかな目に見守られているように感じられてならなかったのである。

この時の作品『裸足の原始人たち』は、寿町のこどもたちの生態を、縄文人の生き方と似た活力があるという視点から描いたもので、弥生文化に塗りかためられた現代文明の中で、縄文文化の伝統を引き継いでいるのは、この町の子どもたちのエネルギーなのだと指摘したものであった。

さらに、偶然のことから知りあった、映像民俗学の北村皆雄さん、『どるめん』の編集長であった田中基さんと出合い、三人で「古部族研究会」を発足させ、ユックリしたペースではあるが『日本原初考』のシリーズを刊行してゆく作業をすすめている。(現三号まで刊行)

ぼくは、結局、生前の藤森さんにはお会いできなかったけれど、それだけに、ぼくの心の中には、想像力の中から生まれた、ぼく流の藤森さんが、年々大きくふくらんでくるようである。

先年、東京で内申書裁判を闘っている保坂展人君が、青生舎という塾をつくり、何か講座をもってくれないか、と頼まれ、即座に藤森栄一論と答え、若い人たちに、こわいもの知らずで、藤森さんの作品と、ぼくなりの藤森さん論を何回かにわけて話したことがあった。毎回、藤森さんの本を何冊かずつ紹介し、読んできてもらったのだが、最終回を終わったところ、多勢の若い人たちから、諏訪考古学研究所へ行きたいと頼まれることになり、旅館「やまのや」に一泊しての二日間の合宿旅行をすることになったのだった。

井戸尻考古館では武藤雄六さんにお世話になって見学もし、諏訪考古学研究所では、奥様と宮坂光昭さんと話し合うことができ、藤森さんの書庫や書斎に入り、焼香させていただき、更に、三沢勝衛文庫、藤森さんのお墓参りもさせていただくことになった。

藤森さんの生き方は、実に幅広い人々の心とつながりあえる深さがある。

それは、多くの人が指摘するように、人間を語り、人間の息づかいを描いているからだとぼくも思う。

そして、藤森さんを知る人にとっては、懐しい旅館「やまのや」も、この青生舎の塾でつながりあった人たちと一緒にお伺いしたのが最後ということになり、旅館としての「やまのや」は閉じられることになった。

この知らせをいただいた時も、何かしら運命的な思いがしてならなかったものである。

いささか個人的な思いで、この解説を書きはじめてしまったけれど、おそらく、藤森さんとの出合いについては、人それぞれのドラマがあったことを確信しているし、その誰にも藤森さんは生きる勇気とロマンを吹きこんでくれたのではないかという気がぼくにはしてならないのである。

「ボルネオのダイヤ」

藤森さんの文学作品としては、これまで学生社から上梓されていた『小説　宗門帳』と『湖底』（この中には「陣中万能膏」が含まれている）が知られているが、小説として、もっとも早く手がけられた作品は、今回、全集に収録された「ボルネオのダイヤ」である。

ぼく自身、これまで話には聞いていたけれど、はじめてこの作品を読ませていただき、あまり藤森さん自身は語っていないけれど、戦争体験がいかに凄まじいものであったのかということを改めて感ずることになった。

年譜によれば、藤森さんの手に臨時召集令状が諏訪から転送されて届くのは、一九四二（昭和十七）年十一月十三日となっている。そして、相模原東部八十八部隊に入隊するのは、同年十二月二日。

藤森さんが三十一歳の冬である。既に遺跡の発掘や調査に関しては考古学者として第一級の腕を持ち、前年の一九四一年には「葦牙書房」を開業、出版活動もはじめ、「かもしかみち」を『民族文化』に発表するなど、最も充実した時期を迎えていた藤森さんにとって、戦争による外地転戦は、巨大な空白であった。

そして、広島県の大竹港に氷川丸で復員するのが、一九四六（昭和二十一）年六月のことである。

貴重な四年間が、無暴な戦争によって奪われてしまったばかりでなく、マラリア発熱によって、すっかり体力を消耗させ、以後、寒冷性ジンマシンなどに悩むことになるのである。「ボルネオのダイヤ」は、この戦地での転戦中の小説であるが、ほぼ事実と重なっていると言われている。

藤森さんは、少年向きに書かれた自伝『心の灯』（筑摩書房）の中で、戦争体験を断片的に書いているが、その中に、この小説と重なり合う記述がある。

「まっ黒な重油の浮いた海に、ボロボロの服で放りだされても、三時間や四時間浮いている自信はあった。……なによりもスキーの耐久レースの苦しさで鍛えられていた。だれもが、みな苦しい。しかし、きっとそのなかの何人かはゴールに達することができるのだ。戦争に勝つということは、みんなが生きて帰れることなのだ」

「こうして私は敗戦の日まで二年間、戦うというよりは敵に追われて放浪した。日本の兵隊は、いつもなんの情況も教えてもらえず、地図ももちろんないところで、なんのために移動するのかもわからず、ただ命令のまま歩かされるだけであった。

二年間という長いあいだには、語りきれないことがいろいろあった」

「生きるのも死ぬのもたしかに運命ではあったけれど、どうしても生きていたい、なにがなんでも生きぬくんだという執念が一つにまとまらないまま、赤道直下で骨になった若いたくさんの魂を、私は心からいたまずにはおれない」

おそらく、戦争中の体験については、藤森さんは書かねばならないこと、語り残しておきたいことが無数にあったにちがいない。

けれども、藤森さんは、「ボルネオのダイヤ」では、一緒に部隊にいた岡山一等兵のことを中心に書いている。

この岡山について「マニラでデンリ熱を病み、それっきり記憶力を失っていた。兵籍簿がないので、岡山一等兵と言う以外、この兵隊については、何もわからない」と藤森さんは書いているが、おそらく藤森さんの分身と思われる岩石学の専門家である江藤上等兵との心の通いあいが一つのテーマになっている。「上等兵シャン、あんなあ、これなに？」と言って慕い寄ってくる岡山一等兵を江藤は、やさしく迎え入れている。そして、芹沢軍曹を長とする三十六名の分遣隊は、偶然に発見された六百カラットもする、ブルーホワイトのダイヤ「インタ

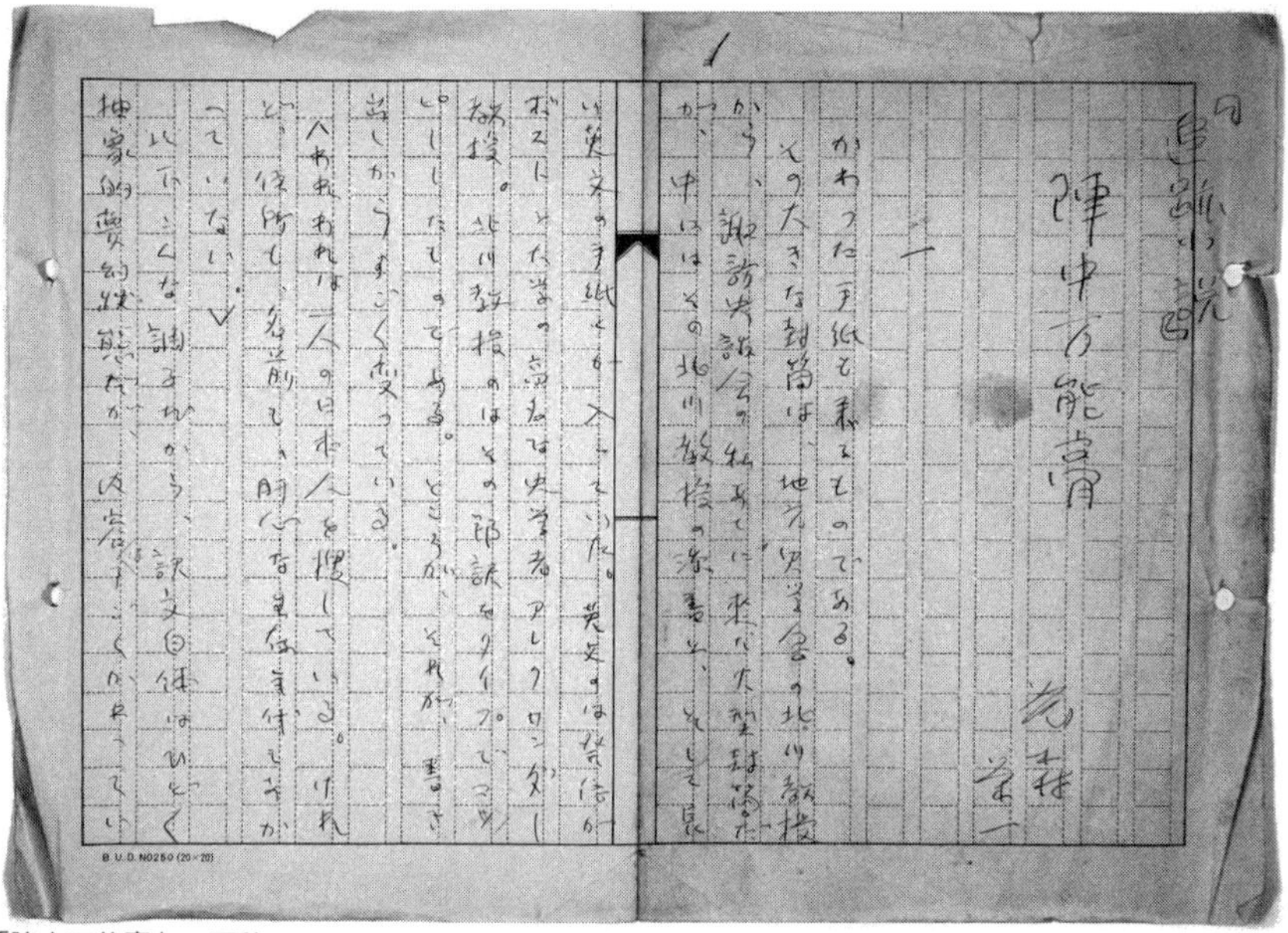

「陣中万能膏」の原稿

ン」や砂金を持って、ダイヤの奪い合いも孕みながら、日本に帰って一旗上げる夢によって、ジャングル脱出を試みるのである。

しかし、仲間は次々といのちを落してゆく。

飢えて死ぬもの、仲間同志の争いで殺されてゆくもの、毒の入った果実で倒れるもの、そして、川で鰐に食われるもの。

その一人一人の死の場面は壮絶である。

おそらく、そのどれ一つも、藤森さんの目撃した光景であったにちがいないとぼくは思う。

「今まで、雨滴だとばかり思っていたのは、みんな、マッチ棒ほどの蛭で、しきりにボトボトと、江藤の軀の上にも降りかかっている」

この蛭に血を吸いつくされて死んでゆく野崎はダイヤを「撒イタ」と言って目を閉じてゆく。

全身を蟻に食いちぎられながら、カッと目を見開き、「ダイヤをとりにきたなアッ」と絶叫して息たえる兵の姿。誰もが、戦争さえなければ、故郷で幸せな生活が営めたはずであった。そして、故郷へ帰りつくために、そして故郷で生きてゆくために、このダイヤは手離せない宝であったのだ。このダイヤに全ての生きる執念をかけながら、男たちは次々と死んでゆく。

その中で、記憶力を失った岡山だけが、ダイヤにも未練はなく、ただ江藤の言葉に従ってくるのである。

残存兵九名となった時、江藤が立ち上がり次の提案をした時も、ついてきたのは、岡山一人であった。

「おい、皆、聞いてくれ。ここで、芹沢部隊がバラバラになろうとしているのは、なぜだ。みんなが、宝を持ったからだ。これは、生命とりになるかも知れない。どうだろう。インタンと砂金を全部捨てて呉れないか。この、きめられた任務をガンバリ抜いて、戦争に勝てば、俺たちは、みんなで、ダイヤモンド会社を作って、今一度、スンガイ・コブラへ来られるんだ。どうだろう」

その後、江藤と岡山は、二人で助け合いながら、いま一歩というところまで来るのである。この岡山一等兵を、藤森さんは、実にていねいに描いている。

「花びらのような赤い美しい唇を、心もちあけて例の眉を八の字に下げ、何か機嫌を悪くさせたのかな、と言うような困った顔をしている」

そして、死んだ仲間の四人の遺体を焼いている時の二人の会話。

「上等兵シャン、何処へ行くんだナ。けむは？」

「日本へ帰るんだ。信州へね。穂高を越えて、湖水を渡って……」

「日本は上にあるのかねェ。上等兵シャン」

「そうだなァ、まあ、この空のつづきの何処かにあるんだろうな」

明日をも知れない戦地で、二人の心は通いあい、岡山一等兵は「俺、上等兵シャン、好きよ」といって抱きついてくる。

二人はとめどなく涙を流し、素裸になって抱きあうのであった。

「岡山の軀はこれが、幾山河を、越えて来たのかと思える程、柔かく、白く、肉付は豊かだった。そして、二人は射精した」

だが、これほどまでに、かばいあい助けあいながら、脱出までもう一歩のところで、江藤は、岡山をかばいつつ死んでゆく。

結局、この小説では、最後まで生き残り、日本に帰りつくのは、岡山一等兵ただ一人なのである。

船のすべりこんだ瀬戸内海は秋雨で、その雨の中、甲板に立った岡山は、「上等兵シャーン」と叫ぶのである。

この場面で、この小説は終わっている。

しかし、事実は逆で、この純粋で汚れを知らない岡山一等兵は、脱出まぎわで亡くなったのではないだろうか。

そして、藤森さんは、九死に一生を得て、日本にたどりついたのだ。

だからこそ、『心の灯』の中で、

「赤道直下で骨になった若いたくさんの魂を、私は心からいたまずにはおれない」と藤森さんは書いたのにちがいない。

アヒルが沢山泳いでいるのをみて「わしんちの大河《おおかわ》にも、アヒルがたくさん居たな」と叫ぶ岡山一等兵を、きっと天竜川口の岡谷から辰野までの川沿いの出身にちがいないと藤森さんは書いているが、これも事実であろう。藤森さんは、何としても、この岡山一等兵を死なせたくなかった。故郷、信州へ帰したかったのだ。

だからこそ、はじめて手がけた小説の中で岡山を生きて日本に帰らせ、自らの分身である江藤を南島の川に沈めたのだ、とぼくは思う。

この小説の中で、岡山が行方不明になり、江藤が一人で探しに行く場面がある。そこでの独白は、江藤の言葉を借りながら、藤森栄一さんの叫びでもあるとぼくは直観した。

「生きて帰って、世界一のダイヤモンド鉱床の発見者の栄誉を飾ったところで、それは一体なんだ。いま眼の前で、一人の人間が失われようとしているんだ。しかも、救えるのは俺一人だ。そのほか、何があると言うんだ」

おそらく、この思いが、藤森さんをつき動かしている生の基層なのだ。

何としても、戦地で故郷へ帰ることだけを夢にみて、息たえていった若者の思いを、魂をよみ返らせたいとする藤森さんの思いは、ヒシヒシと胸の内に浸みこんでくる。

日本にも戦争文学は数多くあり、それぞれに貴重なものだが、ぼくには、この「ボルネオのダイヤ」が、その中でもさんぜんと輝いているように見える。

現代の若者に、ぼくは、この小説を是非読んでほしいと願っている。

フィクションの方法論

藤森さんの四つの小説は、どれも力作であり、特徴を持っているが、全体の構成といい、内容といい、もっとも高い完成度をもっているのは、やはり『小説　宗門帳』ではないかと思う。この作品の中には、藤森さんの全てがたたき込まれているような印象が強い。

あとがきで、藤森さんも述べているが、この作品は、四回も手が加わり、第四稿で現在の形になっているのである。

戦後の藤森さんは、信州に帰り、上諏訪駅前に「あしかび書房」(古書売買)をはじめ、同時に「諏訪考古学研究所」を設立するのである。少年たちが藤森さんのまわりに集まり、活気のある活動がはじまったのだが、藤森さんには、早く生活を安定させ、考古学の研究に打ちこみたいというはげしい望みがあった。しかし、高血圧による脳出血のため右半身不随という突然の不幸にみまわれ、また書店の火災にも遭うという、言語を絶する苦難が、藤森さんを襲いつづけていた。

その中で、藤森さんは、この小説のテーマになった宗門帳に出合うのである。

東大の図書館には今も血染めの宗門帳があるし、ネコマクリについても事実は存在している。藤森さんは、「その頃、私は完全に、考古学という資料学の人間不在に絶望していたので、その追跡には命をかけてもいいと思った」とあとがきに書いている。

けれども、どうしても資料は完全に揃えられない。現在の学問の方法論からいけば、それは、「ただ捨てるよりほかはない」ということになってしまう。

しかし、どうしても藤森さんには納得がいかなかった。「こんなことが抹殺されていいものか」——そして資料不足のところをフィクションで継いで、この『小説　宗門帳』は出来上ったのである。

しかし、この藤森さんの方法論は、その後の藤森さんの一つの学問方法論の根底をなすもととして、方法論としても確立していったのではないかと思っている。

考古学にしても、民俗学や歴史学にしても全てが資料によって明らかにされるとはかぎらない。時代が経過すればするほど、資料は乏しくなり、また新資料が現われれば、それ以前の資料や学説は否定されてゆかなければならない。

したがって、現在ある資料に基づいて、一定の方向を示さなければならないのが、これらの学問の宿命のような気がする。

とすれば、どうしても、資料と資料をつなぐ部分には、研究者の生活体験からにじみ出た想像力が不可欠のものになるのである。

その研究者が、どうして、そういう結論に到達したのか、どういう関心をもっていたのかということが、そこでは重要な鍵になるはずである。

後に、藤森さんは『銅鐸——日本古代史を解く銅鐸の謎』(学生社)を発表し、毎日出版文化賞を受賞するのだが、この『銅鐸』の迫り方は、その原形が『宗門帳』にあるような気がしてならないのである。

『銅鐸』の序で、藤森さんは、こう書いている。

「私にとって、その学問的結末より、むしろその経過の方が、本当は可愛いかった……

私の銅鐸を追求した学説は、いずれ、踏み石の宿命をおえて、朽ち忘れられるだろう。しかし、私という人間が、一つの事象を追って追って、そして生きたということは、きっと同じようないのちを大切に守っている人々の心の中で、生きつづけるだろうと思う」

もし、学問が、一つの学説なり、結論だけを問題にするものであったら、それは、次々に新しい説が立てられるごとに塗りかえられ、忘れられてゆくことになる。けれども、そこに一人の血の通った人間がおり、その人が必死に追求した姿、生きざまは消えることはないのである。

したがって、藤森さんは、考古学の記述の中に、人間のあたたかな血汐を吹きこんだのである。読者は、藤森さんと一緒に悩み考え、そして歓喜する。そして、同じようなコースを歩みながら、人に会い、遺跡を訪ね、観察するのである。ただ読むというのではなく、藤森さんと一つになって、問題を解きあかす作業に加わってしまうのである。

こうした仕事ができたのは、おそらく藤森さんの生来の資質と、そして、青年期からはじまった苦難の人生をくぐりぬけてきた体験によっているのだろうと思う。

藤森さんが、大学のアカデミズムの中で仕事をしていなかったということは、不思議にすら思えるのだが、最後まで藤森さんは在野でありつづけた。

生活の苦しみと闘いながら、学問への夢を追いつづけたのである。

それは、妻や子への思いが深ければ深いだけ、ジレンマとして内に深く堆積され、藤森さんの悩みも大きかったにちがいない。

そのあたりの問題については、『小説　宗門帳』の中では、フィクションという形をかりて、藤森さん自身を二人の人間に分化させ、それぞれの形象化を試みている。

一人は、国立大学の日本史教室の助手としての杉本三郎。学問追求への情熱に燃えた、秀才の青年学者である。

もう一方は、考古学への情熱を秘めながら、書店と旅館経営の中で、徐々にその情熱を失いつつある小田順一。

この二人が、杉本の学位論文のテーマ「諏訪藩宗門改人別帳群より見たる近世婚姻史の研究」をきっかけにして、それぞれ、内部生命に目ざめ、自らを賭けて「宗門帳」の謎を追ってゆくのである。

そして、小田順一に、少年の時からの夢を告白させている。それは、ドイツの考古学愛好者、ハインリッヒ＝シュリーマンになる夢である。

シュリーマンは、少年の頃に読んだ本の口絵にあったトロヤ城址を実際にあったと信じ、必ず発掘すると心に決め、資産の蓄積と、十数ケ国語を学び、やがて、優れたホメロスの暗誦者であったギリシャ人、ソフィー夫人とトロヤ城址、ヒサリックの丘を発掘するのである。こうして、エーゲ海青銅器文化が陽の目を見ることになるのだが、このシュリーマンが、小田順一の夢であったと言わせているのである。

しかし、商売に手を出したものの、インフレに追われ、いたずらに年月が経過してしまったというのである。

しかし、「宗門帳」との出合い、また杉本との出合いによって、小田順一はよみがえる。

小田から杉本への手紙には、こう書かれている。

「去る一月二十九日、私の最後の拠点である書店が類焼して、多大な負債と資産が、ともども空に帰し、ハインリッヒ・シュリーマンの夢は去りました。無にかえって、再び学問の世界にかえりたくなりました。……あと、何年生きるか、学問に耽溺《たんでき》できるために、妻路子の経営する旅館の一隅に、ささやかな研究室を貰い、そこに籠《こも》って、十五年のギャップを取りもどすつもりです」


これは、文字通り、藤森さんの心情でもあったと読める。あるいは、藤森さんは、この小説を何度となく手を入れ、書き直しながら、自らとの対話をくり返し、そして、大きく前進してゆくための転機にしたのではないだろうか。

だからこそ、この作品には、藤森さんの全てがたたき込まれており、読む者に激しい感動をよびおこすような気がする。

そして、もう一方で、この小説には、藤森さんの女性観、恋愛観が明確に描かれているという感慨をぼくは持っている。

杉本のそばに寄りそう春子という女性を通して、藤森さんは、女を、母を、そして妻を語っているのにちがいない。

小説のクライマックスは、血染めの宗門帳に秘められたイトと甚左衛門の関係が、そのまま、イト、のぞみ、マリ、そして目の前の春子へと引きつがれているという衝撃であろう。

「あの宗門帳調査以来、高邁《こうまい》な学問だとか、男の至高な業だとか、見事な執念だとか、一人よがりで、自己満足してきた、たくさんの男たち、そういうものは、いったい何なのだ」

杉本は、自分の学問のために利用してきた春子の存在に、もっと深く、「男どもの底辺を、じっとかつぎ上げ、幾世代もじっと与えつづけてきた」逞しいエネルギーを感じ、愕然とする。

「イト、のぞみ、マリ、そして春子と、この一世紀の人間の系譜を貫くもの、躰と命を張ってしか、それを表現できない愛、原生動物から哺乳類まで、動物の母たちの愛。しかも、それはまったく純度の高い愛なのである」

地上地母神としてのオオゲツヒメの化身として、春子は存在していた。

殺されてもなお、自らの死体から、いろいろな食べもの（稲、粟、小豆、麦、大豆、蚕）をうみだした神。自分の体を肥料にして、他の新しい生命の中に生きてゆくオオゲツヒメ。それを、古代から人々は地母神として崇めてきた。

この地母神と溶けあわないかぎり、男という生きものは生きのびることすらできない。

それが、男女の関係の底にあることを、藤森さんは感じていたのだと思う。

当初、この『小説　宗門帳』は、「捨身養虎の図」というタイトルでまとめられたと聞いているが、「捨身養虎之図」というのは、飢えた虎を憐れんだ菩薩が、自らその餌食になって、虎の飢えを救ったという、仏教、本願の慈悲心の仏説を図にしたものである。

この図を見た時の思いを、作中では、小田順一の妻、路子が次のような手紙にして、杉本に送っている。

「本当にそういわれると、生物《いきもの》ってかなしいですね。生命を食わなくては己が生きられない。犠牲を食わなくては前進できない。とすれば、いつも食われて終る人生もあっていいのでしょうか。私は、その虎にいいようのない悲しみと、憐れさと、菩薩にいいようのない快感を感じて帰ってきました。

きれいな奥様によろしく」

ぼくには、この『小説　宗門帳』が、藤森さんが、奥様にあてた壮大なるラブレターのように思われてならない。

精一杯自分らしく生きぬく

藤森さんの小説群を読んでいると、順序としては『ボルネオのダイヤ』、『湖底』、『宗門帳』、『陣中万能膏』ということになるような気がする。

まず、『ボルネオのダイヤ』では、戦地で若くして散った部下のことを何としても残したいという、いわば必死の思いが書かせたものであり、『湖底』になると、考古学の研究発表だけでは、どうしても意に充たなかったものを埋めあわせるために、推理小説的な手法をとり入れて、諏訪湖底について書いたという感じがする。しかし、まだ、藤森さんの意欲と思いが、うまく溶けあっていないもどかしさがあったが、次の『宗門帳』になると、実に見事なまでに、事実とフィクションとが混然一体となり、独特な世界を描くことに成功したといえると思う。

文字通り、藤森栄一という個性でなければ書くことのできなかった特異な小説といえる。

この『宗門帳』にやや遅れて『陣中万能膏』が書かれているが、短篇とはいえ、この作品には一層の磨きがかけられており、現代と過去が一つづきの歴史の中で有機的に生き、息づいている。藤森さんが「追跡小説」と呼んだこの系列の作品は、もし、藤森さんが作家としてその後の人生を歩いているとしたら数多く生まれたにちがいない。

藤森さんは、あとがきの中で「幸いに、読んでもらって、共感を得ることができるとしたら、私には、まだ書くべきことが、いくらでもある」と書いているほどなのである。

しかし、藤森さんは、作家となることはなかった。充分、小説家として名をなしたであろう実力は持っていたが、藤森さんは、その後、考古学者として生きてゆくことになったのである。

しかし、考古学上の著作ではあっても、その作品は『銅鐸』にはじまり、『古道』『二粒の籾』『蓼科の土笛』『信州教育の墓標』など、独自の境地を開く著作となって花開くのである。

藤森さんは『信濃の美篶』の中で、次のように書いている。

「私はいまも小説への希望をすてない。考古学のように物だけを追っていると、つくづくとたまらない淋しさを感じる。

それはなにかに生きて語り、ささやき、愛し合う人間を、心からいとおしくなつかしく思われるからである」

やはり、藤森さんは、小説への思いが強かったのだと思う。

そうした文学への志向が強かった藤森さんが愛読したのは、柳田国男、林芙美子、深田久弥らの作品であったという。

そういわれてみると、藤森さんの文章には、新しい国学を目指したと思われる柳田国男の博学と歌心が底通しており、それでいて、なおかつ、人生の底辺の中で世俗にまみれつつも逞しく生きてゆく『放浪記』の林芙美子のしたたかさと、生命力、エロスといったものが満ちあふれている。

そして、自然を愛し、自然の厳しさを知りぬいていた深田久弥の透徹した文章をも自己化していたといえるように思う。

いわば、人間としてのさまざまな要素を捨て去るのでなく、存分に発揮しながら、この三人の突出した人間的要素を吸収して、藤森栄一の世界を、確かに藤森さんは創りあげたといえると思う。

それは、考古学者、文学者といったジャンルや分類を越えたものであり、教育者としての要素もあり、いわばトータルな人間として、精一杯自分らしく生きた人とぼくは考えている。

藤森さんが亡くなってから、千田由治《よしはる》監督によって『宗門帳』が映画化されることになり、着々と準備がすすめられていたにもかかわらず、千田監督の死によって中断してしまったと聞いている。

その時のスタッフによると、

杉本——あおい輝彦
小田——柳生　博
春子——太地喜和子（春川ますみ）

ということで、地母神〝春子〟のイメージがどう展開するか楽しみであったのに残念だという気がしてならない。

また、スタッフの話の中で、天文学をやる床屋、塚原一郎役に、新劇の大森義夫氏をあてることになっており、大森氏は、いつか舞台で「陣中万能膏」をやりたいと言っていたそうだが、既に大森氏も亡くなってしまい、映画化、舞台化は、まだ陽の目をみていない。

しかし、これら四つの小説群は、いずれ必ず誰かが、やることになるにちがいない。

藤森さんの世界に触れ、自らの生き方と重なっていることを直観した人によって、必ず受け継がれ、ふくらまされてゆくとぼくは信じている。

その藤森さんが、最後に書きたかった作品は、おそらく絶筆となった「久遠の行人——木喰五行——」だったと思う。

六十年の歳月を生きぬいてきた藤森さんの目に、木喰は、あまりに藤森さん自身の生き方に重なって見えた。木喰五行は、九十歳にとどこうという年齢になってもなお、日本廻国を志して、甲州から上州、信州、越後、摂津、丹波へと歩いている。

藤森さんも、奥様の肩を支えにして、その後を懸命に

書斎で大量の原稿に肘をつく藤森栄一

歩いていたと聞いている。

ぼくも、諏訪考古学研究所をお伺いした折、藤森さんの絶筆となった木喰五行の原稿を見せていただいたが、じいんと体中がしびれるような思いであった。

藤森さんの考古学上の師、森本六爾の死の場面がよみがえったからである。

三十二歳で、まだまだ書きたい思想が脳中にいっぱいつまった考古学者は、藤森さんと杉原荘介さんにむかって、死の床の中でこう語りかけている。

「皆はそれぞれの特長に進め。僕と同じ方向を固守することはない。このことは重要だ。

その他にいうことはない。

ぼくは楽に往生する」

ぼくは、同じ言葉を、そこで聞いたような気がして身を固くしていた。

藤森さんから受けとめたもの、それは人によってみなちがう。しかし、それぞれの個性や生き方の中で、それを生かしてゆけばよいのだ——と藤森さんは言っているようにぼくは思った。

藤森栄一さんが亡くなられてから、既に十年という歳月が流れた。

この十年に戦争があったわけではない。

やる気になれば、いくらでもやれたことはあるはずなのに、いたずらに年月を経てしまった悔いがぼくの中にはある。

そして今、この全集の解説を書くという仕事を与えられ、激しく自らの非力と怠惰に鞭打たれる思いだ。

本来、この十三巻は、新田次郎氏によって執筆される予定であった。諏訪中学時代からの友人であり、共に調査旅行もしており、文学の上でも気心の知りあった新田次郎氏が、この巻の解説者としては、最適の人であることは誰もが認めるところであった。

けれども、新田氏が他界され、最適任者が失われてしまい、他にたくさんの著名な文学者がおられる中で、この巻の解説の役を与えられたことは、やはり不思議な廻りあわせを感じてならない。

ぼくは今、秘かに、藤森さんの展開した追跡小説の後を歩いてみたいと願っているが、藤森さんと同じように、日常の生活を抱え込んでの、いわば生活者としての生活の中から、どのように、その世界を紡ぎ出せばよいのか、これからさらに悩むことになると思う。

けれども、目の前にある、この藤森栄一全集に励まされ、ぼくも藤森さんの境地へ、一歩でも近づいてゆきたいと念じている。

最後に、藤森さんの文章の中で大好きな一節を引用してしめくくりたい。

これから始まるんだ。
つかれたら休んで
いそぐ必要はない。
ほんとうに。
病みほうけたからだで
食うものもなくても
それでも、
私の心の灯は、消えていないから。

14 神から人の歴史への考古学

宮坂光昭

郷土の歴史を探る

今年（一九八五）十月二十日、諏訪市教念寺において、ごく内輪での藤森栄一先生の十三回忌法要が行われた。この十二年、実に多くの考古学上の新たな発見の数々が新聞紙上を賑わしている。そのなかでも、荒神谷《こうじんだに》遺跡や東日本における銅鐸の鋳型発見などの報には、冥界からの先生の呻吟が聞こえてきそうである。存命であれば、きっと『続銅鐸』をものしたことであろう。

本巻で扱う諏訪神社は、とりもなおさず、先生が追求してやまなかった銅鐸研究の出発点ともなり、またゴールともなった、実に重要な役割を担っている。「上代史において諏訪神社を差し引けば何が残る。以前は諏訪神社なんていう気持でいたが、今はこれなしにしては考えられない」（『信濃考古』4、一九六三年）という先生の琴線に、あの鉄鐸の音が共鳴したのである。諏訪神社の歴史を辿るばかりでなく、諏訪人のルーツを探る、先生ならではのテーマである。そして、神社の歴史を、縄文時代にまで遡らせた先生の考察は、一部立証法に疑義をさしはさむ立場もあろうが、それを越えて、我々の郷土史に、ロマンを織り込んでくれたのである。

諏訪の遺跡は、連載講座の形で『諏訪』創刊号より掲載されたものである。『諏訪』は、諏訪地方文化研究会の会誌として一九六一（昭和三十六）年十一月に刊行された。この会の理事には林虎雄県知事を初めとして、諏訪・岡谷市方面の政財界有力者の名が連なり、最後に藤森先生の名がある。

この講座「諏訪の遺跡」の冒頭では、「遺跡の性質」と題して、初めての考古学愛好者にも、考古学研究とはどのようなものであるかを判り易く教えている。私達が今読んでも、参考になる内容の多い文章である。この連載は三回で終わり、旧石器時代の諏訪の遺跡の項で中止となってしまった。一九六二（昭和三十七）年、再度の高血圧症で倒れたり、『銅鐸』と『下諏訪町誌』などで執筆が間に合わなくなったためでもある。先生としては『石器と土器の話』以来の、新資料を駆使して完結したかったものの一つである。

諏訪のうつりかわりは、雑誌『諏訪』の連載と同じ頃、当時諏訪地方に発展の著しい精密工業の代表格、諏訪精工舎の高木工場社内誌からの連載の依頼によって書かれたものである。先生は多忙というばかりではなく、研究所の連中を育てるため、分担で執筆する事を命じた。もし自分の分担が書けなければ、先生が書いてしまうぞという約束で始まったのである。こっちも懸命である。このようにして、この頃、研究所の仲間は書く事の競争をしたものであった。井戸尻の報告書の分担から始まり、当時縄文中期関係の論文を次々と発表しあったのも、先生のそんな指導があったからである。

その分担は、先生が「湖底の漁村」、「草原の放浪者」、「豊葦原の瑞穂の国」、「浅矢神と建御名方命」の四章。中村竜雄氏は「日本最古の鉱山」、「諏訪の工場」のはじまりで、桐原健さんが「土器底の籾痕」。私は「赤土のなかの諏訪人」、「石器時代のルネサンス」、「諏訪武士の絶頂期」、「諏訪氏と諏訪」の四章の構成であった。このとき、先生の書かれた文章の中には、郷土史、諏訪神社史の原型になるようなものが目立つ。この連載は一冊の本にという話もあるほど、だれにでも判り易い読物だといわれたが、単行本の話はそれきりであった。

奈良時代の火葬墓は、「天手抉《あまのたくじり》の発展経過について」とともに、『古代文化』に発表している。いずれも扱った資料は、容易に実測の出来るようなしろものではない。これは知友の神林淳雄氏の好意で、上野の帝室博物館所蔵品を実測させてもらった結果であるという。

諏訪神社の歴史的位置は、諏訪教育会の雑誌に掲載したものであるが、諏訪神社の考古学的研究の一連の執筆が終わってからの要約した完結編というべきものである。

諏訪神社研究にみる郷土史の原点

「南信濃の古瓦」から始まった九編の論文の文体は、今までとはいささか趣きを異にする。この原因は、雑誌『信濃』の編集方針の転換と無関係ではない。そのいきさつについては、全集十巻の解説に詳しいので省くが、いずれにしろ、「諏訪湖底曽根の調査」(『信濃』一二―七、一九六〇年)とはうって変わった論調で、かなり気楽に「南信濃の古瓦」からの一連の諏訪神社研究の大作を連載し始めている。

先生が諏訪神社研究に傾斜して行ったのは、一九六〇(昭和三十五)年に諏訪大社において偶然、神宝の「さなぎの鈴」をみて以来である。先生によれば「下諏訪博物館で鉄鐸が私の目の前に立ちふさがって以来、諏訪神の呪縛にかかってしまった」(『考古学とともに』全集第二巻所収)といっている。しかしこれまでに、全然神社研究が意識のなかにはなかったと思えない。一九三二(昭和七)年に、藤森先生が師事した両角守一《もろずみ》氏は、『信濃』に「諏訪神社に関する考古学的資料」を書いているが、この論文に取り上げた遺物は、下社秋宮裏出土の石帯《せきたい》、下諏訪町綿の湯出土の双雀鏡《そうじゃくきょう》、岡谷市長地出土の貨泉《かせん》であった。

この頃藤森先生は二十歳代で、家事を手伝いながら諏訪各地の遺跡の調査をしており、当然両角さんの論文、あるいは遺物もみていたはずである。そのときは目にうつっただけで、大脳のコンピューターにインプットされたが、反応しなかったのである。この現象を先生流に言えば、「自分の袋(脳)の中にためたたくさんのパズル」(「歩いてみること」『信濃考古』一六)であって、それはいつか鍵をさがしあててつながりあい、論文になるという考え方であった。つまり、諏訪神社の鉄鐸をみたとき、かつてインプットされていたものが解析され出したのであった。そのとき先生は五十歳、諏訪神社研究が始まり、諏訪神社関係の文献をあさり、困難な勉強を始めた。難解な中世文書を読み、神社に出入し、鉄鐸を有する小野神社、矢彦神社を訪れた。

「南信濃の古瓦」と「諏訪神社の柴舟」を書きあげた頃、下諏訪町から町誌編纂の依頼があり、古代・上代の部を引受けている。町誌完成後、私はある人から、あんなに長くあのような記述は町誌に合わない、という意見を聞いたことがある。あとになって『考古学とともに』のなかで、執筆を引きうけるについての経過を読んで安堵したことがある。それは「永久の真理を残そうというお考えならお断わりしたい、地方誌というものは五十年に一度くらいずつ書き改められていくべきもので、（中略）そのときの住民たちに本当に読んでもらい、愛されるべきで、その中から土地と愛情とに育くまれた次に出てくる研究者の肥料になればいいと思う」として受諾している。

下諏訪町誌の執筆を引きうけてから、下諏訪町誌用の原稿として、諏訪神社の考古学的研究という副題と番号をつけて、一年間のあいだに五編を書きあげ、『信濃』誌上に発表している。これをみると、前二編にくらべて、相当にリラックスして書いているし、ことに「鉄鐸─その古代史上の意義」はのりにのっている筆調である。これも『信濃』の塚田編集者の方針と、町誌執筆における執筆方法の許容によるもので、先生も「仕事は楽であった」と述懐している。

『信濃』に諏訪神社の考古学的研究を五編書きあげたとき、編集者塚田氏は、「本論考（鉄鐸─その古代史上の意義）によって、藤森氏の諏訪神社の考古学的研究は、一応の完結をみたわけである。前巻第九号の（南信濃の古瓦）以下、諸編においてはりめぐらされた伏線を本論考でひきしぼり、むすんでいる」と述べたが、反面「その立証方法等にたいし、にわかに賛同しがたい点も多々ある」としている。そして『信濃』の編集はまた一志先生の手に移ったが、それ以降、このような文体の論文は、『信濃』には出さなくなってしまった。

しかし一連の諏訪神社の考古学的研究が主体になって、下諏訪町誌の原稿となっているし、また「鉄鐸」の抜刷が和島誠一先生を通じて、手中にした学生社から本にしたいという申しこみがあった。その本がのちに毎日出版文化賞を受賞した『銅鐸』（全集第十巻所収）であった。そして多くの人々に、難解と思わせていた考古学という学問を身近なものとして理解させ、市民に考古学ブームをおこさせる役割を果たした、一連の考古学単行本の初めであった。その著作をみると、一九六四（昭和三十九）年の『銅鐸』（学生社）にはじまり、十年間に三十冊近くを出版している。その最終の著書となった『古墳の地域的研究』（永井出版企画、全集第十一巻所収）は、先生の霊前にそなえられる事になってしまった。先生は『銅鐸』の出版を境にして、少年時代より学び、頭に入れたことをすべて吐き出すという、壮絶な生きざまをみせてくださったのだった。

先生が五十歳をすぎた頃からよく聞かされたのは、「僕にはもう時間がないんだよ。新しい仕事には手を広げられないよ。目標はまとめだ。僕のこれからの時間は生きていくために、三分の一は寝なければいけない。また三分の一は家族とか生活のための時間だから、本当の僕の時間は三分の一しかないのだから五、六年しかないよ。時間は無駄にするなよ」であった。今、とてもその言葉の意味がわかるような気がする。

考古資料としての諏訪神社の遺品

南信濃の古瓦は、諏訪と周辺地域に古寺院址を追求したもので、その結論は、諏訪地方には、瓦を葺いたような寺院は鎌倉初期までなかった。つまり、全国的にみて、仏教の流入の遅れがみられるが、この原因は諏訪社信仰にあるというものであった。

諏訪神社の柴舟は、八月（旧七月）一日に行われる、諏訪神社下社春宮から秋宮への御霊代の遷座祭の神事に伴う、「御舟祭」の柴舟に、考古学的視点をあてたものである。柴舟の骨組からして、二本の竜骨船を想定している。ダブル・キールド・ポンツーンなどという言葉は、船舶関係の専門用語であって、私共には何のことが判らなかったこうした知識は、一九三七（昭和十二）年、坪井良平氏の世話で入社した大阪鉄工所（現日立造船所）で習得したにちがいない。

下社柴舟が、古代の船、ことに埴輪船、古墳の壁画の舟、銅鐸文様にある舟などに類似があるとして、その発生年代を、弥生から古墳時代に想定したものである。

売神祝印と上社御宝印とは、つまり、下社の社印と上社社印のことである。

下社の祭神とされているのは、八坂刀売命である。売神祝印はこの命の印であるが、下社の祭政体の統領は金刺大祝である。「売神祝印」はその形態から大和古印とみられるが、文字の意味からは官印ではなく、神社の私印とみられるというのが論旨である。この辺の論考は先生の幅広さをみるばかりで、私など全く不勉強の分野である。

本論文中、「売神祝印」を押捺した文書が一つもないと述べているが、近頃この印を捺印した文書が発見された。しかしいずれも下社領内の頭役（当番）を定めた文書で、七つ捺印されているから、上社の宝印と同様な使用法であろう。この下社宝印も、現在は重要文化財に指定されるという優品である。

上社宝印の調査には先生のお手伝いで同行したが、神官の立合いのもとでの実測や記録などは意のままにならない点が多かった。しかし宝印そのものを手にして、鹿角の根元の部分であるという事が発見できて幸運であった。従来の所見が鉄製、乾漆などさまざまであったのは、実際に手にとって見る事ができなかったためである。宝印の印面の文様は、現在はまったく磨耗して、陰刻すら出ないので何とも言えない。

先生はこの章で、諏訪上社の宝印が、弥生時代末の、いわゆる倭国の小国家群の流れをついでいると示唆し、古代の諏訪国問題を後章にひきついでゆく。

秋宮経蔵下の埋蔵金と経塚は、諏訪神社下社秋宮の宝殿から東方にある、小高い丘にあった法納堂跡の一括出土品をとりあげたものである。その法納堂の位置は、延宝年間（一六七三―一六八〇）の古図にある。明治の廃仏毀釈によって取りこわされてしまったが、一九三二（昭和七）年この丘で偶然、須恵器に入った金塊が発見された。そのとき、周辺を掘りおこしたが、黄金はそれきり発見されなかった。しかし、その他木片やら金物片、それに丸い青銅鏡が出てきたので、神社側は一括保管しておいた。町誌編纂のため秋宮にある宝物館を調査したときのこと、輝く金塊はともかく、泥土のまだついている一括出土品をみて、先生は大変に喜ばれた。神官の立合いもあるので、早急に調査しなければならず、先生が写真、私は実測と拓本どりをしたが、青銅鏡二枚と経机の金具を拓本にできただけであった。木質の机、経筒、数珠は触れば崩れそうであったが、今になって思えば、経文を入れた諏訪唯一の木製経筒の、復元実測図を作成しておくべきであったと思い残念であった。

秋宮の拝幣殿が国の重要文化財に指定され、今年の春その防災工事施設のため、法納堂のあった一部分の発掘調査を行った。そして、石垣状遺構の一部分を検出した。経塚もその構造が不明であったので、全体の調査が必要であろう。現在、経塚出土品のうち、木製品はすでにみられず、陶器と金属品だけであった。しかし下諏訪町文化財専門委員会では、経塚出土品のうち、金銅製舟形水差、青銅鏡二面、鍍金花形鋺、黄瀬戸香炉、そして法納堂下から発見の黄金五四三グラムと、須恵器《すえき》容器を文化

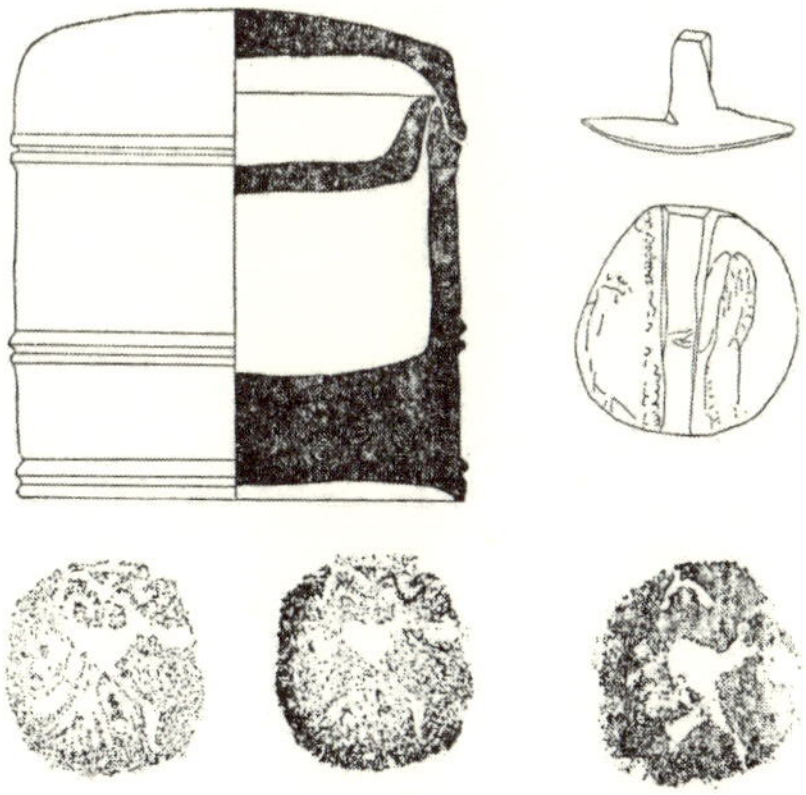

上社宝印および印筒実測図と３例の印影拓本。印本体が鹿角であることを発見した

財に指定している。

経塚は平安時代中頃に発生したとされている。諏訪地方では、出土品の多い秋宮経塚が室町期に比定されている他、四賀普門寺親塚が松鶴鏡と水晶数珠などの伴出遺物から、平安後期と考えられている。また茅野市北山経塚は銅製鍍金経筒と経石があり、経筒の紀年銘に天文十五年とあって、時代はかなり降る経塚である。以上の三例が知られるのみで、秋宮経塚の採録は今後の資料としても貴重である。

先生は秋宮経塚と埋蔵金を、中世における上社と下社の争乱の記録と関係づけて考えられた。

下社附近出土品の調査は、出土品の検討を通じて、下社の祭政形態を追求しようとした作業であった。このうちの二例の「石帯」によって、下社周辺に奈良時代の官人の存在が考えられるという指摘は、下社祭政体の初期に関係するものとして注目される。

「綿の湯の双雀鏡」は、かつて両角守一さんによって報告されている。藤森先生の考えたように、温泉の湧出口の信仰であって、発見された直縁細線格子目単圏網地花文揆菊低座鈕双雀鏡の示す年代、平安後期以来の奉祭品であろう。

綿の湯については、諏訪地方に有名な伝説が伝わっている。上社の男神の住まいから、下社の女神・八坂刀売命が帰るとき、上社の脇にある宮の湯に、化粧用にするため綿に湯を浸して帰っていった。その際、綿から垂れこぼれた湯のしずくが下諏訪まで続き、下社に着いて湯のしみた綿を置いた。この湯のしずくのたれ落ちた所から湯が湧き出、それが飯島、赤沼、田宿、小和田、湯の脇、高木と下諏訪に続いている。そして綿を置いた所からは、熱くて豊富な湯が湧き出た。これが綿の湯であるというもので、温泉と上社、下社の祭神を結びつけた一つの伝承である。

「春宮附近出土の古陶」は、〝常滑〟の壺を集成したもので、同様な陶器は霧ヶ峰の旧御射山遺跡にもみられる。また、上社の前宮境内で発見されている大甕は、極めて貴重な事例である。

諏訪神社の考古学的研究と歴史的位置づけ

下社周辺の出土遺物と地点から、先生はいよいよ下社祭政体のあり方にせまってゆく。すなわち「武居・久保の上代遺跡と下社の古態」と「春宮の大祝・五官邸阯」の二章である。この結論づけは、下社祭政体は上社祭政体より古く、下社においては春宮より秋宮の方が古い。

下社の祭政体の確立期は秋宮に近い青塚古墳で、金刺氏の有力者の墓であるというものである。祭政体の第一期の形は、奈良末から平安初期で、神殿と御霊戸。第二期は神殿・秋宮・御射山の形。ついで本地垂迹説の受容による三精寺、神宮寺の確立が第三期となる。そして中世の争乱は上社と下社の抗争となり、下社金刺大祝家の断絶、社寺の炎上という事件がおきる。

下社の祭政体の不明なのは、金刺氏の断絶と、火災によって文書の伝世がないことによるが、先生はこれを考古学的方法によって、僅かな資料を生きかえらせようとしたのである。

「東照寺跡の古瀬戸骨壺」は、先生が報告されて後、古陶磁界に注目されだし、下諏訪町指定文化財にもされた。余談になるが、先生が『考古学』一—三に報文を書いた際、肩部につく四つの紋様について、何花の紋であるか書いていない。下諏訪町誌に再度報告する時点で、この紋を「土に美しい菊花を、四つ刻りめぐらしている」と記述した。この鎌倉期の古瀬戸瓶子を観賞する人々によって、陰刻された花紋をめぐって異論が出てきた。

ちょうど町誌再刊のための改訂委員会を発足させていた下諏訪町教育委員会では、この瓶子の花紋をめぐり二つの論議が行われた。菊花を花紋と改訂するかどうかであった。花紋については古陶磁専門家の鑑定をしてもらうことになり、町誌原文改訂については意見の対立があって、みち子夫人までまきこんでしまった。夫人は「論文は書いたときの実力であり、論考であるから真意が変るならことわるが、遺物鑑定の誤認であるなら正すのはやぶさかでない」と返答された。この瓶子の鑑定を東博の陶磁室長矢部良明氏にお願いしたところ、「牡丹紋」であるという報告がえられた。下諏訪町誌は本年改訂編が出されたが、「東照寺跡の古瀬戸骨壺」の章末には、この報告がつけられている。本全集も、この線にそって改訂してあることをつけ加えておきたい。

鉄鐸—その古代史上の意義は、先生を諏訪神社研究にかりたてる動機となった、上社所蔵の六個一組、三連の鉄鐸についての追求である。これについての解説は全集十巻で桐原さんもふれている。いずれにしろこの長文は、諏訪祭政の実態に迫る労作といえよう。そしていうまでもなく、この延長線上に、先生が追い求めてやまなかった「銅鐸」の研究があるのである。

諏訪大社上社鉄鐸に刻まれた文字様の符号については、上社宝物をおそるおそる手にふれ、観察して得られたものである。鍛鉄の板を巻き、截頭円錐形に身を作る。その身の外面に、数字らしい刻印のある事を発見したので

霧ヶ峰の旧御射山遺跡を調査した藤森栄一

ある。

この論文では鉄鐸が諏訪上社以外の小野神社、矢彦神社、五社神社に所蔵されている事が判明されている。ところがその後、鉄鐸の発掘があいついで知られるようになってきた。すなわち、茅野市御狩野遺跡では平安後期の土壙から出土。松本市笹賀くまのかわ遺跡では六号住居址から、そして、中央道塩尻地区吉田川西遺跡では三個が出土している。

薙鎌考では、下社の神体、憑代とされている鉄製薙鎌を考古学資料としている。資料を全国的に求めて約三十例。これから導き出されたのは、諏訪神社のシンボルとして全国的に流布させた演出者がいたという考えである。それは下社金刺大祝滅亡後、神社祭事をついだ今井氏武居祝であるとし、諏訪社の神体が蛇体説から発し、開拓用の「鉈鎌」に蛇体信仰を懸け、デフォルメされた神器「薙鎌」ができたものと述べている。「薙鎌」は先生が亡くなられて後、茅野市御射宮司遺跡、諏訪市荒神山遺跡、霧ヶ峰旧御射山遺跡などから発見されている。

私たちは古部族研究会を結成して、諏訪信仰の研究を行っている。私の目標は、諏訪信仰に重層しているいくつかの呪術、宗教を剥いでいって、もっとも原始的な信仰形態を追求することにある。重層している呪術、宗教はまだすべては判らないが、仏教、陰陽五行思想、修験道、十干十二支などが考えられる。そのうちもっとも原始信仰の形は、守矢神長を頂点とするミシャグチ信仰である。これについては、今井野菊氏を中心に精力的な追求がなされている。また陰陽五行思想の研究者、吉野裕子氏の研究には、諏訪信仰を解明する上にいくつかの有利な解釈がある。

例を薙鎌にとると、陰陽五行の「金剋木」であるという。この思想は木すなわち風、金は鎌ということになり、木にうち込まれる薙鎌は、風を凪《な》ぐという風祭呪術であるとしている。陰陽五行思想は天武天皇、持統天皇の白鳳期に、中国哲理を大いにとり入れて最も盛んとなった。この陰陽五行説の解釈は注目すべきである。『日本書記』によると、持統天皇五年、その年は天候不順で、天皇は信濃の水内神と諏訪神にも勅使を派遣され、風祭を行っている。

諏訪神社には古く「風祝」のいたことが知られているが、平安後期の藤原清輔の「風祝」の説明をみると、「信濃は風の強い所である。諏訪神社には風祝を置いて、物忌をすると風も吹かず豊饒が期待できる。風の祝の物忌をよくするように」という意味を述べている。宮地直一博士は『諏訪史』のなかで、「風祝」にふれているが、風の鎮静をはかる呪術とみている。

近年まで、台風の季節になると、竿に鎌をつけて立てる農家がみられたが、薙鎌は凪《なぎ》鎌であって、風をおさえる呪術とみてよいであろう。諏訪社は海岸、それも港のある所に勧請されている例が多いが、漁船が台風などにあわないように祈ったもので、風をなだめる薙鎌からの信仰とみてよいと考えられる。

一九六五（昭和四十）年、中央公論美術出版社より**諏訪大社**が発刊された。これは美術文化シリーズのなかの一冊で、この他、井戸尻遺跡も出版されている。また、夏島貝塚、登呂遺跡、加曽利貝塚を杉原荘介氏が、寺院では飛鳥寺を坪井清足氏、薬師寺を町田甲一氏というように一線で活躍されている先生方によって書かれている。四十頁ほどのハンディーな本であるが、写真も多く、説明も簡潔で要領よく、しかも学術的な好著である。

この小冊子は、中央公論美術出版社の栗本社長のすすめなどがあって、『銅鐸』のなかの、諏訪大社研究の部分にスポットをあてて製作したものである。先生の言によると四十頁の小さい本だが、栗本さんからかなりきびしくクレームがついて、大冊を作るほどに苦心したと述べておられた。

この著書のなかで先生がとくに述べたかったのはフネ古墳と諏訪信仰の祭政体の交替についてであった。フネ古墳の報告（「諏訪上社フネ古墳」『考古学集刊』三―一）以来、フネ古墳の主を諏訪の古い主権者と発言していたが、本書では、フネ古墳を守矢神長を中心とするミシャグチ祭政体の絶頂期、八世紀代の古墳末期に、上社大祝の祭政体に征服されたものという考えをのべている。

近年の発掘調査によると、フネ古墳型の古墳の発見が、茅野市狐塚古墳、諏訪市片山古墳、同市本城古墳、同市一時坂古墳とみられ、時期は伴出する土師器《はじき》からみて和泉末から鬼高初期まで続くものとみられる。その後、横穴式石室形式の古墳が、フネ古墳型の築造立地と異る山麓などに出現する。この時期を大きな変化期と考えるほうが妥当のように思える。

中公美術出版社の栗本和夫社長は、この頃に前後して上梓された井戸尻遺跡の報告書（『井戸尻』）も手がけた関係上、富士見町井戸尻周辺にしばしば来訪された。そして、そこがことのほか好きになり、井戸尻を見おろす南向きの丘に、厖大な蔵書をもってきて栗本図書館を作り、地方文化向上に役立てることにした。栗本さんは、夫人とよくこの図書館兼別荘に来られるようになられた。私も先生、そして青木正博医博らとよく立ちよらせてもらった。何年たったろうか、栗本さんは病を得て亡くなられた。

師父としての藤森栄一先生

藤森先生が亡くなって満十二年がたった。

私がまがりなりにも考古学の論文をかけるようになったのも、先生のもとに集ったいわゆる諏訪考古学研究所第二期の少年の末席にいて、以来、諏訪の地元で謦咳に接してきたからにほかならない。

第二期の少年たちは藤森先生主宰の諏訪考古学研究所で、それぞれ学びあい、そして大学へと進学していった。私は父親の病気と、六人兄弟の長兄という、生計上の重責を負って、岡谷市梨久保遺跡の発掘、そして戸沢充則さんに尻をたたかれて、その報告書の分担をしたきり、就職戦線の真只中に立向かった。

地元の民間会社に就職して、好きな遺跡の発掘にも出られず、切ない思いをした。戸沢さんや松沢亜生さんたちの活躍はまぶしく、うらやましかった。夜勤のある国鉄に合格したのは一九五四（昭和二十九）年であった。多少時間の余裕ができ、発掘に、そして勉強にといそしんだが、先生はその頃、第一回目の高血圧で倒れ、半身不随となられてしまった。私はその余った情熱を労働運動に傾注していった。

そんななかにも、ふとわき起る考古学への断ち切れぬ思い。そんなとき、先生のまわりで、顔色をうかがっては考古学の知識を吸収した。

そんな頃のある日、先生の講演会に重い石器などを持参することになった。その帰路の話のなかのことが「彼ははじめ、工場に出たが、余暇がほしくて国鉄に変った。はじめ、メーデーの旗ふりなんかしていたが、――君はたしか、賃金要求でなくて、考古学をやるための暇がほしくて国鉄へ入った筈だよ――といってやると、素直に帰ってきた」（『古墳の地域的研究』永井出版企画、全集第十一巻所収）という先生の文章となって残っている。

一九五四（昭和二十九）年の冬、先生は市の成人学校の講師を引受けた。高血圧で倒れた後で、懸命の復調をはかっていた時期である。私を呼び出し、講座の手助けをしろという。私も先生の学問を吸収出来ると思い、勤務を相当に変更して、毎週月曜日に研究所に出かけ、引張り出す役目をした。先生は「今夜は寒いから、しびれがちょっと激しいから、と思って休もうと思っても、ミヤさんはきっとやってくる。私はミヤさんに引っぱり出されるようなかたちだった」といい、「ミヤさんは私の付き添いとして、いつも会場入口に、教育委員会のかわいい女の子と内裏びなのように並んですわっていたが、やがて二人は恋人同士となり、結婚した。私はミヤさんの逢引きのため、あの講義を完了できたのだと思う」（『考古学とともに』全集第二巻所収）といっているが、私たち夫婦にとっては縁結びの神であったのである。

数年の交際のあと、結婚の仲人役を春からお願いしておいた。しかし、四賀まわり場古墳の発掘調査中、古墳の天井石のあいだから飛び降り、大けがをしてしまわれた。もちろん仲人役はお流れになってしまった。しかし私達夫婦はそれ以来、先生とは親子以上のおつき合いをさせていただき、勉強の上でも家庭人としての生活の上でも、はかりしれない大きなご恩をうけてきた。その恩に少しでも報いるためにと、先生六十歳のとき、還暦記念論文集の刊行を思い立ち、そのことを先生にお話しすると、それよりは諏訪考古学研究所二十周年記念論文集としてやりなさいという意向を示された。いずれにしても先生の恩に応える一端になると考えて、気負って趣意書を作り、二十五人程の先生とかかわりの深かった方に執筆の快諾をいただきながら、私の力足らずでついに本にならないで終わってしまった。

それをみかねた先生が、それに代るものとして『古墳の地域的研究』（永井出版企画）の計画を進められた。しかしその本も先生が亡くなられた直後に、ようやく形となって出版された。その本は藤森先生の遺志をくんだみち子夫人によって関係する多くの人々に送られたが、最後の最後まで先生のそばにいて、ついに先生の恩に形でなにもできなかったことを、いまでも強く悔いている。

自分も先生が晩年の旺盛な著作活動を始められたその年齢と同じ年齢を迎えた。これからは自らをさらにムチうつことによって、研究や埋蔵文化財・自然の保護など、先生の残された仕事を正しく継承し、発展させていくことによって、師父としての先生の恩に応えねばならないと心に期している。

15 再発見、藤森栄一の学問観の輝き

戸沢充則

全集第十五巻の構成

本巻は藤森栄一先生の死後刊行された『考古学・考古学者』（一九七四年刊）と『藤森栄一の日記』（一九七六年刊）を二部構成とし、これに年譜を加えてある。

『考古学・考古学者』は、いままで活字にならなかった遺稿を集めたものであったが、今回一部を他巻へ移動して再構成した。そして、人間藤森栄一を語るに欠かせない多彩な文章を集めてみた。それは紀行文や評伝、書評、映画評論、短歌、詩と尽きることを知らない先生の知的好奇心の産物である。いずれも、新聞や雑誌などに掲載されており、多くの人の目にふれる機会が少ないものであった。ここで改めて、藤森考古学の土台が、実は、考古学という学問の一枚看板だけで支えられてきたものでないことを、ともに実感できることと思う。

また後者の『藤森栄一の日記』は、これも藤森先生の死後、かなりの量にのぼる先生の日記・手記・ノートなどを、みち子未亡人が整理して一冊にまとめたものである。

本全集の刊行に当たっては、右の本にのせられていない日記や、さらに先生が多くの人に書かれた手紙、また逆に先生のもとに送られてきた手紙などすべてを再整理

して、この第二部を組む予定であったが、それらの資料は余りにも莫大であるなどの理由で、それは別の機会にゆずることとした。

ただし、その後、藤森先生の諏訪中学校在学中（一九二四年〜一九二九年）の記録などをふくむ、一九三三（昭和八）年以前の日記が発見されたので、第二部をなす「藤森栄一の日記」の冒頭に、その一部を紹介することにした。

以上のような内容をもつ全集の本巻について、この解説では『藤森栄一の日記』に加えて、ともに全集第二巻に収録した『心の灯』『考古学とともに』という先生が書かれた二冊の「自分史」をもとに、藤森栄一先生の考古学の軌跡を追ってみようと考えた。

今に生きる遺稿集『考古学・考古学者』

それは小さかったかもしれないが、強く熱い灯を、たくさんの人々の心の中に残していった考古学者、藤森栄一先生が世を去って、早くも一年が過ぎようとしている。

ある人は、藤森先生が書いた数多くの論文やエッセイを評して、作っているとも、飾りすぎだともいう。しかし学界人として、なに一つ輝かしい経歴や地位に飾られるでもなく、いやむしろ逆に、一個の野に生きた人間として、あらゆる苦悩をなめつくして生涯をおえた先生の仕事が、考古学という専門の分野をはるかに越えて、また世代を越えて、なお多くの人々の共感をよんでいるということは、けっして虚構だ、虚飾だなどとはいえぬ、真底から考古学と人間を愛することに徹した、先生の精神がそこにあるからだと信ずる。

そのことは、いまここに先生の遺稿集として編まれた、いくつかの未発表論文やエッセイが、如実に証明してみせてくれている。

これらの遺稿は、もとより一冊の本になるように意図的に執筆されたものではない。テーマも多様であり、そして書かれた年代も一九三六（昭和十一）年から一九七三（昭和四十八）年まで、じつに四十年間のひらきがある。そればかりでなく、先生が半生を通じて発表した莫大な数の作品の中で、書き捨てたともいうべき、いわば雑多な原稿なのである。

人一倍、鋭い感性の持ち主であった藤森先生は、自らの生き方を律することで、つねにその感性を研ぎすまし、あるいは激しい情熱で燃えるような感性の昂揚をよびさまし、それを美しい文章にまとめることのできる、素晴らしい才能をもっていた。先生が詩人でもあったといわれるゆえんである。

その意味ではいまここに残された作品は、先生特有の文章の流れやリズムにいささか欠けた、いわば肌ざわりの荒い、生前の先生なら直接そのまま活字にはしない部類の原稿だったにちがいない。それには後でふれるような、それぞれの原稿の執筆についてのいきさつがあって、万全の態勢のもとで書かれたものではないからである。

しかしそうした意図的に執筆されたものではない、しかも長年にわたる雑多な作品集ともいえるこれらの遺稿を通じてなお、藤森先生の生涯をかけた考古学の仕事と、燃焼しつくした生命や、追求してやまなかった歴史観などについて、一つの雛型をそこに見出すことのできるのは、まことに驚きである。

戦前に書かれた、日本の考古学に対する数々の先生の提言が、いまなお新鮮な問題提起として受けとれる内容をもっているとすれば、考古学の世界の進歩の遅速は論外として、藤森先生の学の精神が、けっして思いつきや虚飾ではない、一つの強い芯につらぬかれていた、なによりの証拠ではなかろうか。

人の一生をかけた仕事の評価は、十年、二十年、いや百年の星霜を経た後も、その人の残した灯《ともしび》が、後の世の人々の心の中で、少しでも光をともしているかどうかできまる。二世紀の闇に耐え抜いて、ほこりにまみれた無住の庫裡や路傍の堂から、無心の微笑の美しさを現代によみがえらせた木喰仏《もくじきぶつ》。その作者である木喰五行(行道)を、「久遠の行人」として書き残そうとしたのは、死を間近かに予感した藤森先生にとっては、生涯をかけて追求してきた自らの姿をそこに発見し、そしていとおしみつつ育ててきた自分の仕事について、将来への願望をあらわそうとしたからではなかったかと、いまにして思うのである。

考古学はこれでよいのか

掘るだけなら掘らんでもいい話　恩師森本六爾氏を一九三六(昭和十一)年に失い、その遺志をついでなんとしてでも、考古学を自らの生涯の業としてやりとげようと決意し、故郷の諏訪を離れて、藤森先生は一九三七(昭和十二)年から一九三九(昭和十四)年までの三カ年を大阪で過した。この時期は先生の青春の激動期であると同時に、先生の学問の確立する時期でもあった。唐古遺跡の発掘、『弥生式土器聚成図録』編集への参画、先生の処女出版となった『信濃諏訪地方古墳の地域的研究』の執筆など、重要な仕事がなされている。そしてみち子夫人との結婚、やがて東京に移った東京考古学会の機関誌『考古学』の編集担当者へと、多彩な活躍の跡をとどめた。しかしこの頃、坪井良平氏の温い庇護があったとはいえ、研究と新婚の家庭を支える生活は困窮をきわめた。その間のことは『かもしかみち』『かもしかみち以後』（学生社）などの著書の中で、美しく回想されている。

こうして燃えては揺れ動く時期に、学界に著名な学者であったK博士の失脚事件が起きた。K博士が、ある寺の寺宝でもあった資料を盗んだという不祥事がもととなって、社会問題化したこの事件は、死ぬほどの思いで考古学に青春を捧げていた藤森先生にとっては、耐えがたい屈辱であり、黙ってはいられない怒りにもつながった。それはK博士個人に対してだけでなく、そうした不幸な事件をひきおこす素地が、日本考古学の伝統的な体質の中にあり、その体質を少しでも変えようとしない学界の体制、アカデミズムの責任に対する激しい怒りであった。

当時、この事件は学界ではタブー視され、闇に葬ろうとしていたらしいことが、先生の怒りの言葉の行間にみえる。しかし先生はその怒りのほどを、若き友人への手紙という形で、どうしても書きとめておきたかったのであろう。しかし、とてもそれを活字にして公表することは、当時の学界事情からいって、許されることではなかったであろう。

ひるがえって現在、「掘るだけなら掘らんでもいい」ような種類のものもふくめた発掘が、全国津々浦々で毎年盛大に行われている。昭和十年代といまとでは、時代はもちろん、あらわれることがらの形はちがっていても、日本民族の将来を見通すことのできる学問の創造のために立ちあがろうという、藤森先生の提言は、新鮮で積極的な意義をもつものではなかろうか。

古代史の正しい歴史叙述のために

一九四六（昭和二十一）年六月、南方の最前線で死地をさまよった末、藤森一等兵は奇跡に近い生還をとげた。そして戦争で荒廃した日本の国土をその目で確かめ、正しい歴史認識をもつことこそ、ふたたび日本を戦争の不幸に追いこまないためにも、ぜひ必要なことだと改めて確認したのにちがいない。そして皇国史観にかわる科学的な原始・古代史の歴史叙述を構想することが、身をもって戦争の悲惨さを体験した考古学者の一人として、当然はたすべき役割であると意志されたのだと思う。

古代史と考古学および後出の**縄文式土器研究の歴史・**

日本旧石器時代人の追求の三編は、右のようにして構想された大作『日本人はどこから来たか』の中から、理念や学史に相当する叙述の部分を抜粋して収録したものである。全体の構成からいうと、この論文は完成時には五、六百枚に達するものと思われるが、哺乳動物の王国・大陸の人影・宿命の孤島・最初の放浪者という、四章約二百枚の原稿が書き残されたままで中断されている。内容は各章のテーマにそった、かなり詳細な通史的・概説的な記述に、学史を織りまぜながら一つの筋を追うという、きわめてユニークな構成をとり、全体として平易で、すぐれた叙述である。

この大作の執筆が中断されたのは、一九四八（昭和二十三）年頃と推測されるが、周知のように、戦後いちじるしい盛況を呈した日本考古学界は、たとえば一九四九（昭和二十四）年には群馬県岩宿遺跡で、はじめて日本の旧石器文化の存在が確認されるなど、一時、とくに石器時代の初期の文化の追求にめざましい成果をあげた。そのためこの原稿の所々に、先生の筆になる添削や注記などがあるが、敗戦直後の学界の中心から遠い諏訪の地にあって、しかも戦地から持ちかえったマラリヤ病の高熱に肉体を蝕ばまれながらの執筆では、学界の新しい成果を完全にとり入れることは、ついに不可能であったにちがいない。中断の理由も一つにはその辺にあったのであろう。

しかし闘病生活の合間をぬって、先生が一般市民や当時高校生だった私達を前に、大きな感動を与えながら幾度か語りかけてくれた講演会などの内容は、この『日本人はどこから来たか』という大作の、未完の部分を含めての話だったことは確かである。その講義録やメモが、先生から考古学を教わった多くの人々のもとには残されているはずである。やがてそれらがまとめられて一本になる日を期待して、ここでは序説と学史の部分のごく一部を紹介するにとどめた。

日本の古代史には脚がない

あらためていうまでもなく、藤森先生は考古学のプロパーの資料や事象についてだけではなく、その学問をとりまき、その学問と哀歓をともにした人々、それもいわゆる大学者だけではなく、アマチュアとして一生を終わったような研究者により強い愛情を抱き、その人間像に深い関心を示した。先生が生んだ数々の作品は、考古学と人間のたたかいの記録として、きびしさの中にも、美しい印象を私たちに与えてくれる。

そうした人間像を追いながら、ユニークな考古学史を書き残すということは、先生の生前の大きな夢の一つであった。そのための資料の蒐集整理もだいぶ以前からはじめられていたようで、私も何回か先輩学者の興味深いエピソードなどを聞かせてもらったものだった。

そして先生が死を迎えた一九七三（昭和四十八）年のはじめから、いよいよ執筆にとりかかり、発作で倒れる寸前まで筆をとっていたのが、この**考古学者はなにをしてきたか**である。同じ絶筆の二編（後出）にくらべて、原稿の字は生き生きと楽しそうに流れている。永いこと心の中で温めてきた作品にとりかかった喜びと、そして早く仕上げてしまわなければという、はずんだような気持ちがあらわれているようにみえる。それが死への予感のせいかどうかは、いまはわからない。

前にふれた二編（縄文式土器研究の歴史・日本旧石器時代人の追求）とともに、**古墳時代研究についての私案**を加えて、先生の日本考古学の学史に関するエッセイを集めた。前二者はすでに解説したように、戦後まもなくの頃のものであるが、後者は一九三八（昭和十三）年、大阪在住の頃の執筆になるものである。

その末尾に近いところで、若い研究者の新しい業績に対して、学界がそれを黙殺することの非を説いている点

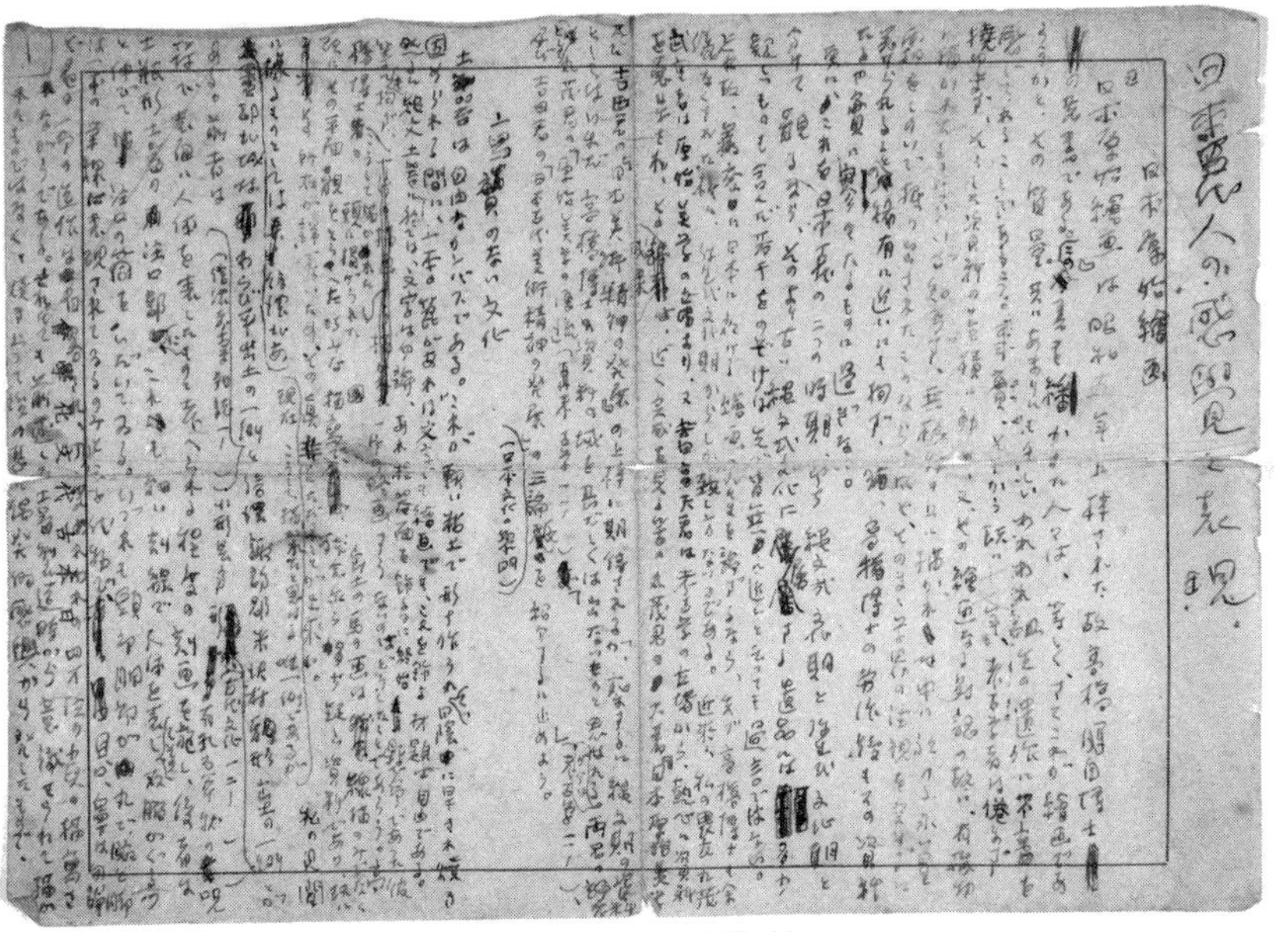

未完の原稿の一部。「日本古代人の感覚と表現」という表題がある

からも察せられるように、この時期に藤森先生は『信濃諏訪地方古墳の地域的研究』という大きな仕事に没頭していた。これは後に先生が再刊を希望され、死後、先生自身の手になる最後の仕事として出版された『古墳の地域的研究』（全集第十一巻所収）の骨子をなす論文であるといういきさつからもわかるように、先生の学問的業績の一つの中核となる重要な仕事であった。

　しかし当時、アカデミズムの中心にあった古墳研究者一般からは、ものの見事に黙殺された。絢爛と輝く副葬で埋めつくされ、山のような巨大な墳丘をもつ大古墳を、研究の主対象に進められてきたアカデミズムの古墳研究者からみれば、藤森先生がとりあげたような、あまりにも未発達な、また貧弱で変則的な、信州諏訪地方の古墳の地域的研究など、皇国の顕彰のためには何の役にも立たないとでもいうのであったろうか。

　藤森先生のこのエッセイに盛られた古墳研究批判は、皇国の顕彰だけの古墳研究は、地域や人民の歴史を含めた、真の日本上代史の理解に全く役立たないものだという点に、一つの重要な視点をもっていた。その点についてより具体的に論じたエッセイを、同じ年の雑誌『信濃』に、「古代史には脚がない」（全集第一巻『かもしかみち』所収）と題して発表している。時はまさに、軍国主義ファシズムが、日本の社会を暗黒の歴史に塗りつぶしている、そういう時期だったのである。先生の真実に対する確信と勇気をそこに見出すことができる。

戦場から祖国の歴史に想いを馳せる

　一九四三（昭和十八）年、敗色すでに濃い南方戦線に、一兵士としてかり出された藤森先生は、戦場にあってもなお考古学への想いを馳せ、タバコの空箱の裏まで使って、論文の構想を書きとめ、それを文章にまとめてみることで、軍隊生活の中での、最低の人間として生き甲斐を求めつづけていた。そのいくつかは、いつ着くとも、また必ず着くというあてもない内地宛の郵便にまぎれこませて送っていた。〝昭和十九年於呂宋マニラ〟などと銘記した原稿を含む論文の一部が、**器具の発展について**と**生産の形態について**の二論文である。他に同じ頃書かれた「国土の開拓について」「日本古代人の感覚と表現（未完）」という二つの原稿があり、それらと未執筆の「古代社会の考え方」「技術について」「信仰と社会について」などを含めて、『日本古代社会の発展』という大作が構想されていた。

　残されている四編の原稿の文字は、後に先生が多少の添削を加えたほか、すべて第三者の手になるもので、戦地から送られてきたメモ（一部が遺品として現存する）によって、だれかがその都度筆記していったのと、先生が復員後、病床から口述筆記させたものであろう。そうした事情があって、内容の個々については、現在ではかなり訂正すべき部分や、記述、文章のふぞろいや重複がみられる。

しかし従来、さまざまな考古学的資料の事象の単なる羅列か、あるいは例えば土器の編年研究のように、そのものの一側面だけが、人間や文化・社会の歴史と切りはなされて取りあげられることの多かった、日本考古学の伝統的な研究方法を反省し、器具のもつ本質的な面を歴史の流れの中に位置づけようとした試み（器具の発展について）、また不完全であるとはいえ、生産の問題を歴史発展の中心に据えて叙述をおこなったこと（生産の形態について）など、現在の日本考古学が進むべき研究の方向について、一つの先駆的な意義をもつ論文だといってもよい。個別の事象について卓見も多くみられる。

そしてそのことよりも、激戦の戦場で、また戦い終わって高熱の病床で、やみがたい情熱をもって考古学の灯を燃やしつづけてきた、一学究の不屈の記録として、貴重なものであると考える。

地域研究を重視する

藤森先生の考古学は、考古学における地域研究の実践であったと、私は最近、先生の学問上の生涯を回顧して書いたことがある。これからの考古学研究が、一つの地域に生起した考古学的な事象を全構造的にとらえ、その総合された形として、正しい歴史叙述をめざすべきだという将来の方向を認識した時、藤森先生が生涯を通じて説きつづけてきた、古き考古学からの脱皮という言葉の意味が、まさに共感をもって受け入れることができるということを、改めて知ったからである。

そしてこの遺稿集を整理している過程で、すでに戦前の一九三九（昭和十四）年、**郷土考古学の考え方**を、意識的に明らかにしていたことを知って、喜びと驚きを感じた。ただしこの段階での郷土考古学の提唱も、まだはなはだ理念的であり、その実際の議論の対象としてとりあげた、紀伊地方の考古学的事象の扱い方もかなり概念的である。その記述は古代の紀伊にまでおよんでかなり長文であるが、ここでは郷土考古学の理念に関する部分と、地域に則した事象の解釈の一例として、高山寺貝塚に関する部分だけをとりあげ、戦前の古い、かつとぼしい資料に立脚した、その他の部分は省略した。

下伊那の古墳文化と牧馬は、一九六六(昭和四十一)年の五月、長野県の下伊那考古学会の総会での講演の速記録である。前半は先生が手を入れて大幅に書きなおしているが、後半は不完全な速記録のままであった。先生にならって多少筆を加えたが、先生にしてみれば意を尽さない原稿であろう。講演だということもあって、それも、畿内を中心とした古墳研究に、右へならえ式の地方での研究に対する、地域研究を重視する立場からの警告と受けとれよう。

人間くさい青春のエピソード

多くの人がそう評価するように、藤森先生は詩人であった。数多い珠玉のような随筆や紀行文などに見られる、そのリリカルな情景描写の美しさ、人の心の動きを見事にとらえる感性のひらめき、そして読む人の身体をつらぬいてうったえるような、情感に満ちた表現の温かさ。そのことについて、私ごときが言葉をついやす必要もなかろう。

そうした意味で、この遺稿集の中に、**信濃と森本さん・越後路**という、二篇の未発表の作品を加えることのできた点は、ほんとうにうれしかった。とはいっても前者は欠落や切り貼りの多い不完全稿で、おそらくそのような部分は『かもしかみち以後』(学生社)や、『二粒の籾』(河出書房)などに流用したものと思われる。その両著の中から欠行を補ってまとめた。

後者は『かもしかみち』の中の名篇として知られる「九州廻記」「山口を憶う」などと同じころ、『弥生式土器聚成図録』の資料採集に、越後・信濃と旅行した時の紀行文である。原題は「信越の旅」となっているが、後半はまったく執筆されていない。この原稿の欄外に、「活字にする自信はありません」と書いて、それをまたエンピツの線で消したりなどしているが、それはこの紀行文が、考古学的成果の少ないわりに、人間くさい出会いの記述が多いことに、多少のためらいでもあったのだろうか。先生の青春のエピソードの一端を知るものとして書き加えておく。

生きることへの執念を感じさせる絶筆原稿

「おれからものを書くことを取りあげたら、それは死ねということだ」という言葉は、晩年の先生の口ぐせであった。発作をおこして入院しても、その病室には机が持ちこまれ、原稿用紙が部厚く重ねられ、こまごました筆記用具が用意され青木正博医博とみち子夫人の監視つきで、不自由な手でペンを動かしていたという。

富貴なるものの悲劇と**久遠の行人**の二篇は、さきの「考古学者はなにをしてきたか」とともに、死のその時まで枕頭におかれ、最後まで筆をとりつづけてきて、ついに未完に終わった、まさに絶筆の原稿である。

前者はある出版社からの依頼原稿で、三百枚ほどの分量の『古墳の時代』という本になるはずだった。題名の古墳と時代の間に「の」の字が入っているのは、古墳時代研究についての、先生の一貫した考え方を暗示させるし、書き出しの二節しかない内容の中には、早くも古墳をめぐるなまなましい歴史の中の人間が登場している。先生ならではのすべり出しである。

「久遠の行人」、この称号を藤森先生から与えられた木喰五行は、九十歳にとどこうという年をさげて、なお日本廻国を志し、甲州から上州、信州、越後、摂津、丹波へとその足跡を残していった。それを追って、すっかり身体の不自由になった藤森先生も、一本の杖とみち子夫人の肩を支えにして、懸命に歩きつづけた。そこで何を見出し、何を感じようとしたのか。木喰との出会いの場面を回想した部分だけで終わる、この短い未完の原稿の中からは、正確にはなに一つつかみ出せない。

この解説文のはじめにも書いたように、木喰五行の生涯とその微笑仏の心の中に、先生が自分の生涯を見たのだろうかと、いまは憶測するよりほかはない。先生の眼で発見した新しい木喰観を期待した人は、おそらく少なくなかったにちがいない。

この二篇の絶筆の原稿は、文字は乱れ、インクはかすれ、一字が二字分以上のマスからはみ出し、一行のはじめの字からおしまいの字までの間は、原稿用紙の行数で三行分にわたって曲っている。健康な私が試みに、手首のしびれるまで鉄棒に何回でもぶらさがり、そのままかけ足で机にもどって、眼を閉じて字をかいてみても、それほどの乱れた原稿は書けなかった。

一つの仕事にとりつかれた人間の凄烈な業《ごう》のようなものを、最後に、藤森栄一先生の中に見た。

16 藤森栄一の生涯、その四つの節

神村　透

一の節、考古学への苦悶
―家のしがらみと学問とのはざまの彷徨

藤森先生は一九一一（明治四十四）年八月十五日、諏訪市に益雄、志う夫妻の長男として生まれた。父は城下町諏訪で古いノレンを誇る商家の末っ子だった。長い苦労の末、部屋住みから分家を許されて、新開地であった上諏訪駅前に店をもった。紙と文房具と本の店で、本家を見返してやるという執念で、必死な店の基礎づくりの中で先生は生まれた。後継者である長男への親の願いが「栄一」という名をつけたのであろう。

考古学の世界を知ったのは小学生の頃で、店の土蔵にしまわれていた、小沢半堂が諏訪湖底曽根遺跡から採集した石鏃《せきぞく》を見つけたのがきっかけであった。その時、父は「学問はいけない」とすごく叱ったという。その父も晩年には先生に「もうこれっきりという本を書けよ」と励ましたという。

先生が考古学にとりくんだのは諏訪中学校に入学し、地歴部に入った時からで、地域の遺跡を歩き遺物採集をした。一九二七（昭和二）年「有史以前における土錘《どすい》の分布と諏訪湖」を校友会誌に発表し、〝天才考古学少年あらわれる〟と新聞にかかれた。考古学への自信を持つ

藤森栄一を育てた諏訪
左上方に見えるのが八ヶ岳、右上方が富士山

とともに一寸した〝テング〟になった。

そんな先生の所へ、ある日両角守一《もろずみ》さんが訪れ、先生の集めた資料を見て、土器が採集されていないので、「土器はどうした」「かけらだから捨てた」「君の諏訪湖の土錘の研究っての、見たがね、ダメダメ。だいいち、あの土錘が何時代のものかってことが、ぜんぜん証明されていないじゃないか。土錘といっしょに出た土器、君のいう、そのかけらが時代区分のきめ手になるのだよ」といって立ち去ったという。その時の先生のショックと両角さんへの尊敬の気持ちがわかる。

両角さんは当時の地方人としては、ずばぬけた考古学の基礎知識と技術を身につけ、踏査・調査・報告そして研究と活動され、考古学界にも知られた人であった。先生は両角さんのもっているものを自分のものにするため、両角さんの行くところ行くところについて歩き、技術を、知識を自分の身につけていき、すっかり考古学にとりつかれた。将来は日本的な考古学者を夢みた。そのためには中央に出て考古学の勉強をしなければならなかった。家業の後継者をと願っている両親、学校は中学校までと約束してあった。同級生の何人もが上級学校へ進学する中で、学校へ行かなくても選科生の道があるではないかとも考えた。

当時、郷土出身の八幡一郎先生は東京大学人類学科の選科生で考古学者として活躍していた。が、先生の卒業の年にこの選科生の制度がなくなってしまった。先生の一つの希望はなくなり、家業を手伝い「本屋の小僧」といわれる生活を送りながら、考古学への煩悶が続くのだった。

家業の文房具や本などをもって行商しながら、その先々での遺跡で遺物採集をしている。それをもとに原稿を書いて投稿し、活字になることで自己満足していた。が、上京して勉強したいという気持ちをおさえての日々は、心の中へうっ積となってたまっていった。だから上級学校へ進学した同級生が休みで帰ってくると、「私は学問のにおいを漂わせているそのひとりひとりに、せつないあこがれを感じ、心をかき乱された。彼らの友人として、酒を飲み、遊び、いろいろのことを論じあってはみても、いきつくところはいつも自分のむなしさであり、胸をかきむしりたいほどの自分のみじめさであった。私は自分の力のなさにさめざめと泣いた。そしていろいろな考古学の原稿を火のようになって書いた。書きながら、それを片っぱしから破り捨てていった」(『心の灯』より)。

勉強したい、考古学をしたい。上京したい。が、家をついでほしいと切に願っている両親の気持ちを思うと、考古学をやめなければ、忘れようと他の事に夢中になっても、結局は考古学に帰ってしまい、考古学をやろうという気持ちだけが益々強くなった。とにかく「自分ができることは考古学の論文を書くことだ、論文を書けと必死になって書いた」。その一つが、昭和五年の信濃考古学会誌にのった「玦状《けつじょう》耳飾を出せる諸磯《もろいそ》式遺跡」だった。当時は雑誌も少なく、考古学研究者もあまり多くなかったせいか、地方の雑誌もとって読んでいたようで、各地の仲間からたよりが先生のところにきた。その一人に杉原荘介先生がいて、同年代で、しかもはなばなしく活躍している杉原先生に引かれ、上京してはそのエネルギーの吸収に努力した。

一九三〇(昭和五)年というと、森本六爾先生が東京考古学会を組織し、『考古学』という雑誌を出した年である。この会に両角さんの紹介で会員となっている。それより前、岡谷市の友人から平安時代の火葬骨壺をもらって、その報文を書いており、そのことを八幡先生にも報告していた。八幡先生は歴史時代ということで、森本先生にこのことを話したらしい。森本先生から『考古学』へ原稿を書いてほしいとたよりがあり、「隆平永宝を出せる蔵骨器」と題してまとめた。森本先生からは、原稿を見て感激した、みればみる程よい原稿だといった相次ぐたよりがとどき、藤森先生は森本先生に心服し、せっせと論文や報告を『考古学』によせた。こうして森本先生と結ばれたのであるが、その先生のそば近くで勉強できない自分、家業に励んでほしいと願う両親の間に先生の心は彷徨し、悩み、死を考え山行きをしたが、死ぬことも出来ずに奈良へ家出をした。それが一九三三（昭和八）年だった。

そこでのいく日か、市内の寺々の仏像を見ているうちに考古学への情熱がもどり、文通では知っていた小林行雄先生を訪ねた。神戸での小林先生とのひと時は、大きい学問の差を知り、そのコンプレックスをなくすための上京を決意させた。

バイトをしながら図書館に通ったが、どうにも生活ができなくなり、ワラにもすがる思いで森本先生を訪ねた。先生は東京人類学会の講演にでかけるところで、つれられて講演を聞いているうちに、話の内容にすっかり引きこまれた。「考古学は素晴しい生きていた人間の学問なんだ。この、土器の型式や編年の一つも出てこない研究の中に、将来の大道が、いつかきっと展ける。私は、ひとり身をのりだす感激を止めることができなかった」（『二粒の籾』より）と、考古学を学ぶよろこびを知り、森本先生の勧めもあって、毎日先生のところに通って、『日本原始農業』の仕事を手伝い、藤森先生も論文を書いた。小林先生も上京しての一ヵ月余りは、本当に充実した毎日であった。が、収入のない生活はどうにもやっていけなくなり、十一月十日、できあがったばかりの『日本原始農業』と、小林先生からいただいた『マコ』をもって、泣く泣く諏訪へ帰った。

森本先生のところですごした日々が最高だっただけに、やむにやまれないための帰郷は先生の心の中に、みじめな自分の姿がうつっていた。諏訪の友人からは家出の敗残者として笑われているように思い、考古学界からは田舎へ帰ったために、おいていかれるというあせりと、あきらめでの……。

昭和九、十年はそうした心のうっ積をまぎらわすために、酒と女におぼれていた。そのくせ考古学からはなれることはできず、やりたい弥生文化は信州ではできないと、地域に多い縄文時代の資料をもとに論文を書き、『考古学』以外の雑誌に投稿していた。そんな藤森先生のところに、森本先生は変らぬ気持ちで、たえまなくたよりをとどけ、藤森先生の考古学をすることの期待をよせた。

一九三五（昭和十）年、森本先生、そして奥さんも結核に侵され、苦しい病の中で、生活の中で考古学にとりくんでいた。森本先生から藤森先生のところに、是非会いたいというたよりがきたのは秋であった。森本先生は京都にいて、浜田青陵先生の理解にすがり、京都大学考古学研究室に出入り、資料を調査していた。そんな先生に研究室の人たちは不満をもち、浜田先生に出入りをやめさせるように突きあげていた頃だった。藤森先生が森本先生と京都ですごしている時、京大にいた小林先生から京大へこないようにという話を森本先生と共に聞いた。その時の藤森先生の興奮と憤りは大変だった。大学のアマチュア考古学への差別、何くそ、アマチュアにも考古学はできるんだ。考古学は大学だけのものではない、という決心と、それを自分はやりとげようと、心で泣いて諏訪に帰った。

一方、森本先生は、「京都は美しい都です、しかし、寒い都です。街も人も……」と語って京都を去った。その先生に追い討ちをかけるように奥さんが亡くなられた。先生自身も自分の病の重さ、死の近いことを覚悟して、何としても自分の考古学をやりとげる決意で上京された。

一九三六(昭和十一)年一月、森本先生は病床の中で、枕元の杉原先生に語りかけ、杉原先生はそれを原稿におこすという必死の生活をしていた。十六日、突如、森本先生は鎌倉にうつられた。その家は前に奥さんとすごした家だったが、病は重く、医者からはこの一週間が峠だといわれ、杉原先生は東京考古学会の仲間に電報をうった。

藤森先生がそれを手にしたのは十九日、予感がしたのか二十四日の予定を二十一日の夜行で上京し、鎌倉には二十二日正午近くについた。その日、森本先生は「今日こそ、信州からのお客さんが来るから」といわれたという。枕元の先生に、「君たちがきてくれてうれしい。みんな各々の特長に進め、僕は古代人の生活が書きたかった、東京考古学会はまだ力がある。しっかりやってくれ、皆さんありがとうございました」と語り、やがて亡くなられた。

森本先生のところに集められた坪井良平・杉原・小林・丸茂武重・吉田富夫・藤沢一夫・七田忠志・藤森先生等は、東京考古学会を守り、アマチュア考古学のために自分の一生をささげ、考古学をやりぬくことを決意し、誓いあった。この決意で諏訪に帰った先生は、考古学をやりぬきたい。そのためには諏訪にいてはだめだ、中央へでないとだめだ。それをいつ、どのように実現しようかと苦悶していた。

日記の昭和八・九・十一年は、考古学と家業とのはざまの中で、苦悩・頽廃・死の誘惑・家出・「森本考古学」・アマチュア考古学への決意・森本先生の死という、二十代になったばかりの先生にとって、大きな転機となった三年間だった。そんな先生の心の彷徨を読んでほしい。

二の節、考古学界の只中で
——東京考古学会を守って大阪へ、東京へ

森本先生の死は、東京考古学会の仲間たちに、東京考古学の灯を消すなと決意させた。その具体的な行動としては、雑誌『考古学』を育てる、『弥生式土器聚成図録』を完成させる、そしてアマチュア考古学にも立派な学問のあることを実証するということだった。藤森先生はそのためには自分は諏訪にいてはだめだと決意し、家業を両親に託し、二度と信州に帰らない気持ちで京都の小林先生の下宿にころがりこんだ。

当時、東京考古学会の事務所は坪井先生宅にあった。坪井先生は森本先生とともに東京考古学会をつくり、資金的にも援助してきていた。ある日、坪井先生がみえて、藤森先生に、「藤森君、九州へ行ってきてくれんかね」といわれた。それは『弥生式土器聚成図録』のための調査行だった。

坪井先生の紹介で訪れた先々には、すでに坪井先生からの依頼のたよりがとどいており、藤森先生の旅費も坪井先生が負担したという、坪井先生の心くばりに感激しての調査だった。この時の調査は「九州廻記」(全集第一巻所収)としてまとめられている。弥生式土器実測図採取の旅は、九州から西越後、信濃とまわって終わった。終点は諏訪だった。考古学の鬼と決意しても、生きていく現実、生活費の確保に負けたのである。

一九三六(昭和十一)年十一月、唐古池に国道が通ることになり工事が始まった。弥生式土器が、木器が続出し、京都大学が調査することになった。現場常駐の調査補助員をという話が藤森先生のところにきたのは一九三七(昭和十二)年二月である。森本先生も注目していた唐古池、そこから森本先生が追究してやまなかった日本原始農業を実証する数々の遺物の出土。藤森先生は決意した。両親に「おれをここであきらめてくれ、弟にまかせる、財産もいらない、おれは自由がほしい」と涙ながらに訴えた。年老いた父は目をうるませて承諾してくれたという。

再度、心に決意して奈良の現場へといった。この調査は先生にとって生涯に二度とない、すばらしい内容の調

査だった。が、その条件は今では考えられないものだった。食事はだすが無給、調査の整理・記録・報告文は大学でやるから、遺物の採取と出土状態の記録をしてくれればよいという内容である。先生にとって書けないつらさはあったが、日々の新発見に、弥生時代の各時期にわたる資料から、古代農村の生活を夢みているうちに三カ月の調査は終わった。

その日、坪井先生が現地を訪ね、藤森先生を大阪の自宅へつれて帰った。藤森先生の苦労をみて、自分のつとめていた大阪鉄工所へ嘱託として仕事を見つけてくれていた。生活も一応安定し、東京考古学会の本拠地にいると、考古学への意欲は強くなった。

仲間たちはそれぞれの分野で一人者になっている。自分も仲間たちに負けない分野で、自分の仕事をしようと考え、古墳時代を選んだ。まずその調査地を故郷諏訪にし、後期古墳の地域的研究のテーマで取り組んだのだった。このための基礎調査のため、大阪から諏訪に何度となく足を運んだ。どうしても助手をということで親友五味一明さんのつてで、矢ヶ崎みち子さんが一週間の調査を共にした。出会い、語らい、そしてたよりと進展していく中で、お互いの心がよりそい、結婚を考えるようになった。反対するみち子さんの両親の承諾をもらえたのは一九三八（昭和十三）年に入ってからであった。結婚までの八カ月。藤森先生は自分の思いを毎日のようにたよりにして送った。

一九三八年秋、藤森先生は二十七歳で結婚し、大阪市内に居をかまえた。新居は先生の人柄とみち子夫人の心づかいから、東京考古学会の若い仲間たちの寄り集うところとなった。仲間たちと考古学を、人生を語り、原稿を書き、休みには遺跡調査にと、毎日が充実した日々であった。そうした中で、みち子夫人や妹の協力で「考古学上よりしたる古墳墓立地の観方、信濃諏訪地方古墳の地域的研究」を書きあげた。このように考古学にのめりこんでしまうと、心の中にある考古学の鬼が強くなり、仕事よりもという気になり、日曜日をはさんで、土、月曜日もとなってつとめはおろそかになった。

この頃、東京考古学会に貝塚研究会が合併し、藤森先生の家に出入りする人も多くなった。先生の調査活動も大阪近辺から和歌山へと広がった。こんな生活の無理が先生の体を痛め、弱め、寝ついてしまい会社へも出られなくなり、みち子夫人もカフェ勤めをするようになり、大阪の生活は破綻した。

東京考古学会の東京での活動も盛んになり、友人の好意もあって上京したのが一九三九（昭和十四）年八月だった。管理をまかされたアパートの一室に東京考古学会東京研究所を開いた。ここにも大阪以上に人が出入りした。杉原先生とともに研究例会、発掘調査、そして『考古学』の編集と毎日が考古学だった。先生の活躍、集う学生たちの食事などの負担はみち子夫人にかかり、その無理がたたって、一九三九(昭和十四)年十一月に生まれた長女弘子さんは二カ月後の一九四〇年一月三日、亡くなった。

このころ、軍部は天皇中心の国体維持と、日本の存亡は中国にあると思いこんでの独走で、戦争へとひた走っていた。社会情勢もきびしくなり、先生の生活も行きづまった。アパートの管理も失敗し、二階家の間借に落着くが、貧乏さは変わらず、ますますひどくなっていく中で一九四〇年十月二十三日、二女節子さんが生まれた。そんな先生たちの生活を見かねた両親が板橋に家を買ってくれて引越したのは、一九四一(昭和十六)年三月のことである。

学問することも厳しくなってきた。その頃、全国の考古学の研究団体を一つにして、強力な全国組織をつくろうという動きがあった。東京考古学会にも呼びかけがあって、一九四一年二月に会がもたれた。大学や国立博物館は参加せず、民間団体もほとんどの参加がなくて、結局東京考古学会、考古学研究会、中部考古学会の三団体のみだった。この三団体が結集して「日本古代文化学会」となり、雑誌『考古学』は『古代文化』と改題され、編集の仕事も先生の手から離れた。先生の心の中には、東京考古学会をそして、『考古学』をなくしてしまったこと、森本先生の遺志、坪井先生や小林先生の努力を、自分の手で無にしてしまったという慚愧でいっぱいだった。

そんな先生に手をさしのべたのは杉原先生である。杉原先生の援助で葦牙書房を開業し、本の出版をすることになった。『古代文化』の編集も先生がすることになった。戦局はますます拡大していく中で、食糧事情が悪くなり、食糧の確保が困難となった。先生は板橋の家を売って、店のある神田へと引越し、必死な思いの中で本の刊行をつづけたが、世の中は考古学の時代でなく、相次ぐ返品の山で思うようにゆかなかった。

太平洋戦争へ突入して一年、一九四二(昭和十七)年十一月、三十一歳になる藤森先生のところにも召集令状がきた。戦地へいくということは死を意味する。先生は遺言を書くつもりでいくつもの論文を、残されたわずかな日数の中でまとめた。十二月二日、心を残して入営した。

入営すると直ちに中国へ送られた。その車中でも論文を書き、日本につくことを祈りながら、交換列車に投げこんだ。その一つが東京につき、『古代文化』の最終号にのった。先生の執念だと思う。中国での一年はあっという間にすぎ、一九四四（昭和十九）年に南方への転戦となった。その間の一時をすごした下関へ、先生の電報でみち子夫人がかけつけた。船の上から波止場へかけつけた父、そんな家族を目の奥底に焼きつけて、死を強く覚悟する反面、必ず生きて帰ってくるんだという気持ちも強くなった。みち子夫人から聞いた葦牙書房の好転、藤森考古学研究所をつくろうねという言葉が生への執念となった。輸送船の沈没、マラリアとたたかいながらの移動で、多くの仲間は戦死していく中で敗戦となり、収容所での生活、そして盲腸炎とマラリア熱におかされながら帰国したのは、一九四六（昭和二十一）年六月だった。

日記の一九三七（昭和十二）年は大阪での生活、先生にとっては念願の学問の真ただ中にいた頃のことで、そんな喜びがこうした散文を書かせたのだろう。

一九三八（昭和十三）年のものは日記ではなく、先生がみち子夫人との婚約がととのい、結婚式をあげるまでの八カ月間、毎日のように書き送っていた「愛のたより」なのである。ひたむきな気持ちがよくあらわれている。

一九四二〜四四（昭和十七〜十九）年の日記は戦地からのものである。とくに一九四四年一月一日の日記は、南方戦線への派兵が決まって、まさに遺書といってよい内容であり、切々たる気持ちにみちている。

三の節、考古学者への執着
―仲間とのへだたり、生活、あきらめ

戦争も終わってやっとの思いで帰国し、東京そして諏訪へと家族を追って帰ってきた。みち子夫人が三人の娘とがんばっていたが、出版業も思うようにはいっておらず、もちろん、考古学研究所もなかった。

一方、戦後の日本歴史の扱いは大きく変わり、考古学は陽の当たる場所にでていた。かつての仲間であった杉原荘介先生は文部省に、小林行雄先生は京都大学にと、それぞれのポストについて活躍していた。戦地へいくまでは、自分は日本考古学界の中心で活躍していた考古学者なんだという自負があった。何度か上京してカムバックをとあせったが、戦後の混乱社会の中では思うようにはいかない。帰国が一年おくれたばかりに、かつての仲

間との間には追いつけないへだたりができていたのだった。

どんなに戦前の考古学で培かった自負をもっていてもだめだった。学閥にも組織にも関係のない藤森先生は、自分の力で学問的な地位をつかむしかなかった。そのためには東京に生活の場を確保しなければならなかった。そのチャンスをつかもうと上京していたが、マラリアの再発で病床についているうちに機会をなくしてしまった。

古代史における考古学が見直されたこともあって、先生の所にも原稿の依頼があった。が自分の座がない。書くことによって自分の力を見せたいというあせりと病、それに加えて生活苦、子どもの病気と重なって、筆はなかなか進まずに終わってしまった。中でも一九四七（昭和二十二）年三月、三女ヒロミちゃんの病死は先生の心を痛めた。「鬼だとよ。考古学者ってやつは。子供を食っちまうんだってからね。その考古学てなあ、なんでえ、へへえ、こいつあ面白えや」と、よっぱらってさけびながら花街をうろついたという。自分のやるせなさを酒におぼれてまぎらわせるしかなかったのだろう。

そんな先生の気持ちに追い討ちをかける出来事があった。戦前にもあった日本考古学界を一つにした組織をつくろうという動きが、一九四七年に再燃した。戦前のそれは日本にある考古学会を連合してという組織であったが、結局三学会が結集して「日本古代文化学会」が機関誌『古代文化』をもって組織された。その雑誌の編集と会計といった事務局を藤森先生はうけもっており、出征の時はみち子夫人に託していった。

この戦前の藤森先生の動きは全く無視されて「日本考古学協会」の話が進んでいた。聞くところによると、学会の統合となると、自分の学会がなくなってしまうし、自分たちの機関誌がなくなってしまうという強い反対があったという。だから「日本考古学協会」は学会の統合ではなく、考古学研究者個人の組織であり、それも考古学を学んでいる人なら誰でもというのではなく、一定の基準を設けた。協会員になることが考古学研究者と認められるというような一種の権威主義の学会で、しかも機関誌をもたないという変則的なものだった。藤森先生は準備委員会で「学会の統合であり、機関誌をもつ」という意見はいれられず、委員も次点という結果だった。学会の統合はともあれ、研究者としての会でありながら、研究論文を発表する機関誌をもたなかったことは大きな失点であった。藤森先生の心の中には、機関誌をつくるようになれば、自分が編集に関係できるだろうという気持ちのあったことは否めない。

考古学の雑誌の話は思わぬところからきた。それも先生の心を傷つけた。「日本考古学会」が協会ができても学会を残し、『考古学雑誌』を刊行していくという。それに対抗して、杉原先生は「東京考古学会」の名を再興し、雑誌『考古学集刊』を刊行しようとした。杉原先生から藤森先生に「藤森君、雑誌を出してくれないか」という頼みだけで、内容や編集についての相談はなく、単なる出版屋としか見られていなかったこと、しかも、その雑誌も二号からは東京の出版社へと移ってしまった。それは、先生の心の中に、「俺は出版屋なのか」というやけっぱちの気持ちを生んだ。

戦後の一時期東京が焼野原となり、工場の地方疎開もあって、長野県が出版業の中心となった。葦牙書房もあしかび書房と名前をかえて戦後の再出発をした。森本六爾『日本農耕文化の起原』、直良信夫『古代の漁撈』、藤森栄一『かもしかみち』と考古学関係の出版をした。考古学のブームや書物への欲求の強い時期ということもあって以前のような返品はなかった。とくに『かもしかみち』は考古学を学ぶ人の愛読書となった。一九四八(昭和二十三)年春には大場磐雄『古代農村の復原』を出した。この本は当時、日本考古学界あげての調査であった登呂遺跡についての本だった。まだ調査中の遺跡についての、調査担当者の一人である大場磐雄先生の独走は、大場先生自身の場を狭くしただけでなく、それを出版したということもあって、藤森先生も考古学界から無視されるようになった。この後も『日本考古学新講』と、考古学関係の本を出したが、何といっても刊行冊数が少なくて利益とはならなかった。

出版は文学物でなければと何冊かだすが、それがかえって思わしくなく、その上東京へと帰る出版社が多く、長野県は田舎となっていて、あしかび書房はつぶれた。

私事になるが、自分が一番最初に買った考古学の本は『古代農村の復原』である。この本で知った大場先生をたよって登呂遺跡の調査に、一九四七(昭和二十二)年夏には参加した。その時、大場先生から長野県には藤森先生と宮坂英弌《ふさかず》先生がいるから、訪ねて指導を受けるようにといわれた。諏訪に両先生を訪ねたのはその年の秋で、藤森先生は古書販売「あしかび書房」の奥にベレー帽をかぶって座っていたのを思いだす。自分はその年の暮から先生のところに出入りするようになった。

藤森先生が考古学者であることは地域の先生たちにも知られていた。その頃の歴史の教科書は戦前の神話からというのとは違って、考古学の時代から始まっていた。そんなことで考古学を知り、遺物を集める少年が各地にいた。そんな少年たちが先生のところにも出入りするようになった。戦前からの先生の夢であった考古学研究所。自分がもっている考古学の知識・技術で若い考古学徒を育てようという気持ちで、諏訪考古学研究所という看板をかけた。一九四六（昭和二十一）年に集まった少年たちが第一期の少年たちであったが、この少年たちは遺物収集だけに終わって失敗した。こうした少年たちの収集趣味と好奇心を、正しく学問としてのばすことを考えて、『石器と土器の話』『続石器と土器の話』（全集第七巻所収）の二冊の本をだした。

第二期の少年たちは、古書あしかび書房の看板と並べてかけた諏訪考古学研究所の看板を見て集まった。あしかび書房は上諏訪駅に近いこともあって、汽車待ちの中学生、高校生たちが出入りする。そんな少年たちに考古学の話を語り聞かせた。先生の後輩である清陵高校地歴部の仲間がたむろするようになり、やがて先生は自宅を開放した。先生の考古学関係の蔵書が並んだ一室で、少年たちはむさぼるように考古学の本を読み、熱っぽく語りかける先生の話に聞きこみ、やがて諏訪地方の遺跡調査へと発展した。少年たちの意欲も、知識も、技術も高まり、雑誌『諏訪考古学』も手ずりではあったが出すようになった。一九四八（昭和二十三）年から一九五五（昭和三十）年頃までした。仲間は河西清光（国大）、戸沢充則（明大）、手塚昌孝（早大）、青木茂人（東大）、松沢亜生（明大）等で、いずれも清陵高校の地歴部の上級生・下級生といった人たちだった。河西、戸沢、松沢が考古学を専攻し、戸沢・松沢は今は中央で活躍している。先生の考古学を学問として学ぶ若者を育てる試みは成功した。が、彼等はいずれも先生の手許から遠くはなれ、しかも追いこしてしまったという淋しさが残った。

一九五六（昭和三十一）年春、戸沢・青木・手塚そして自分の四人が大学を卒業した。藤森先生は自宅で盛大な卒業祝をしてくれた。これが第二期諏訪考古学研究所の解散であったと思う。高校生だったこれらの少年たちが、先生の一室を根城にして、学問的な欲求を満たすために、調査をし、雑誌を刊行していた。そして少年たちの食費も含めて、それらの費用は全て先生のポケットマネーだった。先生にとってはとても大変だったと思う。古書販売、紙くず販売と職業をかえながら、少年たちのためにお金をだしてやることに、考古学にかかわっているんだという、学問的な満足感をもっていた。

少年たちが考古学へととりくみ、諏訪地方のいくつもの遺跡を調査する中で、先生も指導者として現場をふむようになった。また研究室には遺物も持ちこまれ、自然と考古学への時間も多くなり、情熱も強くなってきた。

その頃、唯一人で戦前から一つの遺跡を調査しつづけていた宮坂英弌先生の長男、吉久雄さんが栄養失調で亡くなった。宮坂先生は食糧よりも考古学の方がという執念の人で、すでに奥さんも同じ病でなくしている。そのような赤貧の中でがんばっている宮坂先生を見て、藤森先生は仲間に呼びかけて、「尖石遺跡を守る会」をつくり、宮坂先生の調査を助けようと活動した。この運動にはマスコミも協力して、当時としては大金の三十万円が義捐金として集まった。これをもとに宮坂先生は与助尾根遺跡の全面調査をした。地域の小・中・高校の学生たちも参加し、諏訪考古学研究所の少年たちも活躍した。これが八ヶ岳南山麓の縄文中期集落研究の基礎となったことは学史の上からもいえる。この調査がきっかけで藤森先生は学問の刺激とヒントをえて、「日本原始陸耕の諸問題」と題する論文を発表された。これが後の先生の縄文中期農耕論となっていったのである。

一九四九（昭和二十四）年、職業の安定しない藤森先生を見かねた両親は、博信堂の転機でもあったので、株式会社博信堂とし、先生は社長となった。本屋よりも株の売買の方がもうけになる。そんな投機的な生活をする中で、自分自身の生きざまも考えるようになった。考古学をはなれるか、つづけるか。つづけるとしたら自分が学問の世界に入るか、学問をする人を育てる人になるか等々。考えたあげく、先生にとって心の灯は考古学であり、学問の世界に自分をおきたいと強く望んだ。そのためには学問としての仕事を発表しなければだめだと、その対象として曽根遺跡を選んだ。湖底遺跡であり、細石器的な様相をもつ石器群は考古学的にも注目されていた。しきりに資料を集めて分析していた。

一九五一（昭和二十六）年夏、かつての仲間小林行雄先生が、京都大学考古学研究室の調査『慶陵』の報告書作成のため、藤森先生のつてで諏訪にきて仕事をした。そんな仕事をしている小林先生たちを助け、それをはたでみているだけで、小林先生と考古学の話のできない自分に学問の上での大きなへだたりを痛感した。

一九五二（昭和二十七）年、博信堂の手伝いをしながら、先生のもとにいた戸沢さんが明治大学に入学した。残ったのは松沢さん一人になった。大学受験ということもあって研究室への出入りをひかえさせていた。その彼が十月のある日、茶臼山の工事現場から、赤土の中にあった黒曜石の剝片を採集してきた。旧石器ではないかと問う彼に、「ばかやろう、旧石器なんか日本にはねえ」と叱った先生である。先生には信じられなかったし、当時、学界では旧石器の存否が大きな問題となっていたことをも知らなかった。このことについて、後に先生は自責の念でいっぱいになるのだった。

松沢さんは資料をもって上京し、戸沢さんを訪ねた。一九四九（昭和二十四）年、明大考古学研究室は相沢忠洋さんの情報で岩宿遺跡を調査していた。その事実は学界では認められず、これにつづくローム層中から石器を出す遺跡が求められていた。松沢さんが上京した時は、日本考古学協会の大会が京都にあって、明大の先生方はいなかった。武蔵野郷土館の吉田格さんの旧石器でいいという指導をうけ、二人は勇躍諏訪に帰り藤森先生をたきつけた。三人して早速現地を訪れ、確実にローム層中から黒曜石製剝片や石器が出土するのを確認した。すっかり興奮し、連日の調査を続けた。諏訪考古学研究所日誌にも、「茶臼山調査日記」とかいて、毎日の結果を記録している。

調査が進み、資料が増加するにつれ、この遺跡の重要性がひしひしと身をせめてきた。それだけに学界との対応をどうするかとなり、「学界との連絡について慎重討議する。山内氏と杉原氏に連絡することを一応申し合わせる」と日誌にかいている。戸沢さんが明大に連絡した。芹沢長介さんから自分にも連絡があって、二十二日朝二人で諏訪にきた。二十三日早朝、杉原先生から電話があり、明大との共同調査にしよう、自分もこれからいくといった内容のようだった。その日諏訪にきた杉原先生は遺跡をみ、出土遺物をみて、例によって一方的にまくしたてる先生のペースにまきこまれる。日誌には、「不愉快、面白くなし」とある。

茶臼山遺跡の調査の終わった十二月十四日の日誌には、「今日をもって調査完了す。私達のたゆまぬ熱意の約二カ月間、予想外の成績をもって終了したのである。この感激、最後の最後、ツルハシの先にカチッと鳴る音、胸のときめき、良好のラーム、ロームの中に鮮やかだった。その色、ラームの裏面にこの音と永久にレコードしたキヅ。最後の美をここに見て、調査はついに終った。第二段階へと」と日誌には書かれている。先生の心の中には、杉原先生がいった「日本の考古学は東京と地方とでは越えることのできない差ができた」といわれたことに対する、これを黙して聞き流しておいてよいものかという憤りと、自分はがんばるぞという決意があった。

茶臼山遺跡で自分のカムバックを考え、一九五三（昭和二十八）年五月の明大で開かれた日本考古学協会でこれらの成果を発表することにした。明大としてはこの機会に「日本旧石器」を学界に認知させるという意向が強く、資料展示を企画し、茶臼山遺跡の資料も出品された。

藤森先生は日本考古学協会が設立されて以来、初めての出席であり、研究発表であった。それなりの決心で上京したのであるが、懇親会の席で逢ったかつての仲間や教え子たち、話してみるとたまらないなつかしさと、自分の学問的なおくれに気づき、口に言えないいらだちとなって酒におぼれた。そして軽い脳血栓におそわれ、翌日の研究発表には出席もできず、失意の中に諏訪にかえり、そのまま病床の生活が多くなった。加えてスターリン・ショックで株価がさがり大損をした。その損をうめるために、考古学の本を売ってしまおう、考古学もこの際と考えた。そんな先生に、みち子夫人は、「あなたに本を売る権利はない。私が戦時中必死に守ってきた本だ。弱気になってはだめだ」としかられたという。

その十月脳出血で倒れて右半身が完全にしびれてしまった。長い病床の中でかつてのよき時代のこと、治ったらどうしよう。いやもう治らない。希望、あきらめ、そしてあきらめ。そんな中であの戦争にも生きぬいてきたんだ。戦死した戦友を思うと、自分はもう充分生きたんだ。そう思ったら気が楽になってねていられるようになった。それがよかったのか、体も少しずつ動くようになり、話も出来るようになった。が、学問の空白はしばらく続くのだった。

四の節、地域考古学こそ自分の生命
—八ヶ岳山麓縄文中期に燃えた晩年

病床の中で苦悶している先生を見たみち子夫人は、この人を考古学に帰さないと死ぬだろうと考えた。今の本屋の仕事をしていては考古学をする時間がない。何かほかの職業を、そうだ宿屋をと考え、隣家の旅館「やまのや」を買ったのは一九五六（昭和三十一）年だった。歩けるようになった先生は、いつも、死がいつくるかを考えながら、不自由な体で博信堂に通っていた。リハビリもかねてであった。

ある日、不自由な手でレジを打っていたら、郷土史研究の大先輩である伊藤富雄先生が見えた。「自分の好きなこともできないで、十年もがまんすれば誰でもノイローゼになるよ。よく辛抱したね」といわれた。それを聞いて先生は「そうだ、おれは考古学者だったんだ。どうせ死ぬのなら、考古学と討死したい」と、自分のまよいをふっきることができた。かつて三沢先生もいった、「一生勉強せよ」という言葉も思いだされた。

考古学に本気にぶっつかろうと、その第一歩を諏訪市四賀の古墳調査にでかけた。その時、自分の体の不自由を忘れて石室に飛びおりてしまい、尻をうって椎骨を痛めた。ギプスをあてての約一年は、下半身がだめになるかという不安もあった。が、俺はカムバックできたんだ。するんだという気持ちが強かったので、夢中になって考古学関係の文献をよんだ。帰国以来十余年の考古学の空白をとりかえすために。

ようやく歩けるようになったのは一九五九（昭和三十四）年だった。この秋にお父さんが亡くなった。晩年のお父さんは日課のように「これっきりという本をかけよ」と先生に言っていたという。その父のためにも考古学で何かをと考えていた時、一志茂樹先生から、『信濃』に原稿をという依頼があった。それが「諏訪湖底曽根の調査」だった。手が動いた、字が書けた。苦労したのは図面づくりだった。何度もの失敗をくりかえしてようやくできた。論文ののった『信濃』十二―七を手にした時のうれしさはさらに次をという気持ちにさせた。

きっかけというものは自然にとびこんでくるものであり、今まで意識もしなかったことが、新しい課題意識で見られるようになるものである。そのきっかけが諏訪大社宝物館の盗難事件で、関係者の一人として先生も宝物館にでかけた。その時陳列ケースの中に「さなぎの鈴」があり、銅鐸とのつながりが連想を呼び、諏訪大社研究にとりつかれた。そうして『信濃』に約一年にわたってこれらの研究結果を発表した。

その一つに「鉄鐸――その古代史上の意義」があった。先生はその抜刷だけは四百部つくり、その百部を和島誠一先生に託して、古代史関係の先生方に配ってもらった。その一部がある先生の所で学生社の岩本守弘さんの目にとまった。これは面白いと読んだ岩本さんが諏訪に訪ねたのは一九六三（昭和三十八）年秋のことである。是非これをもとに書きたして出版してほしいという話に、先生はびっくりし、感激もした。『銅鐸』と題して、先生の意気込みと、多くの方々の協力で原稿が完成したのは一九六四（昭和三十九）年二月、初版が刊行されたのは同年八月十五日、先生の五十三歳の誕生日のことであった。

先生の心情と濶達な文章でかかれたこの本は、一般の人達に歓迎された。マスコミの書評も評判がよく、十月には毎日新聞社の「毎日出版文化賞」にえらばれ、十一月二日、みち子夫人と二人で表彰式に上京している。先生のうれしい気持ちより、苦労を共にしたみち子夫人の気持ちの方がどんなにかうれしかったかと推察される。そうな書くことで得た自信が先生を前向きにさせた。

ると不思議なもので、いくつもの仕事が先生を中心にして動きはじめた。

第三期諏訪考古学研究所の活動もその一つである。藤森先生がどんなに考古学をやめたといっても、先生のもっている考古学の知識・ひらめきなどは、考古学を学ぼうとする者を引きつけずにはいなかった。先生の体がよくなりだした頃、宮坂光昭、武藤雄六、桐原健、中村竜雄さん等が集まるようになった。今までの研究所の仲間とちがうのは、この人たちがみんなひとかどの職業についた大人だったということである。そのため先生にとっては教える仲間ではなく、共に学ぶ学友であり、たがいが学問の競争相手となった。だから集う度に激論がとびかい、よしこれは自分が書くぞとなって、みんなが次々と論文を発表していった。藤森先生もその一人で、今まで自分の心におさえていたものを、全て出すように書き、また取材調査も進めた。

井戸尻遺跡を中心とした、八ヶ岳南山麓の縄文中期遺跡群の調査もそうだった。研究所の仲間も参加して、地元の井戸尻遺跡保存会の仲間と一緒になって、相次いで遺跡調査をして見事な成果をあげた。パン状炭化物の発見、竪穴住居址の切り合いによる新旧から、縄文中期土器の型式編年となった。この調査から、藤森先生の縄文農耕論が大きな展開をみせ、学界の大きな論争課題となった。土器編年は井戸尻編年とよばれ、中部高地、関東地方の縄文中期土器文化を見直させることとなった。この二つの仕事は、大冊『井戸尻』という報告書として一九六五（昭和四十）年に刊行された。遺跡は国史跡となり、その中には考古館も建設されるという見事な結実をみせた。

長野県考古学会が結成されたのは一九六二（昭和三十七）年だった。先生は考古学会結成へと働きかけた若者たちの相談指導と、学会が軌道にのるようにと強力な機関車となった。秋の大会は井戸尻考古館で開かれ、井戸尻編年が発表された。一九六四（昭和三十九）年秋にはそれをもとに、縄文中期文化のシンポジュームを諏訪でもった。全国からの研究者が集い、「やまのや」での夜おそくまでの語り合いは忘れられない。藤森先生を中心に一体感となった長野県考古学会は、一九六八（昭和四十三）年に先生を会長におし、日本考古学協会委員に当選させた。そのまとまりと昂揚が発揮されたのは、日本考古学協会昭和四十三年度大会を松本市で開催した時である。学会員全員が、先生を中心にして協力し、準備し、運営して、見事な大会だと全国から参集された方々から感謝された。こうして、長野県考古学会は、先生を中心

病身をおして自然保護に、考古学会の活動に積極的に参加した（1970年）

に大きく飛躍した。

開発と遺跡調査の問題は昭和三十年代からあったが、昭和四十年代になって、大規模開発が長野県にも入ってきた。分布調査、発掘調査と公費による調査がなされるようになり、そうした調査の団長に、立場上から先生がなることが多くなった。中央道関係や新産都市関係の分布調査、岡谷市海戸《かいと》、東部町の信越線複線化関係、茅野和田、大室《おおむろ》古墳群などの遺跡調査がそれであった。市町村での調査体制がとれなかった当時としては、長野県考古学会が調査しなければならなかったのである。

その仕事の中で、開発の拡大化、遺跡破壊の現状に対して、考古学者として不安、疑問が生じてきて、余りに開発優先の行政に反発するようになった。その最初が諏訪湖しゅんせつ計画だった。その計画地の中に湖底遺跡曽根があり、その保存と保護を日本考古学協会、諏訪市、そして長野県にと訴え、遺跡は計画地内からはずされた。

その年、一九六八（昭和四十三）年、霧ヶ峰有料道路（現ビーナスライン）の分布調査があり、不自由な身体にもかかわらず、先生も霧ヶ峰にのぼった。予定路線を歩くと、八島遺跡、旧御射山《みさやま》遺跡、そして八島ヶ原湿原をぬっており、大きく自然環境をかえるものだった。先生の心は大きな怒りとなった。が、ここまで路線が決定してしまった今、計画を中止、あるいは路線変更させることができるとは考えられなかった。有料道路は長野県企業局の仕事であり、企業局長はもう一人の県知事といわれる実力者だった。

先生の弱気な気持ちをはげまし、自らが先頭にたったのが青木正博先生だった。遺跡を、自然を守ろうという運動は、モータリゼーションの時代で抵抗がきびしかった。きびしければきびしい程燃えるのが諏訪人の気質で、一丸となって諸団体に協力を呼びかけた。あらゆる関係機関への働きかけ、そして全市民をも参加させた大署名運動と大会、その結果、困難だと思われた路線変更が決定されたのだった。ここで知るのは藤森先生の情熱と、広い人のつながりがあってのことだということである。

藤森考古学の魅力
―苦節をのりこえた学問の道

藤森栄一先生が考古学とともに生き抜いた生涯を、日記や先生の手記をたよりに、四つの節にわけて追ってきた。その四つの節というのは、考古学という学問と、人間としての生きざまとのはざまにあって、精いっぱい生きようとした先生の苦悶の節目でもあったことがわかる。

第一の節は考古学にあこがれて、人生の岐路について思い悩んだ、青春の一頁である。

第二の節は東京考古学会の中にとびこんで、考古学の世界にひたりながら、食を支えなければならないという、現実生活の苦しみにあえぐ、苦闘の一時期である。

第三の節は敗戦を契機として、それ以前にあった第一線の考古学者としての立場が失われ、若い人々を育てながら、自からは考古学からの訣別まで決意した苦悩の時である。

そして第四の節は考古学こそ自分の生きる証であると悟り、身体のおとろえを意識しながらも、自らのすべてを考古学にうちこんで、藤森栄一の人間としての業を、学問とそれをとりまく文化財や自然の保護のために捧げつくした晩年の一時期であった。

藤森先生の考古学の魅力は、人として生きることの苦しみに満ちた、まさに苦節の六十年余の生涯を、どんな形であれ、考古学へのつきせぬ思いと結びつけて生き抜いたところに生まれた学問だったということであろう。

だから、よくいわれるように、先生の考古学は人間の学問であり、先生が書き残した多くの論文にもエッセイにも、つねに原始・古代の人間がはっきりと姿を見せていた。それればかりでなく、先生と同じように人生を苦しみ、学問に悩む、あらゆる階層の多くの人々に対する先生の温かい思いやりが、先生の学問とその数々の業績の中に生きており、みんなをひきつける大きな魅力になっていた。

　藤森先生の学問に触れた見ず知らずの多くの人が、先生のところを訪ねてきた。もっと多くの人々が手紙を出してきた。それに対して先生はいつも温かくやさしく応えていた。諏訪考古学研究所の第三期の日誌の表紙には、先生の字で次のように書かれている。

「ささやかなこの研究所を訪れた方は、何か記念に残していって下さい。目的・詩・感想・歌・画、なんでもかんでも、長くも、短くも、後から来た人のほほ笑みになるために」

　その中にはいろいろな人々の記録が残っていて、一人一人が先生から受けた、心ゆさぶられる手記を書いている。

　同じことは先生のもとに寄せられた手紙にもみられる。ここでは、この巻のために提供された手紙と、それに対する藤森先生の懇切な返事を通じて、先生が人との出合いをいかに大切にし、それが人々をどれだけ励ますことにつながったかということを、いくつかの例について紹介することにしたい。

　桐原健さんは、昭和二十三・四年の消印のあるハガキを、宝物として大事にしている。考古学をはじめたばかりの高校生の質問に、先生は図入りでていねいに答え、何月何日に松本に行くので訪ねてくるようにと連絡している。あいにくその指定の日は桐原さんは授業があったので、代りにお母さんが訪ねて、いろいろ教わったということである。

　同じことは、桐原さんと同世代の当時の高校生がみんな体験している。自分も一面識もない高校生の便りに返事をもらい、それが契機で家にまで寄っていただいて、考古学へのあこがれを不動のものにしたし、戸沢さんが高校時代に書いた報告書を、三日がかりで一字一句添削してもらったという話も聞かされている。

　大学卒業後、郷里の新潟で教職のかたわら考古学を志していた金子拓男さんには、報告書の礼状としてこんな手紙を送っている。

「地方研究者の生きる道は書くことしかないんだと私は思っています。学校から出て地方教育者になって二年というと、誰も大きな壁に当ります。まずそのままになってしまう人が大部分です。教務と学生時代の理想とかけはなれた実社会の圧力ですね。

　いただいた二著とも立派な仕事です。龍泉寺の晩期もですが、私には柏崎の経塚が興味ありました。鎌倉初期の折目正しい経塚ですのに、貧乏な点いかにも下国らしく思えて、何か人間の匂がします。何にしても大変いい資料でした。該土器を編年資料の手がかりにして中世の土器の編年如何。

　好漢、せっかくともした灯を大切に、消さないように」

　この返事をもらって、金子さんは「灯を消さないように」考古学をやり通そうと決意を新たにしたと話しています。

　山梨県の山本寿々雄さんは諏訪に近いということもあって、早くから藤森先生の指導を受けていた。一九六九（昭和四十四）年の先生の便りにはこんなことが書いてある。

「私も今夏は五月～九月の信越線複線化工事をやりまして、つくづく行政発掘のつらさをなめました。中央道もいよいよですね。そちらの路線については一向存知ませんが、小淵沢は十分予算をとって下さい。けれどいろいろな勢力関係がいろいろに組みあっているのは大変のようですね。

　こちらはまだ対岸の火事で傍観していますが、近く大騒ぎになってくることと思います。その節はよろしくご教導、お助け下さるよう今からお願いしておきます」

　この頃、長野県でも行政発掘が盛んになり、県考古学会会長としての先生はさまざま苦労を重ねていた。その体験をふまえての山梨県への配慮と、将来への不安に、山本さんははっとしたという。

　渡辺重義さんは、信越線複線化工事に伴う発掘調査の現場で、藤森先生を撮った写真を寄せられ、その時の手紙で次のようなことを伝えてくれた。

　先生が現場に見えられた時、刊行されたばかりの著書『蓼科の土笛』を一人一人に手渡して下さった。そこで本にサインをお願いしたところ、こんな言葉を書いて下さった。

「考古学を学ぶ人よ
　　土の中の遙けき世の人の
　　　　声を聞きたまえ」

　渡辺さんはこの言葉をいつも肝に銘じて、どこの発掘現場でも、土の中に生きている古代人との対話を楽しんでいるということである。

　藤森考古学の魅力、藤森栄一先生の学問の心というものは、こうした形で多くの人々の中に生きつづけている。それは何度も書いたように、苦節をのりこえて生き抜いた先生の、人生という考古学へのロマンに満ちた情熱が生み出した遺産にほかならない。

年譜（主要論文・著書）

一九一一（明治四十四）年

八月十五日、書籍文具商父益雄、母志うの長男として長野県上諏訪町（現諏訪市）南本町に生まれる。

一九二四（大正十三）年、十三歳

県立諏訪中学校（現清陵高校）入学。中学三年の時、『諏訪中学校友会誌』二六号に「有史以前における土錘の分布と諏訪湖」を発表、注目される。

一九二九（昭和四）年、十八歳

諏訪中学卒業。家業を手伝う傍ら多くの遺跡を踏査、資料を得る。七月、伏見宮博英殿下来諏。殿下と共に湖東山口、豊平広見、曽根を発掘。「鉄製頭椎式柄頭の新発見」「注意すべき祝部土器㈠」を『信濃考古学会誌』に発表。

一九三〇（昭和五）年、十九歳

一月四日、初めて森本六爾氏より来信。それを機に中央の学会誌にも続々と論文を書く。「彫刻を有する石製品」「磨製丁字形石器」を『史前学雑誌』に、「玦状耳飾を出せる諸磯式遺跡（1）」「骨壺と古銭の発見」「骨壺の実例報告を求む」「古銭の発掘に就いての報告を求む」「注意すべき祝部土器㈡」を『信濃考古学会誌』に、「隆平永宝を伴出せる蔵骨器」「蔵骨器一例」を『考古学』に発表。

一九三二（昭和七）年、二十一歳

「諏訪史攻撃への抗議」を信濃毎日新聞へ投稿。弥生時代研究の最初の重要論文である「諏訪天王垣外発掘の弥生式土器及び石器」を『考古学』へ発表。

一九三三（昭和八）年、二十二歳

森本氏への憧憬止み難く九月、故郷を出奔、奈良を経て上京、東京下谷へ下宿、森本六爾氏の元へ通う。十月、帰諏。「信濃普門寺の籾痕を有する土器片」「銅鐸面絵画の原始農業的要素」「諏訪湖附近の磨石鏃と第Ⅲ型石斧」を発表。

一九三四（昭和九）年、二十三歳

七月、森本六爾氏と北信旅行。「信濃上諏訪町踊場の土器」「信濃西筑摩郡井出の頭の土器」「信濃下水内郡鳴沢頭の土器及び石鋸」「山と先住民とその子たち」「松本市の籾痕を有する弥生式土器片」等を次々に発表。

一九三五（昭和十）年、二十四歳

「北陸における縄文土器の一型式」「山国飾玉襍記」「小沢半堂のこと」「東日本海系石器文化の輪廓」「石匙のある

断面」「石爪に就いて」「諸磯式土器の竹管施文と浮線文の問題」「古式縄文土器の終末と厚手土器の進展」など縄文関係の論文を多く発表。

一九三六（昭和十一）年、二十五歳

一月、森本六爾氏死去。七月、『弥生式土器聚成図録』のための弥生式土器を追って九州、越後、信州各地を旅行。「信濃の弥生式土器と弥生式石器」「南信濃庄之畑の土器」「九州廻記」「弥生式末期に於ける大型石錘」「弥生式遺跡出土の両頭石斧」等を発表。

一九三七（昭和十二）年、二十六歳

二月〜四月、奈良県唐古遺跡発掘調査に参加。この時、坪井良平氏の斡旋で株式会社大阪鉄工所（現日立造船株式会社）に嘱託として入社、社内誌『鉄華』と『大阪鉄工所五十年史』の編集に従事。この年、「千曲川下流長峰・高丘の弥生式石器」「紀伊岩倉山銅鐸出土地の再調査」「越後中期縄文文化」「北越後村杉出土の瀝青質石器に就いて」等を発表。

一九三八（昭和十三）年、二十七歳

十月、矢ヶ崎みち子と結婚。この年、和歌山県鳴神貝塚・岩橋千塚・高山寺貝塚、大阪府鷹之巣山・津守廃寺跡などを踏査。「私の見た弥生式土器聚成図録の生立ち」を書くほか、社内誌『鉄華』に船舶関係の文を翌年にわたって掲載。十一月、東京考古学会と貝塚研究会合併。

一九三九（昭和十四）年、二十八歳

一月、大阪鉄工所退社。八月、上京、品川の不動荘アパート管理人としての生活を始む。十一月、長女弘子誕生（翌年一月死去）。ここを基地として東京考古学会の活動を展開。この年、「考古学上よりしたる古墳墓立地の観方」「梵鐘から観た世界」「信濃下蟹河原に於ける土師器の一様式」等を発表。

一九四〇（昭和十五）年、二十九歳

この年、東京考古学会の活動として九州遠賀川遺跡の発掘をはじめ、市原市宮の台・狛江市和泉遺跡などを調査。九月、アパート経営に失敗、管理人を辞任。東京考古学会の東京考古学研究所は自然消滅。十月次女節子誕生。「古墳群の特性について」「近江滋賀村の弥生式石器」「石製坩について」「遠賀川日記」「周防の弥生式石器に就いて」等を発表。

一九四一（昭和十六）年、三十歳

二月、東京考古学会・考古学研究会・中部考古学会が合併、「日本古代文化学会」となる。三月、板橋に引越し居を構える。五月、「葦牙書房」を開業、『古代文化』を発行・編集。この年「奈良時代の火葬骨壺」「九州南端の石庖丁」「かもしかみち」等を発表。

一九四二（昭和十七）年、三十一歳

一月、三女弘美誕生（一九四七年三月死去）。十一月、

応召。「南紀田辺湾下芳養の縄文式遺跡について」「信濃下水内郡桑名川の土器」「北信濃縄文式文化資料」「弥生式文化に於ける摂津加茂の石器群の意義に就いて」「美濃太田古井遺跡の土器」（戦火紛失）などを脱稿して入営。中国漢口へ送られる。

一九四三（昭和十八）年、三十二歳

戦線への移動中にも原稿を書いて日本へ送る（「日本石器時代に於ける器具の発展について」など）。一月、四女幸子誕生。

一九四四（昭和十九）年、三十三歳

南方へ転進。この間三月、内地に残ったみち子夫人の手で、最初の単行書である『信濃諏訪地方古墳の地域的研究』（伊藤書店）が出版される。

一九四五（昭和二十）年、三十四歳

ボルネオにて終戦を迎える。

一九四六（昭和二十一）年、三十五歳

六月、満身創痍の状態で復員、諏訪に帰る。十二月、『かもしかみち』（あしかび書房）が出版される。

一九四七（昭和二十二）年、三十六歳

八月、静岡県登呂遺跡調査に参加。

一九四八（昭和二十三）年、三十七歳

一月、五女路代誕生。東京考古学会の『考古学集刊』の発行を引き受け、その創刊号に「五島列島福江島の石器」を発表。私設の「諏訪考古学研究所」を開き、少年達に考古学を教える。この年、諏訪市北真志野大安寺・岡谷市小尾口海戸・下諏訪町高木殿村遺跡などの発掘調査の指導に当たる。十月、『石器と土器の話』（蓼科書房）を出版。

一九四九（昭和二十四）年、三十八歳

五月の塩尻市平出向裏畑遺跡の発掘指導を機に、縄文農耕への関心を強め、「日本原始陸耕の諸問題」（『歴史評論』）、「原始焼畑陸耕の諸問題」（信濃毎日新聞）などを発表。十二月、株式会社博信堂を創立、社長となる。

一九五〇（昭和二十五）年、三十九歳

一月、『続石器と土器の話』（蓼科書房）を出版。

一九五一（昭和二十六）年、四十歳

前年から『川岸村誌』の編纂にたずさわり、八月、岡谷市川岸鬼戸古窯址・広畑遺跡・荒神山古墳等を調査。「大化以前の歴史と考古学」を『日本歴史講座』に発表。

一九五二（昭和二十七）年、四十一歳

七月、岡谷市樋沢遺跡、十月、諏訪市茶臼山遺跡を発掘調査。

一九五三（昭和二十八）年、四十二歳

四月、明治大学で開かれた日本考古学協会総会に出席、茶臼山の資料を展示。五月、明治大学考古学研究室による上の平遺跡の調査。八月、富士見町新道遺跡を発掘。十月、高血圧による脳出血の発作で倒れる。翌年いっぱい後遺症のリハビリにつとめる。

一九五五（昭和三十）年、四十四歳

三月、諏訪市四賀まわり場古墳調査。この時、石室内に墜落、腰骨を損傷。またまた翌年にかけて病室の人になる。その間、旅館「やまのや」の経営をはじめる。

一九五九（昭和三十四）年、四十八歳

健康を回復し、考古学への復帰を期して四月、日本考古学協会総会で「諏訪湖底曽根の石器について」を研究発表。九月、父益雄死亡。

一九六〇（昭和三十五）年、四十九歳

七月、南信濃在住の研究者たちを糾合した「諏訪自然と文化の会」発会。「諏訪湖底曽根の調査」を発表。この年、富士見町曽利遺跡を発掘調査。「井戸尻遺跡保存会」が結成される。

一九六一（昭和三十六）年、五十歳

諏訪神社に関する論文を『信濃』にあいついで発表。「南信濃の古瓦」「諏訪神社の柴舟」「売神祝印と上社御宝印」「秋宮経蔵下の埋蔵金と経塚」など。

一九六二（昭和三十七）年、五十一歳

五月、「長野県考古学会」が結成され指導的役割を果たす。引き続き諏訪神社の考古学的研究を進め、『信濃』に「下社付近出地品の調査」「鉄鐸その古代史上の意義」「薙鎌考」を発表。また「日本石器時代研究の諸問題」を『考古学研究』に発表。

一九六三（昭和三十八）年、五十二歳

この年旧御射山・岡谷市上の原・茅野市栃窪岩陰・諏訪市十二の后・野辺山の調査に参加し、北陸、関西などへの調査旅行を試みる。「縄文中期文化の構成」「縄文時代農耕論とその展開」「縄文中期における石匙の機能的変化について」を発表。

一九六四（昭和三十九）年、五十三歳

八月『銅鐸』（学生社）上梓、十一月「毎日出版文化賞」を受賞。秋、長野県考古学会大会において井戸尻編年を発表。十二月、関西方面（明石―神戸桜ケ丘の銅鐸出土地―京都―奈良―滋賀大岩山出土の銅鐸実見）へ調査旅行の後、浜松へ寄る。佐鳴湖周辺踏査。

一九六五（昭和四十）年、五十四歳

三月の野尻湖をはじめ、庄ノ畑・志平・井戸尻・コーモリ塚など多くの発掘を実施、指導。この年、中央公論美術出版より『井戸尻遺跡』『井戸尻』（編著）、『諏訪大社』を、また学生社より『旧石器の狩人』を出版。ほかに「中部地方南部の先土器時代」「諏訪上社フネ古墳」「考古学的資料より見たる沖積世における諏訪湖の水位変動」などを発表。十月の九州旅行の途次に母志うの死去を知る。

一九六六（昭和四十一）年、五十五歳

三月、九州へ取材旅行。八月、岡谷市海戸遺跡調査。十

一月、新産都市等地域内埋蔵文化財緊急分布調査団長に就任。この年、『古道』を学生社より出版。ほかに「古墳文化の地域的特色」「原始古代集落の考古学的研究について」「中部高地の中期初頭縄文式土器」「諏訪湖北古墳の概要」「釣手土器論」などを発表。

一九六七（昭和四十二）年、五十六歳

九月、高血圧症にて倒れ青木医院に入院。翌年四月に退院するまで、病牀にて数多くの著述を進める。この年、『かもしかみち』『かもしかみち以後』を学生社から、『二粒の籾』を河出書房から出版。

一九六八（昭和四十三）年、五十七歳

日本考古学協会委員に当選、長野県考古学会会長に就任、諏訪市文化財審議委員会委員長に選出されるなど要職を兼務。一方で、県企業局による中央高原スカイラインの事業に伴う遺跡破壊に抗する保存運動などに立ち上がる。八月、『信濃考古学散歩』共著（学生社）を出版。ほかに「顔面把手付土器論」「石器文化の石材」「信濃上代文化の考古学的試論」「国境の薙鎌」等を発表。

一九六九（昭和四十四）年、五十八歳

茅野市茅野和田遺跡調査団副団長、長野市大室古墳群調査会会長に就任。この年、『石器と土器の話』『蓼科の土笛』『宗門帳』を学生社より、『縄文式土器』を中央公論美術出版より、『縄文の世界』を講談社より出版。ほかに「採集から原初農耕へ」「諏訪市大熊片山古墳」「いつまで編年をやるか」「銅鐸の謎」「日本考古学への断想」などを発表。

一九七〇（昭和四十五）年、五十九歳

四月、高血圧症で倒れる。七月、長野県中央道遺跡調査会理事に就任。十月、第九回長野県考古学会大会に出席中の上伊那郡宮田村にてまたもや高血圧症で倒れる。この年『縄文農耕』『遥かなる信濃』『信濃の美篶』を学生社より、『考古学とともに』を講談社より出版。ほかに「三遠式銅鐸と天竜川」「須波神の国と東山古道」「甲斐の黒駒と望月の牧」「古代人と火」「縄文からの民話」などを発表。

一九七一（昭和四十六）年、六十歳

この年二月に出版された『心の灯』（筑摩書房）に、サイケイ児童出版文化大賞を授与される。さらに『湖底』が学生社より、『新信濃風土記諏訪』（『信濃路』）が出版される。「乳棒状石斧論」「将軍塚と信濃国造」「縄文の蛇」等を発表。

一九七二（昭和四十七）年、六十一歳

三月、富士見町境九兵衛尾根遺跡発掘に参加。浜松市佐鳴湖周辺踏査。七月、下諏訪町殿村遺跡調査団長に就任。シンポジウム『縄文時代の考古学』学生社刊の座談会に出席。十一月、岡谷市岡ノ屋遺跡、下諏訪町秋葉山遺跡などを調査。この年、「岩村田式文化について」「秋葉山弥生高地性遺跡」「茶臼山遺跡出土の土器」「考えられる古代史」「中央道の発掘をみて」などを発表。

一九七三（昭和四十八）年、六十二歳

二月、奈良県高松塚古墳、六月に上伊那郡箕輪町中道遺跡、八月、辰野町樋口内城館遺跡、諏訪市大熊山遺跡、九月、諏訪市豊田小丸山古墳、十月には下伊那郡阿智村神坂峠麓園原杉の木平遺跡の調査を見学に訪れる。この年、五月、『長野県人』（新人物往来社）、『森本六爾伝』（河出書房新社）、七月、『縄文の八ヶ岳』、九月『峠と路』、『信州教育の墓標』を学生社より出版。ほかに「ある考古学者の流転」「消えた銅鐸」「ヒトを発掘する」「信濃なる諏訪神の国」「心に残る山の本」「縄文人のお産」「山の湖からの民話」「信州の高原と秋」などを次々に執筆。七月二十一日には稲垣氏等と対談（本書に収載）、そして十一月三十日執筆の「科学的好奇心欠亡症」（『グラフィケーション』翌年一月発行）が絶筆になる。十二月十九日、心筋硬塞のため急逝。

没後の主要刊行書

『古墳の地域的研究』（永井出版企画、一九七四年）
『考古学・考古学者』（学生社、一九七四年）
『藤森栄一の日記』（学生社、一九七六年）
『藤森栄一全集』（学生社、一九八六年、全十五巻完結）
『かもしかみち』（新装版、学生社、一九九五年）
『銅鐸』（新装版、学生社、一九九七年）
『石器と土器の話』（新装版、学生社、一九九八年）
『古道』（文庫版、講談社、一九九九年）

あとがき

話は三十二年前、藤森栄一先生が亡くなられた時の記憶にさかのぼる。生前の先生に親しく接し、さまざまな場面で考古学や人生を学ぶ、直接の薫陶を受けてきた私たち同世代の〝弟子ども〟も、先生の死を眼前にして、「藤森栄一の全体像」を把えることはまだできなかった。ただ、藤森先生の考古学を継承し、さらなる発展を期さなければいけないという想いと、何をどのように継承・発展させるのかといった、混乱と焦りばかりが強くあった。

まず何からはじめなければならないか。その一つとして持ちあがった共通の理解は、多彩で数多い先生の業績、その結果として残された著述を、ジャンルを問わず可能な限り完全に集成し、それをできるだけ体系的にみんなで読み直し、一つの「藤森栄一像」を共有することができるようにすることが必要だと考えた。このことは先生の没後すぐ、主要な著書のいくつかを集めて〝追悼出版〟するという企画が一部から出たが、〝藤森栄一のすべて〟を見直したいという、当初の私たちの気持ちとはややちがったものだった。

改めて『藤森栄一全集』の話が持ちあがったのは、右のような企画が不発に終わるなどの経過があってから、二、三年の模索が続いた後のことだった。生前の藤森先生の著書を最もたくさん出版し、それ以上に、はたからみていてもうらやましくなるような、著述者と出版者（社）の関係を保ち続けてきたのは学生社だった。先生の仕事のお手伝いなどを通じて、私も親しくさせていただいていた学生社編集部の大津輝男さんが、東京のある会合の席で「社としても藤森先生の業績を顕彰し、それを後世に伝えるような企画は何かないだろうかと考えているのだが、お知恵を借してほしい」と話しかけてきた。

そう問いかけられて、とっさに私の答は決まっていたようなものだったが、学生社が出した既刊の藤森先生の単著は、当時まだ版を重ねてかなり需要があることをかねがね聞いていたので、遠慮して相当ためらいながらも、実はということで思い切って、全集を作りたいと本音を伝えた。ところが実に驚いたことに、今度は大津さんが実はということでいうには「実はわが社でも社長（現会長・鶴岡阷巳さん）を中心に、全集の編集・刊行が実際に可能かどうか検討をしていたのです。本当にそれはできますか？」というのである。

改めてそう問われれば私の答はただ一つ「みちこ夫人や、藤森先生を師と仰ぎ敬愛する仲間が力を合わせれば、立派な全集を編むことができる。ぜひやらせてください」の言葉に尽きた。

＊

それから数日後、大津さんが大学の私の研究室にやってきて、「学生社としては最後まで全力を尽くしてこの企画を完成させる。皆さんの協力をお願いしたい」という鶴岡社長の言葉が伝えられた。二人は直ちに全集の刊行趣旨や全巻構成などの原案作成の作業をはじめ、しばらく過ぎた頃、用意した原案を持って藤森先生の故郷諏訪に行くことになる。

諏訪湖と上諏訪の街を眼下に見る山の上のホテルに、みちこ夫人、鶴岡社長を交えて、藤森先生を師父と仰ぐ仲間たちが参集した。企画案を検討し、新しい提案や意見を出し合いながら、長時間の話し合いが続いた。そして全十五巻の構成の骨格が決まり、その各巻をそれぞれの内容に最もふさわしい担当者を配して、藤森先生の著述を改めて読み返し、各巻の巻末に解説を執筆することで合意した。その解説文が今回『人間探究の考古学者　藤森栄一を読む』として一書にまとめられた本書の主な内容である。

この夜の会合の雰囲気や、解説担当者となった仲間たちの熱気をいまでも私は記憶に残している。それは藤森先生の死を送り、その悲しみと一種の虚脱感の中から、この全集刊行への取り組みを契機として、「よし!これからはオレたちみんなで、信州の、そして諏訪の考古学でがんばるんだ!!」という自覚を共有したことによって生れた熱気であったと思う。主要なメンバーは当時まだ四十歳代、研究の上でも、学会や社会的な立場においても、それぞれに責任をもち、中堅として働かなければいけない年齢に達していた。そして誰もが壮健であった。その力が『藤森栄一全集』への熱気によって一つになったといえる。

＊

こうした関係者みんなの熱意と努力を背景として、『藤森栄一全集』全十五巻は一九七八年、第一冊目の刊行にこぎつけた。完成した本は布貼りの表紙の特製本、その上、丈夫な函入りという豪華な装いで、出版元の学生社の藤森先生への最大の誠意が感じられる出来であった。

この発刊に当たって、考古学を通じて若き日から先生の心友であった、共に今は亡き小林行雄さん（当時、京都大学名誉教授）と杉原荘介さん（当時、明治大学教授）が、それぞれこんな言葉を贈られている（引用は学生社のパンフレットより）。

藤森栄一と旅

小林行雄

藤森栄一と私とは同年の生まれである。月も同じで、くわしくいえば、彼が三日ばかり兄貴である。そのせいかどうか、私はいつも、彼のほうが自由な人生を送っているように思ってきた。この全集はまさにその証明の書でもある。

旅に出かけると、とくに彼の自由さが魅力を発揮することに気づいたのは、『弥生式土器聚成図録』の資料あつめに九州へ行ってもらったときである。旅先きから坪井良平氏宛に送ってくる作業報告の手紙に、私が「九州廻記」と題をつけて、『考古学』に掲載したことを思いだす。いまになれば、旅費の不足を訴えたところなどを、一存で削ってしまったことを悔みもする。

『二粒の籾』の取材に福岡へ行ってきたといって、突然、京都にあらわれた彼は、奈良で飲みすぎて、旅行中の取材ノートを紛失してしまったと笑っていた。記録にたよる正確さよりも、旅の感激を最大限に増幅するようにして、思いのままに筆を走らせる彼であった。

そうはいうものの、彼を行かせたくなかった旅が一つある。一兵卒として南京の一年をすごしたのち、彼は南方戦線に送りだされてしまったのである。彼に生涯の疾病をあたえたこの長旅の話を、藤森はあまりしたがらなかった。

藤森栄一君のもう一つの面　杉原荘介

数年前のことであった。所用があって、八王子市に一泊することとなった。夜、卒業生に誘われて一ぱい飲み屋に出かけた。かれの話によると、そこの女主人は、藤森君の大変なファンであるとのことであった。かれは、わたくしを藤森先生の文章によく出てくる杉原先生であると紹介してくれた。話をしているうちに、藤森君の著書はほとんど読んでいるらしいことが分かった。

そこで、あなたは藤森先生のどういうところに魅力を感ずるのかと質問をした。そうしたら、わたくしに大変きびしい答えが返ってきた。何はともあれ、藤森先生が書いてくれたから、わたくしたちは、考古学というロマンに富んだ学問の世界のあることを知った。もし、先生がいなかったら、われわれは永久に考古学ということを知らずに終ったでしょう。その意味でも藤森先生は大恩人ですという。

これは、わたくしにとっては、考えてもみなかった領域であり、驚嘆したことであった。

このお二人の文章は、藤森先生に対する学者同志の言葉というよりは、人間「藤森栄一」をいとおしむ温か味に満ちた『全集』への推薦文である。

そしてもうお一人、諏訪中学校の同級生として青春を共にした新田次郎さんは、作家の眼から見て藤森先生の筆力が「明らかに文筆を業としている随筆家か小説家のそれである」と賞讃した上で、「今回、彼の全集が出ると聞いて、わがことのように嬉しく思っている。多くの人がこの全集を読んで、日本の歴史の中に存在する限りない空想の喜びにひたっていただきたい」と推薦の言葉を述べられた。

こうした先輩たちの声にはげまされて、全集各巻の編集・解説を担当した当時まだ若かった仲間たちを代表して、私は全集刊行の意義、「藤森栄一」の学問的精神継承の意志を次のように語った。

「あの敗戦直後の混迷の時期、まだ中学生だった私に、考古学という学問の道を教えてくれたのは、藤森栄一先生の『かもしかみち』であり、考古学の基礎知識を植えつけてくれたのも、先生の『石器と土器の話』でした。

それから考古学の道を専門家として歩むようになってから五十年、いままで自分はどのような生き方をしてきたのだろうか、これからどんな考古学をやっていくべきだろうかなどと、ときどき自らのたどってきた道をふりかえり、思い悩むことがあります。そうした時きまって気がつくことは、藤森先生が生きてこられた道程のどこかに自分も立ち止っているということであり、先生が築いてきた学問の周辺をいつも彷徨しているということです。

今回、『藤森栄一全集』全十五巻の編集を、同じ先生の弟子である友人たちといっしょにたずさわってみて、先生の頃とちがって、いまは日本考古学の資料や知識の量もふえ、方法や技術も格段に進んでいるといっても、私たちの歩んでいる道、いや、考古学を愛するすべての人々が歩むべき道は、藤森先生が生涯を通して求めてきた、学問する心と少しもかわっていないのだと、改めて感ずるのです。

考古学という学問は人間の学問だと信じ、そうありたいと願う多くの人々のために、『藤森栄一全集』は永遠に消すことのできない、導きの灯であると確信しています」

＊

一九八六年八月、最後の巻が完成して、『藤森栄一全集』全十五巻の刊行は無事完結した。思えば一人の考古学者がこれほど大型の全集を持つということは、当時といわず現在でも稀有なことであり、それが六カ年余の比較的短期間で完結したという点でも、いまにして感慨深く思う。それは忙しい職業や日常生活を持つ担当者みんなが、熱意と努力をかけて「藤森栄一」に取り組み、そしてそれを誠実にサポートしてくれた学生社の、いずれも藤森先生に対する敬慕の気持ちの結実であったと思う。

しかし全集完結後二十年を経たいま、森嶋稔さん、林茂樹さんはすでに幽明界を異にし、そして学生社の社長鶴岡阷巳さんは会長になられて、また大津輝男さんは退職されて出版の一線をしりぞかれ、武藤雄六さん、宮坂光昭さん、樋口昇一さん、桐原健さん、神村透さん、松沢亜生さん、それに私は古稀の歳を過して、多くは研究の一線から遠ざかった。一番若くてみんなを助けて編集の実務を一手にやってくれた服部（三村）久美さんも還暦の年を迎えている。

＊

「全集」刊行当時の経過を、ごく簡単にたどるつもりの「あとがき」がつい長文になってしまった。最後にひと言……。

前の方で全集発刊に当たって書いた拙文を紹介した。その表題は「学問の道を導く永遠の灯」とした。そして新装版『かもしかみち』（一九九五年刊）の解説文でも、その表題は

「永遠のかもしかみち」だった。なぜそのことにこだわるか、そのことにかかわる私のごく最近の一つの体験を一例として書きとどめたい。

二〇〇〇年十一月、旧石器発掘捏造事件が発覚した。その日のことは小著（『考古学のこころ』）にも書いたが、私の頭は混乱し茫然自失の状態で、夜になっても机の前に座ったまま徹夜することになった。その時ふと手にしたのが『藤森栄一全集第十五巻　考古学・考古学者』だった。その冒頭論文「掘るだけなら掘らんでもいい話」が眼にやきついた。

先生がまだ二十歳代で純粋な気持ちで考古学に立ち向おうとしていた時、学界でおこったある不祥事について、誰一人としてその背景を明らかにし学界や学問の体質を反省しようとせず、事件そのものを闇に葬ろうとしているとして、心の失われた考古学への怒りの声をぶっつけた論文であった。

その中で先生は「資料、資料で学問の体系も精神もひしがれてしまった学問がゆきづまって、考古学は古代史への正当な発言の一切を失い、その上、K博士事件に見る犠牲を生んだのだといわれて、誰が弁明の余地があるだろう」と、当時の考古学界の体質に厳しい批判を浴びせている。

藤森先生がこう叫んだ七十年近く前の学問状況と、旧石器発掘捏造事件で露呈された現在のそれとどんな違いがあるだろうか。いや余りにもよく似ている、というよりは幾星霜の学史を閲《けみ》した日本考古学は、体質的にまったく変化も進歩もないのではないかというのが、捏造発覚の日の夜、「藤森栄一」と対話して私が到達した結論だったといってよい。そしてそういった藤森先生の怒りに尻を叩かれて、捏造検証の現場に私はかり立てられていった。

事件の混乱は一応収拾されたが、まだ問題はたくさん残されている。七十年前に藤森先生が言った言葉、「掘るだけなら掘らんでもいいのだ。……それよりも高い知性と鋭い感性と強い情熱によって、一日も早く一つの学問を形成しよう。それからこの国の人々のすべてから、古い考古学の観念を叩き出してしまおうではないか」ということを実現するためには、いまなお道は遠い。

私は「藤森栄一は永遠だ」といい続けて、現在にいたる六十年余の考古学人生を、歩んでこられたことを誇りとし、これから後も、いつまでも、そのことを至上の喜びと感ずるであろう。

（追悼）本書の完成が間近かになった一月十二日、樋口昇一さんが突然死去された。この本の刊行を一番楽しみにし、藤森栄一をこよなく愛した樋口さんに、心から哀悼の意を捧げる。

編集代表　戸沢充則

初出・執筆者紹介（掲載順）

Ⅰ　藤森栄一、最後のことば

「私の学問、そして考古学の世界」インタビュー

稲垣惣司（一九三四年―）　岐阜県生まれ。愛知大学・岐阜大学で近代文学を専攻し、私立立花高校の国語教師として国語教育の研究に取り組む。元日本福祉大学附属高等学校（旧立花高校）校長、日本福祉大学非常勤講師。

Ⅱ　藤森栄一を読む

1　人間、藤森栄一とその考古学の原点

（全集第1巻「かもしかみち」解説）

戸沢充則（一九三二年―）　長野県生まれ。高校生の頃から藤森栄一主宰の諏訪考古学研究所に参加。その後、明治大学に進み、藤森栄一の学問を継承して「井戸尻文化」研究などの考古地域史と市民参加の考古学を提唱・実践する。

2　久遠に輝く心の灯

（全集第2巻「心の灯」解説）

神村　透（一九三四年―）　長野県生まれ。下伊那に生まれ木曽に土着した武骨で純粋な考古学研究者。明治大学で考古学を学び、教員生活の傍ら、縄文時代押型文土器や弥生時代研究で成果を上げる。元長野県埋蔵文化財センター調査部長。

3　「道」を求めて歩んだ藤森栄一の生涯

（全集第3巻「古道」解説）

桐原　健（一九三三年―）　長野県生まれ。国学院大学で考古学を学び、長野県の高校教員として勤務しながら、旺盛な意欲をもって考古学研究に邁進。藤森栄一の共同研究者として『信濃考古学散歩』などを執筆。前長野県考古学会会長。

4　うたいつづけた信濃

（全集第4巻「蓼科の土笛」解説）

服部久美（一九四四年―）　埼玉県生まれ。明治大学で考古学を学び、戸沢充則に師事。両親とも信州出身もあって藤森栄一に出会う。『井戸尻』の編集手伝いやさまざまな調査に同行。『藤森栄一全集』の編集実務担当者。

5　考古学への情熱に生きた人間の記録

（全集第5巻「旧石器の狩人・二粒の籾」解説）

林　茂樹（一九二四―二〇〇四年）　長野県生まれ。上諏訪中学校教諭として在勤中に、手長丘遺跡を生徒と発掘調査。明治大学への内地留学で考古学研究を深め、出身地の上伊那

で発見調査した神子柴遺跡の石器類は国重要文化財となった。

6　**教育者藤森栄一とアマチュアリズムの系譜**
（全集第6巻「信州教育の墓標」解説）
森嶋　稔（一九三一―一九九六年）　長野県生まれ。男女倉遺跡・上ケ屋遺跡・柳又遺跡等の調査研究を行う。小学校教員の傍ら千曲川水系古代文化研究所を主宰し、緻密な分析と豪放な包容力で多くの人材を育てた。元長野県考古学会会長。

7　**わかりやすい考古学の話**
（全集第7巻「石器と土器の話」解説）
松沢亜生（一九三四年―）　長野県生まれ。高校時代から藤森栄一に師事し、北踊場遺跡・茶臼山遺跡の発見と調査に活躍。明治大学で考古学を学び、石器製作研究の第一人者となる。石器実測図の確立者。前岩宿文化資料館館長。

8　**実感として書かれた考古学の世界**
（全集第8巻「縄文の八ヶ岳」解説）
樋口昇一（一九三二―二〇〇六年）　東京都生まれ。国学院大学で考古学を学び『信濃考古綜覧』の編集参画から長野県へ。県埋蔵文化財センター勤務等を通じて遺跡調査を指導。考古学関係者に頼られる文柱的存在であった。

9　**高原に甦る執念の灯**
（全集第9巻「縄文農耕」解説）
武藤雄六（一九三〇年―）　長野県生まれ。藤森栄一によって農協のトラック運転手から考古学研究者にスカウトされ、井戸尻遺跡群調査に参加。井戸尻考古館を拠点に縄文農耕研究と実験考古学を実践。前井戸尻考古館館長。

10　**生活する古代人の追求**
（全集第10巻「銅鐸・弥生の時代」解説）
桐原　健（前出）

11　**考古学と古代史の結合を求めて**
（全集第11巻「古墳の時代」解説）
宮坂光昭（一九三一年―）　長野県生まれ。国鉄の電気機関車運転士として勤務の傍ら藤森栄一に師事。考古学・諏訪神社研究等で藤森の業績を継承し『諏訪市史（上・中巻）』の執筆編纂を担当。一九八八年に諏訪考古学研究会を設立。

12　**生きた縄文人を掘り出す研究の軌跡**
（全集第12巻「旧石器・縄文の時代」解説）
戸沢充則（前出）

13　藤森栄一の文学とその世界
（全集第13巻「小説　宗門帳」解説）

野本三吉（一九四一年—）　東京都生まれ。青年時代に日本列島を放浪し、人間の原初としての「子ども」や「古代史」に心惹かれ、藤森栄一と邂逅。現在は、沖縄で妻と暮らし、離島を歩きまわっている。沖縄大学人文学部教員。

14　神から人の歴史への考古学
（全集第14巻「諏訪神社」解説）

宮坂光昭（前出）

15　再発見、藤森栄一の学問観の輝き
（全集第15巻「考古学・考古学者」解説）

戸沢充則（前出）

16　藤森栄一の生涯、その四つの節
（全集第15巻「考古学・考古学者」解説）

神村　透（前出）

写真出典・提供

九頁　『改訂版　現代国語2』筑摩書房
一一頁　諏訪神社の鉄鐸：諏訪市博物館
四七頁　『かもしかみち』初版本、葦牙書房
六二頁　曽根遺跡の石鏃：諏訪市博物館
七七頁　八ヶ岳山麓を歩く藤森栄一：中央公論新社
八七頁　曽根遺跡遠景：『改訂　諏訪市の文化財』諏訪市教育委員会
一〇六頁　森本六爾の手紙：諏訪市博物館
一一二頁　三沢勝衛：『藤森栄一全集　第六巻』学生社
一二七頁　講義する藤森栄一：百瀬一郎撮影
一三三頁　縄文中期全盛期の土器図：『石器と土器の話』学生社
一三九頁　平板測量図：『石器と土器の話』学生社
一五六頁　仮面の女神：『尖石』茅野市尖石縄文考古館
一六三頁　井戸尻遺跡の試掘風景：中央公論新社
一六七頁　井戸尻遺跡3号住居址出土の釣手土器：『縄文土器のふしぎな世界　第二章　展示図録』諏訪市博物館
一六九頁　新道1号住居址出土の石器群：『縄文農耕』学生社
一七七頁　コッペパン状の炭化物：『藤森栄一全集　第九巻』学生社
一八三頁　磨製石斧：『岡谷市史　上巻』岡谷市
一九五頁　野洲・小篠原出土の銅鐸：滋賀県立安土城考古博物館
二〇九頁　フネ古墳調査の様子：『諏訪市史　上巻』諏訪市
二一三頁　下蟹河原の土師器埋没状態スケッチ：『藤森栄一全集　第十一巻』学生社
二三二頁　諏訪湖畔にたたずむ藤森栄一：中央公論新社
二三六頁　『小説　宗門帳』学生社
二四一頁　原稿「陣中万能膏」：諏訪市博物館
二五七頁　上社宝印および印判実測図、印影拓本：『藤森栄一全集　第十四巻』学生社
二六九頁　原稿「日本古代人の感覚と表現」：諏訪市博物館
二七五頁　諏訪地方遠景：『藤森栄一全集　第二巻』学生社

＊右記以外の写真は、藤森みち子氏提供

刊行にあたって

戦後六十年の歩みを刻んだ日本考古学の世界も、学問をとりまく日本社会の激動の下で、文化財保護などの面で矛盾が拡大し、考古学自体が学問としての存立基盤を揺るがされるような、危機的状況がさし迫っているように感じられます。私たちの責任の重さを自覚せざるを得ません。

そんな中、藤森栄一先生の三十三回忌を迎えたこの年は、諏訪で考古学を学ぶ私たちにとっても、大事な節目の時だという認識を持っています。藤森先生亡き後、地域の研究や活動を支えてこられた宮坂光昭氏が諏訪考古学研究会の会長を退かれ名誉会長の職に就かれました。また長野県下でも、先輩研究者の方々が、若い世代に今後の考古学研究を託されて、学会活動の一線から引かれたと伺っています。

私たち同世代の大部分は、藤森先生の謦咳に接したことのない年代です。しかし先生の書き残された多くの著書や、折にふれて先輩たちから伝えられる先生の人と学問を敬慕し、自らの考古学の道を模索してきたのだと思います。そして先生の没後三十年余を経た現在、考古学の直面する厳しい状況を省みる時、改めて「藤森考古学」の学問的精神を、いまこそ生かすべきだと考えています。

今回、『藤森栄一全集』（全十五巻）の各巻に執筆された先輩たちの解説文が、先生の最後の対談と併せて一書にまとめて刊行できることになったことは、若い世代の私たちにとって、これからの学びの道筋と勇気を与えられたものとして喜びにたえません。この刊行を可能としていただいた全集出版元の学生社のご好意と、再録を快く承諾下さった執筆者の先輩諸氏に対して、また、本書のために、多くの写真を提供いただいた藤森みち子氏と諏訪市博物館に、心から感謝の意を表します。

この本の刊行が、藤森栄一先生の学問する心をさらに継承したいという私たちの決意の表明であると共に、「藤森栄一」を敬愛する全国の考古学の愛好者に、広く読まれることを祈るところであります。

諏訪考古学研究会

編者紹介

諏訪考古学研究会（すわこうこがくけんきゅうかい）

1988年に設立された諏訪地域を中心とする考古学の研究団体。

藤森栄一の主宰した諏訪考古学研究所の学問精神と市民対象の学習会活動「諏訪考古学友の会」の流れを受け継いで発足し、研究および文化財保護活動を続けている。初代会長は宮坂光昭。

毎年、学習会・見学会・諏訪地区遺跡調査研究発表会を実施しているほか、2000年にはシンポジウム「藤森栄一の蒔いた種　今―縄文中期文化論を問う―」を開催した。会員約150名。

人間探究の考古学者　藤森栄一《ふじもりえいいち》を読む

2006年3月1日　第1版第1刷発行

編　集＝諏訪考古学研究会　編集代表　戸沢充則
発　行＝諏訪考古学研究会　会長　髙見俊樹
長野県諏訪市大手1-13-7
発　売＝株式会社 新 泉 社
東京都文京区本郷2-5-12
振替・00170-4-160936番　TEL03(3815)1662／FAX03(3815)1422
印刷／創栄図書印刷　製本／榎本製本

ISBN4-7877-0602-0　C1021